记忆中原丛书

千年帝都 洛阳

总主编 赵素萍
执行主编 苏长青
本册主编 杨炳旭

河南科学技术出版社
·郑州·

图书在版编目（CIP）数据

千年帝都：洛阳 / 杨炳旭主编. —郑州：河南科学技术出版社，2018.9
（记忆中原丛书 / 赵素萍主编）
ISBN 978-7-5349-9215-5

Ⅰ.①千… Ⅱ.①杨… Ⅲ.①文化史－洛阳市－通俗读物
Ⅳ.①K296.13

中国版本图书馆CIP数据核字（2018）第109017号

出版发行： 河南科学技术出版社
地址：郑州市经五路66号　　邮编：450002
电话：（0371）65737028　65788613
网址：www.hnstp.cn
策划编辑： 李喜婷　汪林中　冯俊杰
责任编辑： 冯俊杰
责任校对： 周青珠　徐小刚
责任印制： 张　巍
书籍设计： 赵　钧
排　　版： 蔡　凤
印　　刷： 河南博雅彩印有限公司
经　　销： 全国新华书店
开　　本： 787 mm × 1092 mm　1/16　**印张：** 16.5　**字数：** 296千字
版　　次： 2018年9月第1版　　2018年9月第1次印刷
定　　价： 128.00元

《千年帝都——洛阳》编委会

主　　编：杨炳旭

副 主 编：张五一

策　　划：崔国平　潘　展

主　　笔：司卫平

音频故事：司卫平　李金河　李芸霞

顾　　问：徐金星　赵振华　蔡运章　来学斋　王志远

不忘本来　开创未来

《诗经·小雅·吉日》曰："瞻彼中原，其祁孔有。"

中原，本意为天下至中的原野，后来逐渐演化为泛指黄河中下游地区，也称中土、中州、华夏。在某些特定的语境中，中原又是"中国"的代名词。

中原文化是中原地区，主要是河南省的物质文化和精神文化的总称。中原文化是中华文化的母体和主干，在漫长的中国历史中长期居于正统、主流地位，中原文化一定程度上代表着中国传统文化。

河南人爱说"中"。一个"中"字，尽显中原文化的正大气象和源远流长。

中原这块沃土，不仅是东亚现代人类的主要起源地，而且自上古时期就形成了发达的农业文明，并率先跨过了"文明的门槛"。

从夏代到北宋的3000多年间，先后有22个朝代、200多位帝王在河南建都。全国十大古都河南有其四。河南曾长期是全国政治、经济、军事、文化的中心，中国古代创造发明的中心，向全国和世界传播交流文明的中心。

中华文明丰富的文化景观、文化遗存、历史文物、文化典籍和艺术珍品在中原大地比比皆是，使河南如同一座浩瀚的历史博物馆，一本看得见、摸得着的中国历史文化教科书。河南的馆藏文物、国家历史文化名城和全国重点文物保护单位数量，均居全国前列。甲骨文在这里发现，四大发明与河南关系密切，连接东西享誉世界的丝绸之路从这里起步。

水有源，树有根，人有姓。河南是中国姓氏的重要发源地，依人口数量排名的100个大姓中，有70余个起源于河南。中华传统文化通过姓氏家族延续传承，跟随姓氏漂洋过海。"贵姓""仙乡何处"的寻常问候常常引起游子无限的乡思乡愁，也成为近年来河南根亲文化的"重头戏"。

天下名人，中州过半。在"二十四史"中，立传的名人共5700余人，仅汉、唐、宋、明四个朝代，河南籍名人就达912人。在耳熟能详的文化圣人当中，出生于河南或长期在河南活动的近30位。谋圣姜太公、道圣老子、墨圣墨子、商圣范蠡、医圣张仲景、科圣张衡、字圣许慎、诗圣杜甫、画圣吴道子、律圣朱载堉，等等，都是中华文化发展史上的不朽丰碑。

中原文化门类齐全，博大精深。文学星空，河南人星光璀璨；中华武术，少林太极称双雄；婚丧嫁娶，人生礼仪在斯；梆弦声里，地方戏风靡大河南北。洋洋洒洒，中原书风千载传承；丹青妙手，河南画苑代有佳作……

中原文化之于中华文化，就内容讲，是最基础、最基本的部分；就特点讲，是最具代表性的部分；就历史发展过程讲，是最具贯穿性的部分；就地域讲，是最具影响力的部分。中原文化具有根源性、原创性、包容性、开放性等诸多特质，开放与包容使得中原文化具有绵绵不绝的生命力与创造力。

中原地处“天地之中”、华夏腹地，九州通衢的独特地理位置决定了中原文化始终处于与外部文化的交流融合当中，这种交流与融合影响到中原文化的方方面面。

早在新石器时代，中原文化便成为推动中国境内各种文化交汇的强大动力，加快了中华文明的进程。

夏、商、周三代是中国历史上的重要时期，其时中原和周边地区交流融合、相互促进，奠定了中华文明形成和发展的基础。汉代，中外贸易频繁，形成了后人熟知的丝绸之路，洛阳成为丝绸之路的东方起点。隋唐时期，洛阳是当时的国际性大都市之一，成为东西方文化、贸易交流和传播的中心。以开封为中心的北宋文化，以丰厚的底蕴、深邃的思想、恢宏的气势、绚丽的色彩，把中原历史文化推向高峰。唐宋之际，中原文化通过丝绸之路、大运河及海上丝绸之路跨出国门，影响波及亚洲乃至世界。

古往今来，无数中原的思想家，用自己的思考深刻地影响着历史的进程，成为中国思想文化的主干，并对世界文化产生了很大影响。西方许多杰出人物如伏尔泰、狄德罗、托尔斯泰等都曾受到《道德经》的影响。而在中原的腹地嵩山脚下，儒、释、道“三教合流”，经过千百年的融汇发展，儒、释、道三种文化已经深深熔铸在我们民族的生命力、凝聚力和创造力之中。

中华文化革故鼎新、生生不息的生命力，源于中华文化与周边文化持续不断的碰撞和融合。

梁启超先生曾指出，中原的中国经过秦汉一统，成为中国的中国；中国的中国经由与印度、日本等接触，成为亚洲的中国；近世以来，中国进入世界舞台，与欧美竞争，而成为世界的中国。

从世界范围来看，不同文明之间的碰撞与交流成为世界历史发展的主要动力；从中国范围内来看，中原文化与周边文化的互动奠定了中华文化的根基；从中原范围内来看，以嵩山周围为核心的河洛文化与周边文化的融合助推中原文化茁壮成长。

八方风雨会中州。目前河南共有17个省辖市，1个省直管市，每个市都有其独特的文化，尤其是一些与外省接壤的省辖市，更是中原文化与周边文化交流碰撞的前沿。南阳的“楚风汉韵”、信阳的“豫风楚韵”久负盛名，三门峡与秦晋文化的交汇，安阳、鹤壁与燕赵文化的融通，濮阳、商丘与齐鲁文化的交融，周口、驻马店与江淮文化的互动，焦作、济源与三晋文化的交流等，都形成了地域文化的独特小环境。这些区域文化之间的开合、融通铸就了中原文化的生命力。

冠八枢而奠中原，得中原者得天下。

中原文化，出彩千年！

习近平总书记提出，让中原更加出彩。

河南在全面建成小康社会的快车道上，始终不忘提升中原文化的整体实力和影响力。从“加快文化资源大省向文化强省跨越”，到“加快建设文化强省”，再到“加快构筑全国重要的文化高地”，这种渐次提升既契合党中央关于强化文化发展的新理念、新思想、新战略，又体现了河南省委对文化建设的高度重视。

从中原崛起到建设经济强省，博大精深的中原文化始终是河南最为倚重的资源之一；从华夏历史文明传承创新区到全球华人精神家园和心灵故乡的打造，中原文化已经、正在，而且还将要以更加丰富多彩的形式、手段被挖掘、整理，传承和创新。

党的十九大报告指出：推动中华优秀传统文化创造性转化、创新性发展，继承革命文化，发展社会主义先进文化，不忘本来、吸收外来、面向未来，更好地构筑中国精神、中国价值、中国力量，为人民提供精神指引。

多年来，依托厚重的中原文化，河南的文史研究、新闻出版、广播影视等部门进行了卓有成效的工作，取得了丰硕的成果。经过充分调研，中共河南省委宣传部决定组织全省各省辖市市委宣传部编纂大型精品文化普及读物“记忆中原”丛书，一套19卷，分为《品读中原》以及18个地市卷。丛书围绕中原文化精华这条主线，选择各地文化经典和精要，系统梳理河南地域文化特色，全面展示中原文化风貌，讲好中原故事，传播中华文化，凝聚中国力量。“记忆中原”丛书作为一种融媒体出版物，融合多种媒体形式，书籍与文创产品并重，文化与旅游资源嫁接，这种创新的出版方式是中原文化更加出彩的一种生动体现，也为中原更加出彩提供精神力量。

天下中原，老家河南。

中原是一座“文化的活态博物馆”。河南堪称全球华人的根亲文化圣地。与其在远处仰望，不如到中原走访。真诚希望读者朋友能从书中感受到中原文化的魅力，更期望朋友们以这套丛书为“路标”，到河南走走，回老家看看。厚重河南欢迎您，壮美中原欢迎您。

“记忆中原”丛书编委会

2018年7月

目录

谈古说今

要事回放

名人扫描

寻根问祖

——河洛后裔溯其源　87

古城印象

——昔日沧桑犹可忆　101

考古探秘

——穿越时空的对话　131

胜景掠影

名品荟萃

——物华天宝赠人间　189

“非遗”概览

——魂牵梦绕是乡愁　201

城市名片

——千年帝都耀神州　217

本书音频资源列表

音频名称	来源	页码
大器晚成	原创	5
运筹帷幄	原创	9
八斗七步赋洛神	原创	12
鹤立鸡群	原创	13
冰清玉润	原创	13
卿卿我我	原创	13
口若悬河	原创	14
老生常谈	原创	14
宠辱不惊	原创	23
爱屋及乌	原创	30
以暴易暴	原创	30
白鱼入舟	原创	30
不食周粟	原创	31
周公营洛	原创	31
数典忘祖	原创	33
入周问礼	原创	34
敝帚自珍	原创	35
挑肥拣瘦	原创	35
乐此不疲	原创	36
白马驮经	原创	37
投笔从戎	原创	38
防微杜渐	原创	40
文姬归汉	原创	43
分道扬镳	原创	43
魏书洛阳城	原创	44
洛水睿石	原创	46
桃李满天下	原创	47
债台高筑	原创	61
人弃我取　人取我与	原创	61

音频名称	来源	页码
恫疑虚喝	原创	62
前倨后恭	原创	63
宁为鸡口 毋为牛后	原创	63
举案齐眉	原创	67
白鹿救驾	原创	71
呕心沥血	原创	77
寒窑苦读	原创	78
顾影自怜	原创	94
狗尾续貂	原创	96
钟鸣漏尽	原创	105
枹鼓不鸣	原创	109
刘伶醉酒	原创	121
空桑酿酒	原创	121
桑林祷雨	原创	122
车载斗量	原创	145
乐不思蜀	原创	145
烟花易冷	原创	146
一片冰心在玉壶	原创	149
红叶题诗	原创	149
阮氏惠语救夫婿	原创	161
尸居余气	原创	161
司马昭之心 路人皆知	原创	161
请君入瓮	原创	163
龙池金鱼	原创	165
龙门的故事	原创	167
白马甜榴	原创	169
诗夺锦袍	原创	172
定鼎中原	原创	173
推心置腹	原创	175
程门立雪	原创	180

音频名称	来源	页码
骑鹤升仙	原创	181
康水三奇	原创	193
洛鲤伊鲂　贵于牛羊	原创	196
洛阳水席的故事	原创	198
潘文乐旨	原创	201
抛砖引玉	原创	201
天下无双	原创	201
投鼠忌器	原创	201
闻鸡起舞	原创	201
过目不忘	原创	201
河图洛书	原创	202
洛神的传说	原创	203
翩若惊鸿	原创	203
好逸恶劳	原创	215
红杏出墙	原创	216
金水河的故事	原创	216
洛阳女儿名莫愁	原创	216
杯弓蛇影	原创	216
一日三秋	原创	216
糟糠之妻不下堂	原创	216
自惭形秽	原创	216
如坐针毡	原创	216
乐羊子妻	原创	216
探骊得珠	原创	216
洛阳纸贵	原创	221
木石人心	原创	222
金谷园的故事	原创	222
曲水流觞	原创	222
花王和花后	原创	225
牡丹的故事	原创	225

音频名称	来源	页码
洛阳红	原创	225
白牡丹的故事	原创	227
国色天香	原创	228
画虎类犬	原创	236
黄耳传书	原创	236
饮鸩止渴	原创	236
车水马龙	原创	237
余勇可贾	原创	237
掷果潘岳	原创	237

本书视频资源列表

视频名称	来源	对应页码
千年帝都——洛阳	原创	1
《天地洛阳》第一集 《天造洛阳》	央视九套	1
《天地洛阳》第四集 《白马东渐》	央视九套	12
《天地洛阳》第三集 《丝路千年》	央视九套	17
《天地洛阳》第五集 《根系洛阳》	央视九套	87
《天地洛阳》第二集 《王者之地》	央视九套	141
《天地洛阳》第六集 《山水龙门》	央视九套	165
《天地洛阳》第七集 《国色天香》	央视九套	228
百家姓·石	原创	90
百家姓·王	原创	91
百家姓·毛	原创	92
百家姓·杜	原创	93
百家姓·陆	原创	94
百家姓·周	原创	94
百家姓·武	原创	95
百家姓·程	原创	95

谈古说今

——盛衰兴废看洛阳

千年帝都——洛阳

央视网

《天地洛阳》第一集《天造洛阳》

如果从信史扯起华夏民族或者中国，洛阳无疑是个线头，这个线头能拉起中国历史的四千多年的主脉。从夏、商、周三代到唐、宋，洛阳这个城市，名字也由雒邑、雒师、成周、王城、雒阳到洛阳、中京等，历经惊世繁华、兵火焚毁、改朝换代。不论你信或不信，中华民族的政治、经济、文化的脉络都在这个被称作洛阳的地方形成了。你尽可去中国乃至世界的任何一座城市里去寻找，恐怕都会让你失望，因为所有的城市都不会有这样绵密、系统、全面的辉煌的城事！

这是个华夏圣城、帝王之城、历史之城、思想之城、文化之城、科技之城！

洛阳城市鸟瞰 林治坤摄影

• 洛阳，给了“华夏”民族一个名字 •

“华夏”一词较早见于《尚书·武成》一书中：“华夏蛮貊，罔不率俾。”蛮，指南方民族；貊，指北方民族；率，顺服。

“汉人”是汉朝人对自己的称谓。由此推测，“夏”则是中国第一个朝代建立后，用来对自己族群的称谓。夏朝约建于公元前2070年，标志着中华文明史的开端。最早的三个朝代夏、商、周之间具有文化上的传承关系，这一点孔子《论语·为政》中说得很明白，商朝继承了夏朝的礼仪制度，所减少和所增加的内容是可以知道的；周朝又继承商朝的礼仪制度，所废除的和所增加的内容也是可以知道的。将来有继承周朝的，就是一百世以后的情况，也是可以预先知道的。孔子很向往这三个朝代，他在《论语·卫灵公》中说，用夏代的历法，乘殷代的车子，戴周代的礼帽，奏《韶》乐。特别值得注意的是，《论语》多次说到“夏”，而从来没有提到“华”，可见“华”并不是与“夏”平行的另外一个中原族群的名称。同时，根据考古发现，历史上也不存在一个叫“华”的朝代。

“华夏”一词的含义古人是怎么认为的呢?

《尚书正义》称:“冕服采章曰华,大国曰夏。”孔颖达解释说:“中国有礼仪之大故称夏,有服章之美谓之华。”可见,古人是以服饰之美为华;以疆界广阔与文化繁荣、文明道德兴盛为夏。从字义上来讲,“华”字有美丽的含义,“夏”字有盛大的意义,连起来的确是个美好的词。

其实不难看出,“华”是形容词作定语,用来修饰具有实体意义的“夏”。洛阳二里头夏墟的发现,可以肯定的是:“华夏”一词的生成与洛阳曾经的那个傲视天下的夏朝有着密不可分的关系。

一般认为,河洛文化诞生于史前的裴李岗文化或者更早,形成于夏、商、周三代,成为华夏文明的核心文化,洛阳是河洛文化的中心地标。而中国第一个王朝夏朝在斟鄩(在今洛阳偃师境内)建都之前,华夏文明中所有形成和存在着的摇篮都是支流,从“夏都斟鄩”开始,华夏文明的发展才算进入了干流。

“禹传子启”有了夏朝。《礼记·礼运》说,禹以前为“大同”之世,禹以后为“小康”之世。不可否认,大禹建立的国家还不算是个大国,统治范围狭小,统治机构简单,即使有了名义上的都城,遗址的面积也才30多万平方米。而真正成为天下“共主”的夏朝,该是“太康居斟鄩,羿亦居之,桀又居之”的斟鄩城——偃师二里头文化遗址。

二里头遗址 《洛阳晚报》供图

洛阳二里头遗址是一座大型城址，城内有宫殿区、祭祀区，不仅有大型的建筑群，还有纵横交错的道路，显然是经过缜密规划和设计的。城址面积之大，是当时中国和亚洲所仅有的。

不难看出，建都斟鄩的夏王朝才符合天下共主的特征，才真正有了一统天下的气象。而华夏民族的形成正是因为有了这个大一统的国家，也就是说这时候作为名词的“华夏”才算是有了真正的含义。

商灭夏后，曾经在夏都斟鄩城附近建立都城西亳；周部族推翻商朝的统治，建立了周朝，西周和东周相继在洛阳建立王城和成周城作为都城。夏人称“夏”，而周人也自称“华”或“夏”，将自己分封出去的诸侯国称作“诸夏”或“诸华”。由此可见，不论是“夏”，还是“华夏”，经历夏、商、周三代后，已然成为一种概念，而这个概念是在洛阳诞生的。

中华民族的文明之源如百溪汇流，而干流就是夏朝。从二里头这座被称作“夏墟”和“中华第一王都”的遗址，到洛阳商城“西亳”，再到西周和东周的王城和成周城。我们不难看出，“华夏”这个词就是在承载着先秦三代的洛阳形成的。

• 洛阳，给了“中国”一个名字 •

对于“中国”这个名词是从哪里来的，中国人肯定都很想了解。关于“中国”的来历，跟一个人和一个地方有着密切的关联，这个人就是西周初期杰出的政治家、军事家和思想家、被尊为儒学奠基人的周公，这个地方就是洛阳。

当年，周公辅佐武王灭商后，继承武王之志营建雒邑，准备迁都于此。这位可算得上是通晓天下地理大势的圣贤，在拿着日晷选址时，说了一句话：“此天下之中，四方入贡道里均。”（《史记·周本纪》中有记载）

而洛阳作为“天下之中”的观念，也许并非始于周。可以说夏、商乃至更早就有了这样的认识。洛阳地域内先后发现的夏、商都城遗址，皆距西周成周城不远，这不会是巧合。

还有一个更确实的史证是，“中国”一词最早出现于《何尊铭文》之中。

因铭文上面有“何”字样，知为

"何"贵族所铸，于是，这件具有历史意义的青铜器被称为"何尊"，铭文则被称为《何尊铭文》。

铭文的大意是：周成王五年四月，营建新都于成周（洛阳），对武王进行祭祀。成王对宗族小子训诰说：何的先公追随文王受天命统一天下。武王灭商后曾廷告于上天：我把周都的城郭建在这里（洛阳），因为这里是"中国"，天下的中心，从此就在这里管理人民。

这是周代的或者姓何或者名何的贵族因功受赏，做尊纪念祖先，以示荣耀，没承想竟把这份荣耀也带给了洛阳，为三千多年后的洛阳留下了一个直接的证据。周成王在他即位当政后的五年四月，就把都城从宗周（宗籍之地）的镐京迁到了成周（成就之地）的洛阳，而原因就是洛阳是"中国"。

由此可知，"中国"这个名字最早的指代就是以洛阳为核心的河洛地区。后来中国的外延变大了，但解释起"中国"，至少还要先提到洛阳，提起河洛地区。

中国的名字就是由洛阳而来的，这是洛阳的荣光！

• 洛阳，给了"河南"一个名字 •

洛阳和河南有什么关系呢？

现在看，洛阳就是河南省的一个辖区，也就是河南省管着洛阳市，是相关大概念和小概念的关系。

那么，再回过头去看看。

《史记 · 货殖列传》记载："昔唐人都河东，殷人都河内，周人都河南。夫三河在天下之中，若鼎足，王者所更居也。"这里提到的"河"指黄河，而河东、河内、河南谓"三河"，是以黄河为坐标界定的区域，中华初始文明皆集中发生在这一地区。具体来讲，河东指山西省大部，河内指黄河以北的焦作、安阳一带，河南则指以洛阳为中心的大河之南。若从地理位置上看，河东、河内、河南这三个区域，恰恰构成鼎足之势。

原来"洛阳"和"河南"这两个名字有着内在联系。一个是以洛水为坐标叫"洛阳"，一个是以黄河为坐标叫"河南"。究竟是不是这样的，我们可以翻看一下历史，看看洛阳是不是曾经有过"河南"的

大器晚成

称谓。

史料显示，公元前249年，秦在雒阳置三川郡，郡治在成周城。公元前205年，汉高祖刘邦将三川郡一分为二，东部为河南郡，郡治在雒阳；西部属弘农郡。河南从此成为地名，一直到清末，河南郡、河南尹、河南府、河南府路、河南县这样的称谓，都特指以洛阳为中心的地区。

西汉所设的河南郡，郡治在雒阳，辖雒阳、河南（包括孟津的黄河以南地区）、偃师、缑氏、平阴、新成、谷成、巩、荥阳、新郑、中牟、开封等22县。

公元25年，刘秀的东汉政权定都雒阳。公元39年，将河南郡改为河南尹。公元220年魏文帝曹丕定都洛阳，改雒阳为洛阳，设司隶校尉部。265年，西晋代魏，仍以洛阳为都。436年，北魏在洛阳置洛州，494年孝文帝迁都洛阳。

隋开皇元年（581），在洛阳置东京尚书省；次年，置河南道行台省；三年废行台，以洛州刺史领总监；十四年，于金墉城设置总监。大业元年（605），隋炀帝迁都洛阳，改洛州为豫州，三年又改为河南郡，十四年复置洛州，辖河南、洛阳、偃师、缑氏、阌乡、桃林、陕、熊耳、渑池、新安、巩、宜阳、寿安、陆浑、伊阙、兴泰、嵩阳、阳城等18县。

唐武德四年（621），置洛州总管府，辖洛州，郑州、熊州、榖州、嵩州、管州、伊州、汝州、鲁州等九州；贞观元年（627）分全国为十道，洛阳乃河南道；显庆二年（657）置东都。开元元年（713），改洛州为河南府。开元二十一年，于洛阳置都畿道。天宝年间，改东都为东京。时河南府辖26县，洛州、河南府均治洛阳。

宋以洛阳为西京，置河南府，设“国子监”于洛阳。金代定洛阳为中京，改河南府为金昌府，并河南县入洛阳县。

自元代始，洛阳不复为京，降为河南府治、河南府路的治所，属河南行省。河南府下领陕州和洛阳、偃师、巩县、孟津、登封、新安、宜阳、永宁等8县。明代河南府在元代建置的基础上增加了嵩县。同时，明代洛阳又是伊王府和福王府的封地。清代洛阳仍为河南府治。

到了1912年（民国元年），民国中央政府废清建制，中央以下设省、道、县三级，定开封为省会，废除洛阳河南府治，洛阳变为洛阳县。至此，“河南”这个名字才离开洛阳。

1923年，河南省长公署迁于洛阳，

洛阳成为河南省会。1931年，“九一八”事变的炮火声犹在耳畔；1932年，“一·二八”事变又在上海爆发。南京国民政府的安全受到日本侵略军的威胁，决定马上迁都，定洛阳为行都。1938年6月，第一战区长官司令部驻洛阳。1939年秋，河南省府再次迁洛。

河南与洛阳，即是如此关系。

• 洛阳，礼仪之邦肇始地 •

如果说夏、商两代是感性时代，那么周王朝就是中华民族进入理性时代的开始。周的统治者在总结了商代灭亡的原因后，断然把所有神性的东西放进了宗庙，而在堂皇冠冕的王朝之上公然颂扬起民本主义。他们说：“人无于水监，当于民监。”意思是说，人主不要用水作镜子，要以民为镜子，把百姓的反应当作自己为政得失的一面镜子。这是一个很了不起的变化！

周灭商后，为了保证新王朝稳定，采用了一些行之有效的手段。首先推行以宗法制为核心的诸侯分封。宗法制是以血缘关系为纽带，区别于夏、商时期的部落联盟而又相对独立的政治制度。宗法制与分封制相关联，将宗法关系和国家制度结合在一起，这是周王朝的一大发明，对当时的社会稳定起到了关键作用。但手段毕竟是手段，“德政”的教化是以人为本，这就需要一套社会各阶层都能认知的制度来约束。这个制度，就是周公发明的“礼乐之制”。即把人的社会活动规范在一个共同的行为准则下，进行礼乐教育和道德约束。所制礼乐包括礼制和礼典两大项，所谓讲礼乐，首先是讲制度，讲秩序。把“礼”作为社会秩序的基础和核心。要建立良好的社会秩序，就要正名分，辨等级，明贵贱，这就是“礼”。所有的人都要循礼而为，所有的事情都要依礼而办。任何人任何时候不能违礼，不得僭越。

礼乐之制是我国最早的较完备的社会规范。周公之礼分为五类，基本涵盖了政治、军事、社会生活的方方面面。这五类礼分别为：吉礼，主要适用于祭享郊庙、神祇等；凶礼，主要适用于丧、荒、吊、恤等；宾礼，主要适用于朝觐、迎宾、巡视等；军礼，主要适用于军事、赋役、封疆等；嘉礼，主要适用于飨燕、贺庆、昏冠等。

乐即乐章、乐曲，是与礼配套而行的。行什么样的礼，就奏什么样的乐。礼乐的配合使得社会上一切较为重大的活动既庄重又严肃规范；既富有感染力，又有和谐气象。

譬如说，结婚有婚礼，成年有成人礼，祭祀祖先有祭祀之礼，与人交际有交际的礼节。这样的礼仪人人都去践行，家家都去遵守，整个社会的风气就会产生变化，个人德行的修养就会集合形成一套系统的社会公德。

周公制礼作乐，把礼乐作为兴国安民之邦本，可见立意之高远，也可知其统治之智慧。当年的周公已经认识到，礼乐可以使社会和谐，国治民安。我们可以想见周公的理想：漫步在成周城里，看到的是一城乃至一国尊长有序、彬彬有礼的良民善众，做人行事守法有度的谦谦君子。

礼乐成，邦国兴。周公亲手奠定了华夏历史上第一个最为完备的文化形态，缔造了一个礼仪之邦！

• 洛阳，中华文化之圣城 •

中华民族的形成和发展离开了洛阳，无从说起；华夏文明的传承离开了洛阳，无从说起；中国的历史发展离开了洛阳，无从说起。这座城市是一个民族踪迹的可追之根，一种文明传承的可溯之源，一个国家历史的可考之本。

中华民族是崇圣之族，华夏文明是奉圣之文明，中国是有圣之国，这座城市是孕育我们的国家、民族、思想、文化的圣城！

司马迁说：“昔三代之居，皆在河洛之间。”司马迁所指的三代是夏、商、周。传说，作为华夏人文始祖的伏羲王和治水的大禹王，也是激情万丈地龙腾虎跃在河洛这片土地上，河图洛书的演绎就是很好的佐证。

自盘古开天，历三皇五帝，至夏都立国，前后有商、西周、东周、东汉、曹魏、西晋、北魏、隋、唐（武周）、后唐等十三个中原王朝在此建都。使这里成为中国建都较早、朝代较多、历史最长的都城。司马光在发出“若问古今兴废事，请君只看洛阳城”的感慨时，想必这感慨中还带着曾在洛阳“称王割据”的一二十个

运筹帷幄

政权，如河南王（申阳）、西汉（刘邦）、新莽（王莽）、更始帝（刘玄）、郑（王世充）、大燕（安禄山），等等。

在这座城市里，圣中至圣的先师——周公，怀抱仪服四海之志，为了国家、民族，筑宫造城、制礼作乐，缔造礼仪之邦本。而之后，一个圣人（老子）成就于洛阳，一个圣人（孔子）学成于洛阳。就这样，贯穿于一个民族和国家几千年发展史中的文明思想、哲学思维、道德理念、国家意志、民族情感，在这里一气呵成！

儒学奠基地

2500多年前的一天，一个叫孔丘的青年人，从地处山东的鲁国出发，心怀一腔崇敬，朝着周王城洛阳跋涉而来。他说：“郁郁乎文哉，吾从周。”还说：“如有用我者，吾其为东周乎！”

殷商时代的人相信天命，迷信天地鬼神的神秘力量，事无大小都要向神问卜一番吉凶。武王伐纣后，殷商天命神学意识形态坍塌，迎来的是周朝“郁郁乎文哉”的天下大治。在那个群雄割据的时代，战争和谋略，贪婪和鲜血，早已经把尔虞我诈演绎得出神入化了。而这个正直、善良、敦敏且富有学识的青年却显得卓尔不群、茕茕孑立。他胸怀的是修身齐家治国平天下的理想，十分崇尚由周公倡立的礼乐制度，常常神往那个由周公建立的礼仪之邦。他景仰那个巍峨的周王城，向往着能入周问礼于生活在周王城里的贤师老子。时任周王室“守藏之史”的老子是一位大思想家、大学者，熟知周礼。后来的

孔子入周问礼碑 《洛阳晚报》供图

历史告诉我们，这一次行程对于老子和孔子，都是一件很稀罕的事。孔子拜师学礼一下子就匍匐在了一个圣人的脚下，老子传道授业一不小心竟推出了和自己比肩而立的另一个圣人，这不能不说是中国思想史上日月同辉、最为璀璨的瞬间！

孔子在周期间，还曾向苌弘学乐。苌弘是东周大臣刘文公所属大夫，“天地之气，日月之行，风雨之变，律历之数，无所不通”。后因故被杀，传说其血三年化为碧玉。他的墓地在今偃师市山化镇境内。

孔子走遍了祭祀天地之所，考察明堂的规则，察看宗庙朝堂的制度。于是感叹地说：“我现在才知道周公的圣明，以及周部族称王天下的原因。”

后来的儒家学人们，尊周公为儒学的“元圣”。

道学产生地

老子，姓李名耳，字伯阳，又称老聃。生于楚国苦县（今河南鹿邑东）厉乡曲仁里，年轻时就到周都城洛阳求学，任东周的守藏之史，管理国家藏书。

老子一生的大多数时间都生活在东周国都洛阳，担任守藏室之史，相当于当今的国家图书馆馆长吧。道家思想就是在这个时期形成的。其作品的精华是朴素的辩证法，主张无为而治，其学说对中国哲学发展具有深刻影响。老子哲学与古希腊哲学一起构成了人类哲学的两个源头，老子也因其深邃的哲学思想而被尊为“中国哲学之父”。《道德经》的国外版本有一千多种，是被翻译语言最多的中国书籍。

老子思想的精华是朴素辩证法，如“祸兮，福之所倚；福兮，祸之所伏”。在修身方面，讲究性命双修、虚心实腹、

老子铜像　林治坤摄影

不与人争。在政治上，主张无为而治、不言之教。其思想对后代影响深远，例如：中国历史上的两次盛世，汉初的“文景之治”及唐朝的“贞观之治”，统治者均把老子的“无为”思想作为信条，采取“与民生息”的政策。某些辩证唯物主义者认为，老子的《道德经》含有丰富的辩证法思想。

孔子曾多次入周都洛阳向老子求教，因此，老子思想对儒家文化的形成产生过重要影响。《史记》中有这样的记载：“孔子适周，将问礼于老子，老子曰：‘子所言者，其人与骨皆已朽矣，独其言在耳。且君子得其时则驾，不得其时则蓬累而行。吾闻之，良贾深藏若虚，君子盛德，容貌若愚。去子之骄气与多欲，态色与淫志，是皆无益于子之身。吾所以告之，若是而已。’”这里的老子对孔子所说的“深藏若虚”“容貌若愚”，去“骄气与多欲，态色与淫志”与《道德经》中的思想是一致的。

洛阳是当时政治、经济、礼乐文化的中心。孔子入周问礼学乐，对弘扬周代文化、扩大儒家文化对当时和后世的影响，产生了重大作用。老子的道家思想与儒家思想和后来的佛教思想一起构成中国传统文化的主流。

道教出现后，在道教中老子被尊为道祖，化身为“太上老君”，从《列仙传》开始，老子就被尊为神仙。

他晚年出洛阳骑青牛西去，并在函谷关前留下五千言的《道德经》，“紫气东来”一词即由此而来。

佛教始传地

《资治通鉴·汉纪三十七》记载：“初，帝闻西域有神，其名曰佛，因遣使之天竺求其道，得其书及沙门以来。”

这里所说的“帝”是汉明帝刘庄。派遣郎中蔡愔、博士弟子秦景至西域求佛，用白马驮回经卷的永平十年，即公元67年，佛教于此时才名正言顺、堂而皇之地传入中国。

当年，蔡愔和秦景奉圣谕去西域求佛，到了大月氏国，正好遇到天竺高僧迦叶摩腾、竺法兰在此讲经。两位汉使致礼恳请两位高僧，到东方天朝传经送宝。高僧受邀，用白马驮运经卷及佛像，随汉使来到洛阳。高僧的到来，受到了汉明帝的亲自接见，并安置在鸿胪寺。

第二年，明帝敕令仿天竺式样在洛阳城的西雍门外修建了中国第一个佛教寺

白马寺 林治坤摄影

八斗七步赋洛神

央视网
《天地洛阳》第四集《白马东渐》

院白马寺，佛教真正进入中国的译经传教正式开始。白马寺也因此成为我国佛教传播和佛事活动的中心，被称为“释源”和“佛教祖庭”。洛阳乃佛教落地生根之处，开花结果之土。

迦叶摩腾和竺法兰在白马寺翻译出了汉语版的第一部佛经《四十二章经》。《高僧传》称：“汉地见存诸经，唯此为始也。”

两位高僧为了佛教事业长驻洛阳，最后圆寂于白马寺，安葬在白马寺山门内东西两侧。3米多高的墓冢前分别立有两通石碑，上刻“汉启道圆通摩腾大师墓”和“汉开教总持竺法大师墓”。

自汉明帝永平十年至汉献帝延康元年（67—220），在洛阳参与翻译经书的高僧和汉学者共有12人，翻译佛经292部395卷。

三国时期，魏明帝曹叡和陈思王曹植等皇室贵族都崇尚佛学，佛教得以继续发展。甘露五年（260），颍川人朱士行在白马寺受戒出家，成为中国人中第一个正式僧人。朱士行出家即西行取经。

西晋时，佛教仍以洛阳为发展中心。这个时期不但陆续有大量的佛经译出，还出现了中国最早的比丘尼。西晋末年，有净检等24名妇女从西域僧人智山受十戒出家，来到洛阳竹林寺，并请僧人昙摩羯多在洛阳立戒坛。净检等4人受大戒，成为中国最早出家受戒的比丘尼。

玄学发端地

玄学是魏晋时期出现的一种崇尚老庄的思潮，一般特指魏晋玄学。

魏晋人注重《老子》《庄子》和《周

鹤立鸡群

易》，称之为“三玄”。魏晋玄学的主要代表人物有何晏、夏侯玄、王弼、阮籍、嵇康、向秀、郭象等。这些代表人物大都在京城洛阳做官，他们谈玄论道，著书立说。因此洛阳也就成了玄学的发端之地。

东汉末年，统治集团分裂，社会危机日益加深。宦官、外戚掌权祸乱朝纲、残害贤良，士人阶层的集体利益受到严重影响，士人阶层因此与他们进行了血腥的斗争。两次党锢事件，士人阶层大受打击，分离四散。在大一统不再的情况下，不但政治、经济发生着变化，思想也发生了深刻的变化。他们需要精神解脱，需要减轻压力。

除了当时的社会经济政治状况，儒学自身发展也是玄学的产生原因。汉末的儒学早已不是孔子的儒学，经过统治阶级的改造，成为统治者强化等级秩序和观念的工具。图谶纬书堕落成粗糙庸俗的神学。儒学神学化，流于庸俗。

同时，黄老思想的发展也为玄学的发展提供了可能。简言之，它是在汉代儒学衰落的基础上，为弥补儒学之不足而产生的；是由汉代道家思想、黄老之学演变发展而来的；是汉末魏初的清谈直接演化的产物。玄学所倡导的人生态度影响了魏晋时期的名士，形成魏晋风度。魏晋玄学让人们的思想得以解放和开阔，让这个时期的文学、书法、绘画都有了一种超凡脱俗、逍遥自在以及对自然的热爱的风格。玄学，一直持续到东晋后期玄佛合流才“笑渐不闻声渐悄”。

玄学的发展经历了几个阶段，目前学术界有好几种分法，如按时代来分有汉末、正始、竹林、西晋、东晋之法；按内容有启蒙、老玄、庄玄、儒玄、佛玄之说；还有以袁宏《名士传》一段话为依据把玄学分为正始、竹林、中朝三个时期的。

玄学就其哲学范畴来讲，可称为行而上学，“行而上”简单来说既是抽象出来的意思，玄学也便是对一些抽象内容以生动的方式进行解说和发展。

玄学首先该是属于社会情绪的，属于一大批有成就的文人与政治若即若离、特立独行的思想情绪。

玄学创始期的代表性人物何晏，就是一个情绪化的人。后来的玄学大家“竹林七贤”的行为更是荒诞不经、愤世嫉俗，所有的学术追求也无不透

冰清玉润

卿卿我我

口若悬河

老生常谈

露出那几个文人的坏情绪是社会化的大情绪，有广泛的追捧者！

玄学，其次是属于道的。魏晋之际，时局动荡，王权更迭，人心不稳。那些徘徊在皇城帝都里的文人感到了前途的渺茫和失落，开始疏远政治的同时，崇尚自然，感悟人生，演绎哲学；在老庄的理想里寻找寄托，刻意粉饰自己玄之又玄的精神世界。他们上可以思辨抽象的思维，把一个“道”字折腾得扑朔迷离、玄奥深邃、淋漓尽致；下可以表现自己的才情横溢、恬淡超然、蔑视礼教、放荡不羁的文人气质。

玄学，再次是属于儒的。玄学以祖述老庄，综合儒、道立论，所以儒家的礼法、名教、天道、人道等思想，也是玄学少不了的讨论内容。玄学作为一种哲学思潮，与经学在理论形态上相对独立，又在思想上上承下延。它以其精密的思辨，以道释儒，纠正了两汉经学思想僵化之流弊。

玄学，最后是属于文人思潮的。作为游走在道、儒之间的玄学，实际的产生是因为文人对世态的思考。从它的产生到没落都是文人对政治既爱又恨，且无可奈何地清高傲世的真实写照。

与魏晋玄学伴生的“魏晋风度”就是中国文化史上最亮丽的一道风景。以魏晋风度为开端的儒、道互补的士大夫精神，从根本上奠定了中国知识分子的人格基础。更具体一点说，成了以后历代文人所追求的人格范式。

理学渊源地

什么是理学呢？理学被称为新儒学，首先是与儒学有着衣钵传承的关系；其次肯定是与儒学有区别，即不同之处。

汉唐儒学重在注疏《六经》，从而弘扬周公、孔子所倡导的先王治国保民之学。宋代理学则从自我心性出发解说经典义理，从而阐发天道与性命之大义。

北宋时，洛阳已不再是首都，但仍然是国家的文化中心。这里聚集着一批高级士大夫，如判西京御史台的司马光，前任枢密使富弼、枢密使文彦博、御史中丞吕公著等。洛阳还是知识分子聚集之地，所谓“洛实别都，乃士人之区薮”，其中最重要的学者有邵雍和程颢、程颐兄弟等。邵雍在当时的声望极高，“士之道洛者，有不之公府，必之雍。……贤者悦其德，

程林　林治坤摄影

不贤者服其化”。而程颢和程颐也是士大夫的楷模，“闾里士大夫皆高仰之，乐从之游，学者皆宗师之，讲道劝义，行李之往来过洛者，苟知名有识，必造其门”，“士之从学者不绝于馆，有不远千里而至者”。

程颢，字伯淳，学者称明道先生，洛阳人。其弟程颐，字正叔，世称伊川先生。兄弟二人同为北宋理学的奠基者。

程颢、程颐长期在洛阳讲学，他们的学派当时被称为“洛学”。二程之学在当时影响很大，四方前来洛阳就学者很多。在为了自己的理想而脱离仕途时，程颐向宰相文彦博上书，希望将洛阳城南10千米的一片“荒芜无用之地”当作学田，以供资用。文彦博不但满足了他的要求，还将自己在洛阳城南鸣皋山下的一座庄园相赠。程颐在庄园上建立了伊皋书院，求学者日夕盈门。“学者出其门最多，渊源所渐，皆为名士”。其中成就最大者为游酢、杨时、吕大临、谢良佐，被称为“程门四先生”。

二程的姻亲张载在关中讲学，被称为“关学”。洛学和关学后来统称“理学”或“道学”，其中洛学为正宗，关学为别派。二程认为世界的根源是“理”，也叫“道”，也叫“天理”。程颢说：“吾学虽有所受，天理二字却是自家体贴出来。”天理是最高的、永恒的实体。程颢说：“天者理也。”“天理云者……不为尧存，不为桀亡。”“理”还是世界万事万物的普遍规律和准则。程颢说：“万物皆有理，顺之则易，逆之则难，各循其理。”程颐说：“天下物皆可以理照。有物必有则，一物需有一理。”万物虽各有其理，但在根本上，万物之理只是一个

"理"，即"万物皆是一理，至如一物一事虽小，皆有是理"。二程还通过心、性和仁等概念进一步说明了"理"的范畴，天理与心性是贯通的，仁即此理此心此性，忠恕之道近乎仁。二程在天理与心性的联结上略有区别，程颢的天理是一个具有活泼生命形态的能动的天理，心性即是天理；程颐的天理则近于一个静态的对象化的客观之理，"性即是理"，而心则是一个涵养、认知的主体。后来陆九渊把程颢思想推阐扩充，又结合先秦孟子学说，形成了心学学派，并由王阳明发扬光大。

不管是新儒学，还是宋明理学，还是程朱理学，还是洛学，学者的叫法不一，只存在外延的大小不同而已，内涵都是在北宋时期由程颢、程颐兄弟开始创立的理学。理学在南宋后期为统治阶级所接受和推崇，经元到明、清正式成为国家的统治思想。

理学在二程那里还仅属于哲学，到了朱熹，"理"被发展成了可以制约皇权的文化资源。后来理学和皇权合流，成了对士人心灵的制约，也把道德伦理提高到非常高的地位，成为一种文化制约。

理学是一种伦理学为主体性的本体论，追求的是内圣人格，就是内而治己，作圣贤的功夫，以挺立我们自己的道德人品。理学建树圣人人格的理论与观念，对于中华民族注重气节、注重道德、注重社会责任与历史使命的文化性格产生了深远的影响。

丝路起点

把一条路赋予丝绸那样明丽的五色七彩，那样迷人的柔美水滑，那样高贵的飘逸华美，这该是一条什么样的路呢？

一个叫李希霍芬的德国地理学家，通过多年的研究发现，从古代中国的内地出发一直向西，有一条通往中亚到印度，最后可达古罗马的商贸通道。在悠悠的驼铃声中，穿越漫漫沙漠、跨越亚欧大陆的庞大商队，带去的主要商品是中国的丝绸。1877年，他出版了自己的研究专著《中国——亲身旅行的成果和以此为根据的研究》。在该书中，首次将自己的研究发现——这条横跨亚欧大陆的商贸通道命名为"丝绸之路"。严谨的德国学者赋予了这条路一个浪漫的极富想象力的名字。

后来，德国东洋史学家阿尔巴特·赫尔曼在其所写的《中国与叙利亚之间的古代丝绸之路》中也指出：“把这一名称（丝绸之路）的涵义延伸到通向遥远西方的叙利亚道路上去”；“叙利亚尽管不是中国生丝的最大市场，也是其较大的市场之一。而且，叙利亚主要是经过由通向亚洲内地及伊朗的这条道路而获得生丝的”。

但打通这条路的是个中国人张骞。当时的西汉政权饱受匈奴侵袭之苦，汉武帝为了实现联合大月氏国共同抗击匈奴的战略目的，派遣张骞出使西域。西域是指玉门关、阳关以西的广大地区，西行的必经之路河西走廊又被匈奴占据，张骞的行程充满着变数，但忠贞无畏的他还是拜别了汉武帝，毅然踏上了莫测之途。

张骞出使中途，果然被匈奴扣留，而且这一“留”就是十多年。在找到机会脱离匈奴的控制后，为了肩负的使命，他毅然决然地带领部属继续西行。在前后的十八年间，张骞曾两次出使西域，虽然都是出于军事目的，却得到了无心插柳柳成荫的意外收获。华夏文明不仅在西域传播开来，还取得了文化、经济的频繁交往，张骞出使西域的这一历史事件也有了崭新的意义。

丝绸之路，从学者们不同的阐述角度来讲有广义和狭义之分。广义的丝绸之路，指古代亚欧大陆之间的经贸交流，年代可上溯到先秦时期，路线也兼有海陆，

央视网
《天地洛阳》第三集《丝路千年》

洛阳丝绸之路公园　林治坤摄影

是古代连接亚欧的东西方商贸通道的总称。研究者把它数条干线和支线称为草原丝绸之路、绿洲丝绸之路、海上丝绸之路和西南丝绸之路等。而通常所说的丝绸之路，也就是狭义的丝绸之路，是绿洲丝绸之路。专指汉唐时期东西方经济、文化、外交等方面交流最为繁荣时期的途径，自洛阳和长安经过中亚、西亚，到达地中海西岸，路程7000多千米。

关于丝绸之路的起点，其实早在该术语出现时就明确了。据《辞海》“丝绸之路”条载：“19世纪德国地理学家李希霍芬最初使用该术语时，只指称从中原地区，经今新疆而抵中亚的陆上通道。”注意：用的是“中原地区”，而不是其他。毫无疑问，这里的“中原地区”即指洛阳。

洛阳作为丝绸之路的东方起点之一，为丝绸之路的开辟、发展繁荣做出了突出贡献。西汉末年，王莽篡政，丝路阻断。东汉光武帝刘秀定都洛阳。公元73年，东汉明帝派班超出使西域，重开丝路，并前后经营西域达30年，不仅稳定了西域诸国的发展，而且开通了沙漠丝绸之路的南线和北线。

隋唐时期，通过丝绸之路和大运河从四面八方而来的国内外客商云集洛阳，通商贸易、文化交流、人员往来日益繁盛。隋唐洛阳城成为当时世界上著名的文化和商贸中心，在中国古代都城史、建筑史上占据重要地位，有着重要的历史、科学、艺术价值。

公元97年，东汉外交家班超在重新建立起中国在中亚地区的主导地位后，派甘英携带大量的丝织品出使波斯地区，中国与埃及最早的官方沟通应该是这一时期。《后汉书》记载了公元166年罗马使节沿着丝绸之路来到中国的首都洛阳，并建立了大使馆的记录。而记载中国和世界其他有影响国家通过丝绸之路的官方交往似乎还不止于此。

汉唐时期的丝绸之路，犹如一条彩带，将古代亚洲、欧洲、非洲的古文明连接在了一起，将中国古代的四大发明以及养蚕丝织技术、茶叶、瓷器和如梦般绚丽的丝绸等传送到了世界各国；同时，也将中亚的骏马、葡萄，印度的佛教、医药，西亚的乐器、金银器工艺等输入中国，使世界古代的科技和文化在这条丝绸之路上交汇兼容。

我们可以看看这些前人给那些遥远的国度带去了什么。

往来于丝绸之路上的人也不再单纯是使者和商团，为传播信仰理念和文化交流的人们也出现在这个时期，僧侣、传教者、探险者、学者，怀揣着不同的目的，朝着他们想象的东方走来。唐王朝以其博大广阔的姿态，接纳了相当数量的遣唐使和留学生，让他们学习中国文化。而中国大量先进的制造业和农业技术，也通过各种方式流传到其他国家。同时，佛教、景教等异域文明和文化成果也得到在中国广泛传播的大好机会，一时间唐王朝在商贸和文化交流上获得了空前的满足感。此时的丝绸之路开始如雨后初霁的虹桥，凸显气象，陪伴着一个强盛富足的王朝走进了令人炫目的繁荣时代。

第38届世界遗产大会同意中国与吉尔吉斯斯坦、哈萨克斯坦联合提交的“丝绸之路：长安—天山廊道路网”（原为“丝绸之路：起始段和天山廊道的路网”）文化遗产申请项目入选《世界遗产名录》。丝绸之路是跨国系列文化遗产，属文化线路类型。它经过的路线长度大约8700千米，包括各类共33处遗迹。其中，中国境内有22处考古遗址、古建筑等遗迹，包括河南省4处、陕西省7处、甘肃省5处、新疆维吾尔自治区6处，其中河南的4处遗址中有3处在洛阳境内。

丝绸之路见证了公元前2世纪至公元16世纪期间，亚欧大陆经济、文化、社会生活等方面的交流，尤其是游牧文明与农耕文明之间的交流；它在长途贸易推动大型城镇和城市发展、水利管理系统支撑交通

定鼎门见证丝路繁华　林治坤摄影

贸易等方面是一个出色的范例；它与张骞出使西域等重大历史事件直接相关，深刻反映出佛教、摩尼教、袄教等宗教和城市规划思想等在古代中国和中亚等地区的传播。

丝绸之路的申遗，不能不提到一个小故事。1907年，英国考古学者斯坦因在敦煌西北的长城烽火台下，发现了一组用中亚粟特民族文字所书写的信件。这是在凉州（治今甘肃武威）的粟特商人写给家乡撒马尔罕（在今乌兹别克斯坦境内）贵族的书信，不知是出于什么原因被埋藏在敦煌的长城脚下。

信中说，这些以凉州为大本营的粟特商团，活动的范围东至洛阳，西到敦煌，长途贩卖中国丝绸等商品。从这封外国人写于西晋末年（公元312年前后）的书信中，我们真切地看到了“洛阳”的名字，这是丝绸之路上的当事人直接说出的东方起点。

• 运河中枢 •

历史上，大运河是以洛阳为中心，向东北、东南开挖的。这里所说的“大运河”不是“京杭大运河”，而是以洛阳为中心的“隋唐大运河”。

隋唐大运河以洛阳为中心，北至涿郡（今北京），南至余杭（今杭州）。后通过浙东运河延伸至会稽（今绍兴）、宁波。

公元605年，隋炀帝即命开凿大运河，“发河南诸郡男女百余万，开通济渠，自西苑引谷、洛水达于河，自板渚引河通于淮”，长1000多千米。608年，隋炀帝沿洛阳东北方向开凿永济渠，沟通沁河、淇水、卫河，通航至天津。接着，溯永定河而上，通涿郡。610年，隋炀帝继续开凿江南运河，使得镇江至绍兴段通航。

至此，通过通济渠、永济渠两大渠道，沟通了海河、黄河、淮河、长江、钱塘江五大水系，总长2700千米的中国南北大运河全线贯通，并把洛阳、涿郡（今北京）、汴州（今开封）、宋州（今商丘）、宿州、淮北、楚州（今淮安）、江都（今扬州）、润州（今镇江）、余杭、会稽等区域中心联系在一起，从而加强了各地区间的联系。

隋唐大运河跨越地球10多个纬度，

纵贯中国最富饶的华北平原和东南沿海，地跨北京、天津、河北、山东、河南、安徽、江苏、浙江8个省、直辖市，是中国古代南北交通的大动脉，在中国历史上产生过巨大的作用，是中国古代劳动人民创造的一项伟大的水利工程，也是世界上开凿最早、规模最大的运河。

2014年6月22日，包括隋唐大运河、京杭大运河、浙东运河在内的三大部分十段河道被列入世界文化遗产，成为中国第46个世界遗产项目。

作为隋唐大运河起点的洛阳西苑，是隋炀帝的宫苑之一，又称会通苑。建于大业元年（605）。据记载，隋西苑位于隋东都洛阳宫城以西，北背邙山，东北隅与东周王城为界，周一百二十里。苑中造山围海，周十余里；海内有蓬莱、方丈、瀛洲诸山，高百余尺，台观殿阁，分布在山上。

在运河史上，隋唐大运河首先冠之以“大”，因为它是运河史的一个转折点，撑起了人类奇迹的冠冕。大运河之“大”，还体现在意义重大上，隋唐大运河的重要意义可体现在政治、经济、文化、军事、外交等方面，是全方位的。大运河是为漕运诞生的，漕运，在中国封建社会，具有一种独特的政治功能。运粮看上去是一种经济行为，但实际上却是政治行为，因为古代的漕粮，就是中央的财政调拨，是实际可用于分配的财力体现。尤其是多事之秋，漕粮便成了稳定大局的先决，成了维系封建统治的前提。而军事对漕运的依赖更是稳定国家政治，维系政治生命的十分关键的手段。由是，大运河便

洛阳大运河博物馆　林治坤摄影

成了江山社稷赖以存续的漕运水道，在封建统治者的心目中，唯此为“大”。我国地理是西北高、东南低，故我国河流多为东西向，而极少南北向。在水运占主导地位的古代，通过运河沟通海河、黄河、淮河、长江、钱塘江五大水系，形成如此之大的水运网络，这在当时的世界，是无人敢望其项背的。

大运河以洛阳为中心开挖，因为隋代的洛阳是首都，隋炀帝也是为了首都之利才开挖大运河的。洛阳还是唐代的东都和武周的神都，大运河对这一时期的作用更是不言而喻；到了宋代，洛阳是西京陪都，大运河中心地位尚未失去。元代的首都定在了北京，运输目的地直接从杭州到北京，于是，改道的大运河干脆就叫“京杭大运河”。

我们看看洛阳城里修建的粮仓就知道，隋炀帝可不是用它来装江南美女的，而是为江南的稻米和物资准备的。隋唐洛阳城内的含嘉仓、常平仓、子罗仓和城外的回洛仓、兴洛仓、洛口仓等，它们才是真正的大运河之魂，也是安邦定国之魂！这些仓储的粟米、食盐、布帛盈积，均是由大运河运输囤积或者中转各地。含嘉仓在洛阳城内，回洛仓在北城墙外，等等，这些昔日的魂魄还真都在着。

而20世纪90年代，洛阳的文物工作者对洛河南岸东西近100千米、南北近5千米的范围内进行了考古调查和钻探，得出的初步结论是：现在的洛河，其走向与隋代所开凿的通济渠走向是一致的。也就

含嘉仓遗址　高均海摄影

宠辱不惊

洛河　林治坤摄影

是说，自隋唐到今天一水穿城的洛河城区河段就是古代的通济渠，是人工开挖的运河，而非原来的天然河道。21世纪初，考古工作者在这段城区河床内发现了可以看作是南北两岸的两道石砌的河堤，和有文献记载的唐代天津桥遗址。

在洛河南岸隋唐东都城外郭城的厚载门遗址南不足千米处，发现了一处隋唐时期的大型水利设施，该设施的东西两侧还发现了近千米长的夯土河堤。可以断定，这些大型的水利设施都是大运河的有机组成部分。

北魏的洛阳已经有了大型贸易市场，大市周回八里，不少商人“资财巨万”，“千金比屋，层楼对出，重门启扇，阁道交通，迭相临望”（《洛阳伽蓝记》）。隋唐时候的洛阳因为有了大运河，经济更是达到了鼎盛时期，根据《唐六典》记载，当时的洛阳“郛郭南广北狭，凡一百三坊，三市居中”。一水穿城，洛河南岸的南市，有一百二十行，三千余肆，四壁有四百余店，货物堆积如山；洛河北岸的北市，停泊着来自全国各地的大小船只数以万计。北市的“彩帛行”是当时全国货色最多、规模最大的丝绸市场。洛阳作为丝绸之路的东方起点和大运河的中心枢纽，是当时中国的政治经济文化中心。东西方的商人接踵而至，来洛阳经商贸易。洛阳在当时国际贸易中的中心地位，起着中西经济文化交流的推手作用。

这条大运河的修建是由人工河道和部分河流、湖泊共同构成，就像由洛阳探出去的一只龙爪，牢牢地把中国所谓的“天下”掌控起来，盘踞其上。大运河作为华夏民族肌体上的大动脉，它所具备的经济、军事、文化、政治功用是中国历史上的任何工程不能匹敌的。经济上，大运河可将“半天下之财赋”运进首都；军事上，它便于输送部队和军需物资，实现“一船矛戈一河兵”；文化上，它不但沟通了地域间的文化交流，使我们民族的母体文化更加完善和丰富，也促成了大运河上码头城市带的明珠效应；政治上，它成为统治者掌控天下的大动脉。

• 今日洛阳 •

洛阳位于河南省西部、黄河中游，因地处洛河之阳而得名，是国务院首批公布的历史文化名城和著名古都，省域副中心城市，也是中部地区重要的工业城市。现辖1市8县6区，1个正厅级规格的洛阳市城乡一体化示范区、1个国家级高新技术产业开发区、1个国家级经济技术开发区、2个省级开发区、18个省级产业集聚区。总面积1.52万平方千米，其中市区面积803平方千米；总人口700.3万，其中市区人口215.8万，常住人口城镇化率52.65%。

洛阳是一座底蕴深厚、名重古今的历

洛阳新区　林治坤摄影

洛阳博物馆　林治坤摄影

史文化圣城。现有世界文化遗产3项6处，全国重点文物保护单位43处，馆藏文物40余万件，以及定鼎门博物馆、天子驾六博物馆等19家国有及41家民营博物馆，这些无不彰显着洛阳厚重的文化底蕴。洛阳是各类文化思想的相融共生之地，以“河图洛书”为代表的河洛文化是海内外炎黄子孙的祖根文源。洛阳还是全球华人的文化之根、祖脉所系，全球1亿客家人祖籍于此，中国70%的宗族大姓起源于此，先后有6次进入世界大城市之列。

洛阳是一座风光秀美、独具魅力的优秀旅游名城。现有AAAAA级景区4家、AAAA级景区16家、AAA级景区15家。国家森林公园白云山、“北国第一溶洞”鸡冠洞、“山岳经典·十里画屏”老君山、“北方千岛湖”黄河小浪底风景旅游区、世界地质公园黛眉山、“北国水乡”重渡沟，以及龙峪湾、天池山、西泰山、神灵寨等风景名胜，兼具南北风光之神韵。市区及周边分布着周山、龙门山、小浪底、上清宫等四大森林公园和隋唐城遗址公园，伊、洛、瀍、涧、黄五条河流纵横其间，长达20余千米的洛浦公园穿城而过。洛阳牡丹始植于隋，盛于唐，甲天下于宋，雍容华贵，国色天香，已有1400多年的栽培史，形成九大色系、10种花型、1200多个品种。一年一度的牡丹文化节已经成为蜚声中外的国家级文化盛会，跻身全国四大名会之一，入选国家非物质文化

洛阳牡丹 高均海摄影

遗产名录，成为洛阳扩大对外开放、展示城市形象的重要平台。洛阳市被命名为“中国牡丹花都”。

洛阳是一座工业基础雄厚、科技实力突出的现代化工业城市。“一五”时期全国156项重点工程有7项在此建设，工业对经济增长的贡献率约达70%。现已形成先进装备制造、新材料、高端石化、电子信息、旅游业等五大主导产业，正在积极培育机器人及智能制造、新能源、生物医药、现代物流、电子商务、金融六大新兴产业，大力发展文化产业、科技服务、牡丹、健康养老、高效农业五大特色产业。拥有洛阳石化、中信重工、一拖集团、中铝洛铜等众多具有较强市场竞争力的大型企业集团。中移动（洛阳）呼叫中心、平安保险数据中心等一大批高端服务业项目落户洛阳。洛阳还是全国重要的科技研发基地和国家新材料产业基地、高端装备制造高技术产业基地、小微企业创业创新基地示范城市，郑洛新国家自主创新区。现有部省级科研院所14家，国家级重点实验室7个、工程实验室3个，国家级企业技术中心13个、工程（技术）研究中心3个，各类研发机构900余家；两院院士6名，专业技术人员18万余人，科技人才密度高于全国、全省平均水平，在新材料、航空航天、电子信息等高科技领域居全国先进水平，高速铁路、载人航天、“蛟龙”号载人潜水器等一大批国家重点工程中都有“洛阳制造”和“洛阳技术”。

洛阳是一座资源富集、功能完善的希

望之城。洛阳自古为“九州腹地、十省通衢”，具有承东启西、纵贯南北的区位优势，是我国中西部地区重要的交通枢纽。陇海、焦枝等两大铁路干线，郑西高铁、连霍、二广、郑少洛、郑卢、洛栾、西南环城等高速公路与207、310、311、312等国道交织成网。洛阳机场是国内净空条件最好的二级机场，辟有至北京、上海、广州、深圳、包头、昆明、大连、沈阳、重庆、杭州、成都、哈尔滨、石家庄、香港、曼谷等15个航点城市的定期航线。洛阳能源资源富集，境内已探明矿产资源76种，其中钼矿储量居全国首位，为世界三大钼矿之一；黄金产量居全国第三位。洛阳是重要的电力能源基地，总装机容量占河南省的五分之一；管道天然气已延伸至县域和产业聚集区。水资源总量达28亿立方米，是北方地区少有的富水城市。洛阳综合功能完善，是中西部地区重要的物流节点城市，现有一类航空口岸、二类铁路和公路口岸，边防检查、口岸查验、检疫机构齐全，是豫西地区出入境旅客集散中心和集装箱进出口集散中心。洛阳先后与160多个国家和地区建立了贸易关系，吸引了美国惠普、法国迪卡侬、中国正威国际集团、美国霍尼韦尔等25家世界500强企业，中兴通讯、恒大集团、万达集团、深圳华强集团、青岛啤酒集团有限公司等46家国内500强企业在洛投资。

近年来，全市上下扎实推进改革发展稳定等各项工作，经济社会保持了健康平稳发展态势。洛阳市先后荣膺中国优秀旅

洛阳制造·大轮拖　高均海摄影

洛阳城 林治坤摄影

游城市、国家园林城市、国家卫生城市、全国文明城市、国家森林城市、国家创新型试点城市、全国科技进步先进市、国家知识产权示范城市、中国十大最佳魅力城市、全国节能减排二十佳城市、国家旅游标准化试点城市、国家首批智慧旅游试点城市、全球网民推荐的中国十大旅游城市、福布斯中国大陆最发达旅游城市等荣誉称号。

要事回放

——历史风云会古都

每一座城市，都有属于自己的故事。作为中国历史上第一个为都城定义的城池，她该承载多少故事呢？

已经湮灭的不说了，想说也不敢；蛛丝马迹的也不说了，想说说不完，挑挑拣拣地说也会成絮叨；只有按时段把对这个城市、国家、民族振聋发聩的事件摆出来几个，让你去感受一座城市傲视天下的深度和广度！

爱屋及乌

• 诸侯会盟 •

周族原是我国西部的一个历史悠久的部落，与夏、商两族统称为我国原始社会末期的三大部族。夏、商两朝时，周是他们的属国。

殷商后期，殷纣王骄横逸乐，残暴无道，忠臣贤士皆遭厄运。纣王怀疑西伯侯姬昌谋反，就将他囚禁在羑里（今河南汤阴北）。据《史记·周本纪》记载，纣王不管黎民百姓死活，只顾与妲己寻欢作乐，百姓日益怨恨，诸侯渐有离心。他还自恃大国而发动了旷日持久的征伐东夷的战争，激化了内外矛盾，为西周崛起提供了良机。

居于西岐的周部族，以仁道治天下，国库充裕，国力强盛，诸侯纷纷来朝。姬昌之子姬发即位后，就是武王，拜太公姜尚为军师，周公旦为辅佐，集聚力量，联系众多诸侯，意欲攻灭殷商。

鉴于商已有500多年的统治，周武王未直接发动对商的进攻，但灭商的步骤在进行中，逐渐扫除了灭商道路上的障碍。

公元前1046年，武王率大军自镐京出发东进，于黄河南岸的盟津（今孟津县会盟镇）阅兵，演练伐纣灭商。天下的部落方国闻讯前来参加会盟，助威者达“八百诸侯”。此次盟津军事行动，史称“盟津观兵”。通过盟津观兵，不期而会“八百诸侯”，不但增强了武王灭商的信心，也将自己推上了盟主地位，为后来的伐纣灭商奠定了政治、军事基础。

以暴易暴

白鱼入舟

黄河于盟津以上河段都是流经崇山峻岭中，到了会盟的这个地方，地势突然开阔而平坦，咆哮的河水也随之温柔了许多，缓缓地进入广袤的大平原。武王号召各路诸侯在盟津集结后，千舟竞发，声势浩荡。他的大船居中领发，乘风破浪，势不可挡。当大船航行到黄河中央时，突然间，有一条白肚皮的黄河鲤鱼破浪跃出，不偏不倚正好落在武王的船头。白鱼二尺多长，通体有明亮闪光的鳞甲，与士兵身上的白甲胄极其相似。当时的年代，人们把鱼当作军队的象征；商朝以白色为贵，白色代表着商朝的王权；而舟，与周同音，这很容易让人产生丰富的联想——强盛的周王室正在迅速发展崛起，商的军队要归周了，商的天下也要属周了！

周武王认为这是苍天有意而为之。他恭恭敬敬地捧着白鱼，叩拜上苍，感谢天意把白鱼送到了他的面前，感谢苍天把天下江山托付给他！“白鱼入舟”的成语故事就是记述的这件事，被用作比喻用兵必胜的征兆，也是形容好兆头的开始。

大军顺利地到达北岸后，周武王并没有顺势去进攻殷商，而是宣布撤兵折返。这次演习就已经达到了目的，让他看到了各路诸侯对他的信任和忠诚；他也让诸侯们看到了武王伐纣的决心和天意，为未来的讨伐纣王夺取天下做好了充分的准备。

不食周粟

• 周公营洛 •

周公营洛

周灭商后，为了对广袤的东方进行有效统治，也为了安抚商族残余势力，封商纣王的儿子武庚管理商朝的旧都殷。武王为防武庚叛乱，又在殷周围设邶、墉、卫三国。由管叔、蔡叔和霍叔负责管理，共同监视武庚。

周公像 林治坤摄影

虽然做了这样的安排，但由于镐京偏西，对控制殷商旧族广泛分布的东方地区，武王还是不放心，为此夜不能寐。为了从根本上解决这个问题，巩固新政权，武王南望三涂，北望岳北，观察黄河，亲自仔细察看洛水、伊水地区，认为此处地势平坦，没有险阻，从前夏朝定居于此，且离太室山（嵩山）不远，是建都的好地方。于是，周武王对在洛邑修建周都进行了初步测量规划。

未及两年，周武王崩，由其子成王继位。由于成王年幼，武王之弟周公姬旦代成王掌管国事。周公刻不容缓地实施武王的既定方针——建都计划。周公先派召公到洛邑实地勘查。继之，周公亲赴洛邑测量选址，将武王迁鼎郏鄏的计划落到实处。

对周公摄政，管叔、蔡叔皆不满，散布周公想篡位的谣言，本来是监视武庚的管叔、蔡叔和霍叔，却暗中串联武庚，在新都建设施工期间，起兵反叛朝廷。这就是震撼周王朝的武庚之乱。

周公不得不停止营洛工程，亲率军队东征，历时三年，始得平定。这次战争加快了周公营洛的步伐。与战争前不同的是，周公对原定营洛计划进行了补充，即在瀍河以西建城的同时，在瀍河以东另建一城。之所以这样做，是为了根治殷之顽民而采取的必要政治措施。周公为根除隐患，将俘获的殷顽民押送到洛邑，以成周八师对他们实行集中管制。这就要为他们专建一城。原来的一都一城计划便发展为一都两城的建设实践，这是周公对武王迁都计划的补充和完善，意义极其重大 。

两城一齐动工，殷顽民成了建设中的主力，他们在成周八师监督下劳动，重新做人。成王七年，新都洛邑建成，它南临洛水，北系邙山，东西长而南北短，外郭城内有两城，瀍河以西称王城，为周天子所居；瀍河以东称下都，为殷顽民所居。王城内布局工整，有宫殿宗庙及中央政府衙署；下都城内分区安排，殷民按编号居住。在两城之间的瀍河两岸，是成周八师居住的军营。成周八师西卫王城，东监下都，负有特殊使命。

周公营洛，是周王朝最重大的政治建设工程，它是周朝取代商朝实行统治的标志。

• 周公制礼作乐 •

周公是儒家推崇的圣人，姬姓，名旦，为周文王第四子，因其封地在周（在今陕西省岐山北），故称周公。

周公不仅是一位大政治家，而且是一位大思想家，是儒家思想的奠基者。他影响了孔子，在整个中国古代史上享有崇高的地位，对此后几千年的中国社会产生了极其深远的影响，为中华民族留下了宝贵的思想财富和精神财富。

史书载“周公制礼作乐”，就是指周

公在摄政期间，为了巩固周王朝的统治，加强对分封诸侯的控制，由政治及文化方面制定一套完整的典章制度。

周公依据周制，参酌夏礼、殷礼，首先确立周王为天下共主，称天子，又以天子为大宗，而与周天子同姓的诸侯，因与天子为叔伯、兄弟，为小宗，从而形成以血缘关系为联系纽带的“宗法制”。天子之下有诸侯，诸侯又有爵位、等级之分，形成阶梯式的等级制度。宗法制和等级制结合，就产生出一套完整的、严格的礼仪制度。

殷、周两代均认为“国之大事，在祀与戎”。祭祀有隆重的仪式，出征有不同的乐舞，会盟、饮宴、婚嫁、丧葬等，均有不同的仪式。这些都是周公作乐的内容，后人称“周礼”或“周公之典”，对后来王朝的统治者有深远的影响。在托名为周公所作、实际上于战国时期始成书的《周礼》一书中，仍保存有一些周初的礼乐制度和典章文物资料。

所谓制礼作乐，它的基本特点是，以礼为社会秩序的基础和核心，明贵贱，辨等级，正名分，一切人和事都要遵循礼的规范和准则。乐，通常与礼相配合，行什么样的礼，配什么样的乐。礼乐配合，展示了一个伟大的成熟的文明所拥有的和谐与典雅。《左传·文公十八年》说“先君周公制《周礼》”，说明周公的制礼在历史上很有名。周公制礼作乐，从初定规模、框架，后来逐步充实、损益、完善，以至粲然大备，臻于极盛。“周道四达，礼乐交通”，是西周盛世的写照。

周公制礼作乐，其基本的指导思想是“敬德保民”。这就是周公的德治思想，这一思想是在周公对殷周之际天命观的改造中提出来的，周朝之前的天命观，是神本主义的，殷商的帝王们认为他们是上帝这个至上神的“元子”。他们受命于上帝管理天下，上帝对他们的信用是永久的，不因自己的德行好坏而改变。那时，至上神是上帝，而不叫“天”，到了周初，由于周的统治者已亲历了汤武革命的过程，感受到了孕育在下层人民中的力量，开始把君权天授和王者之德联系起来。

周公制礼作乐为国民确立一套比较系统的社会规范和道德规范。礼乐文化成为中国数千年文化史上出现的第一个完备的文化形态。而周公是礼乐文化的最重要的创造者，也是华夏民族礼仪之邦的缔造者！

数典忘祖

• 孔子问礼 •

至今，在洛阳老城东关大街的文庙旧址前，仍然保留着这样一块牌坊式的石碑，上书“孔子入周问礼乐至此”九个大字。碑呈长方形，高三米多，宽近一米，龟形座，中间是青石，四周青砖围砌，有一结构严谨的牌坊式碑楼拥护着。这块矗立的石碑，清清楚楚地记载着两千多年前孔子入周问礼的史实，也记载着中国历史上儒道两位大师的一次会晤。

孔子，名丘，字仲尼，春秋时期鲁国人，是我国著名的思想家、教育家。好学的孔子很早就想到洛阳来，“观先王之制”，考察“礼乐之源”和“道德之归”。

周敬王二年（前518），孔子通过鲁国旧贵族南宫敬叔的关系，获得鲁昭公的准许和一车二马的支持，千里迢迢前往洛阳，拜访当时的大学问家老子，求教礼乐知识。

老子当时为周朝“守藏之史”，大约相当于现在的国家图书馆馆长。他对孔子说：“君子生逢其时才能施展抱负，干出事业；不逢其时则只能碌碌无为。我听说，出色的商人都深藏不露，有盛德的君子，容貌却像普通人。去掉您的傲气和各种欲望，不要装腔作势和好高骛远，这些都不利于您的身体，我所要告诉您的，就是这些了。”

临别时，老子还赠言道：“我听说富贵的人送人钱财，仁义的人送人良言。我不富贵，也不能窃仁者的名声，但还是要告诉您：观察问题很透彻、言辞犀利善辩的人，假如遇到危及自身生命的事，主要原因就在于他好议论人，揭人的短处！作为子女和人臣，言语和行动都不能只考虑到自己！”

孔子听了老子的话，回去对自己的学生们说：“鸟，我知道它能飞；鱼，我知道它能游；野兽，我知道它能跑。跑的可用网对付，游的可用钓丝对付，飞的可用弓箭对付。至于龙我却无法了解，它乘风驾云直上青天。我今天见的这位老子，大约就是像龙一样的人物了！”

孔子还游览了周天子召见诸侯和举行国家大典的明堂、祭祀祖先的太庙、祭天地的社坛等，从而对制定西周礼乐制度的周公更加崇拜。

入周问礼

• 刘秀兴建太学 •

太学，是设在京师的全国最高教育机构。西汉早期，黄老之学盛行，只有私家教学，没有出现传授学术的学校。汉武帝罢黜百家定儒一尊之后，采纳董仲舒的建议，始在长安建立太学。最初太学中只设五经博士，置博士弟子五十名。至西汉末仿孔子弟子三千，太学亦设员三千。王莽时天下大乱，“礼乐分崩，典文残落”，“四方学士多怀协图书，遁逃林薮”，太学零落。

当刘秀称帝建立东汉后，戎马未歇，先兴文教。于建武五年（29），在洛阳城南开阳门外创建太学，刘秀亲临太学视察。太学规模宏大，“诸生横巷，为海内所集”。汉明帝刘庄还在太学亲自讲学，“诸儒并听，四方欣欣”。汉顺帝时，又扩建太学二百四十房，一千八百五十室。此后，太学生人数不断增加，最多达到三万余人。东汉以后，曹魏、西晋、北魏直至隋唐皆沿设太学。

洛阳太学是封建统治者顺应历史潮流对以往教育制度加以改造的产物，设立后又对当时的教育起了较大的推动作用。自东汉明帝刘庄亲临太学讲学后，很快在全国形成重视儒家经典的学风，使京师和王宫卫士、禁军悉通《孝经》，不论博士或是议郎，只要开一家之说，即有徒众数百。在东汉，教授经学是一种崇高的职业。不少太学生卒业返乡后不愿被征辟为官，而专心教授培养学生。东汉的大部分文官都是饱学之士，很多官僚家庭又是以经学传家，四世三公的经学大家亦不在少数。上至三公、司隶校尉等高级官员，下至二千石俸秩的郡守、王国相，很多都兼教授经学，有的门徒多达万人。在教育上，官办太学、郡国学与私人讲学相辅相成，互为推动。适如班固在《两都赋》中所说：“四海之内，学校如林，庠序盈门”，而太学为其首。这就是东汉教育的特色。

太学为东汉政权培养了大批有用人才，出身于太学的官员中，有不少号称“循吏”“廉吏”，而太学生的“嘘枯吹生”的贡献，主要还体现在反对宦官专权的斗争中。当时的太学成了反对宦官专权的强大阵地。以贾彪、郭泰为首的三万多太学生，他们

敝帚自珍

挑肥拣瘦

品核公卿，裁量执政，形成强大舆论，被称为“清议”，公卿以下莫不畏其贬议，使“三公九卿皆折节下之，三府辟召常出其口”。这充分显示出了太学生的舆论威力，在一定时期内对于整顿吏治起了一定作用。

太学对洛阳影响亦大，自东汉以降，儒学在洛阳得以发扬光大。东汉经学大师辈出，如郑玄、马融、贾逵、郑众、郑兴、服虔等都是饮誉当代和后世的著名大师。洛阳“自宋以前随时建学”，使洛阳可与孔子设教的洙泗并称，并有西邹鲁之誉。尤其至宋代，理学创始人二程夫子即出洛阳，这与太学数百年雄踞洛阳的实效绝分不开。洛阳太学的历史地位不可低估，它的借鉴价值也不容忽视。

乐此不疲

洛阳太学自东汉至北朝，历经数百年，它是屹立在世界东方的第一所颇具规模的国立中央大学，对后世产生了深远的影响，堪称中国教育史上的奇葩。

永平求法

佛教自天竺东来，至中华已有两千年。佛教早已成为中华传统文化不可分割的一部分。

然而在这两千年的历史中，佛教传法第一人是谁？中国佛教首座官府寺院为何叫“白马寺”？东汉明帝“永平求法”史事中的“汉明感梦，白马西来”的故事究竟是怎样的？习近平主席在2014年访印时在新德里演讲中提及的天竺迦叶摩腾、竺法兰是谁？

“永平求法”是发生在汉明帝刘庄时期的事儿，明帝在永平七年（64）的一个春夜，做了一个梦，梦见一位金人，在朝廷大殿中来回飞行。不待明帝询问，径直向西飞升而去。

第二天上朝后，明帝向群臣讲述了梦中之事，群臣甚感奇异，但也都不敢盲目回答。唯独太史傅毅挺身奏答：“臣听说西方有神，相传叫佛。从前武帝年间骠骑将军霍去病率军讨伐匈奴时，曾经获得休屠王所供的金人一尊，据说金人是由天竺国传去的。这尊金人供奉在甘泉宫里。后来经过多次战乱，恐怕金人不复存在了。今皇上所梦金人肯定是西方天竺的佛。”

白马寺 林治坤摄影

白马驮经

这席奇奏高谈，引起明帝极大兴趣，于是就派遣郎中蔡愔和博士弟子秦景带着一帮人马西往天竺，求取佛法。

蔡愔和秦景奉明帝重托西行取经，途经千山万水，饱尝风霜雨雪，到达佛教的流传地大月氏国（今新疆伊犁河流域及其迤西一带），刚好碰到正在当地宣教游化的天竺高僧迦叶摩腾和竺法兰。高僧对他们求法的举动给予了极力配合和支持，情愿接受汉朝的邀请，随蔡、秦到中国来传授佛经。

三年后，蔡、秦一行人带着两位高僧，用白马驮着经卷、佛像，辗转西域十数国，历尽万险千难，返回东土洛阳，让佛教文化的种子第一次落到中国民族文化传统的土壤上。

汉明帝在朝廷接受了蔡、秦的奏报，以隆重的礼仪接见了迦叶摩腾、竺法兰两位高僧，并下诏暂安置迦叶、竺两位高僧于鸿胪寺中。另外，命匠作大臣在洛阳西门外建造大寺一座，将佛像供奉殿中，把四十二章经刻在石上镶在大殿后壁上，让人观览学习。

迦叶、竺两位高僧住持本寺，讲经说法，传播佛教，那一匹驮经白马也安置在寺中供养。这一寺院也以当时驮载经书佛像的白马而得名，而白马寺也成为佛教的“祖庭”和“释源”。

汉明帝派人西行求法，一时轰动朝野，都感到这是一件奇异的事。大汉帝国不远万里到西方把异国宗教请到东方来，在国都公开传教，就文化传播来说，这确属明智之举。从此，佛教这一影响了中国约2000年的宗教在神州大地扎下了根。

班超出使西域

班超是东汉时期著名军事家、外交家。其父班彪、长兄班固、妹妹班昭都是著名史学家。

班超为人有大志，不修细节，但内心孝敬恭谨，审察事理。班超的哥哥班固赴任校书郎，班超和母亲跟随哥哥来到洛阳，后为掌管宫廷书奏的兰台令史，因犯错误而被免官。

永平十六年（73），奉车都尉窦固带兵出击匈奴，任命班超为代理司马，让他率领一支军队攻打伊吾（今新疆维吾尔自治区哈密）。由于作战勇猛，斩得很多匈奴首级回来。窦固认为他很有才干，派遣他与从事郭恂一起出使西域。班超到了鄯善国，鄯善国王对他们盛情款待，而后又忽然变得疏远懈怠。班超判断一定是匈奴使者到来，才使鄯善国王摇摆不定。班超从服侍他们的侍者口中得到证实后，召集与他一起出使的三十六个人说：“不入虎穴，焉得虎子！我们如果让鄯善王把我们缚送到匈奴去，后果如何？只有冒死一搏，才能完成天子的使命。”趁着天黑，班超带领随从奔袭匈奴使者营地。利用匈奴使者睡觉的机会火烧营地，将其全部消灭。第二天，班超将匈奴使者的头送给鄯善国王看，上下皆被班超的胆量震慑。于

班超出使西域雕刻　林治坤摄影

投笔从戎

是，鄯善王将自己的王子作为人质，臣服汉朝。窦固向朝廷报告班超的功劳，并请求另行选派使者出使西域。汉明帝赞许班超的气概，说："有班超这样的使臣，为什么要另选别人呢？"任命班超为军司马，班超再次接受使命。窦固要给他增派随从，班超说道："我的三十余人就足够了，如果有预料不到的事变，人多反而成为累赘。"

当时，于阗国王广德刚刚执政且打败了莎车国，于是骄横自大，而匈奴也派来使者来拉拢他。班超首先到达于阗国，广德王态度十分冷淡。这个国家很迷信巫术，广德王的巫师说："天神发怒了，你们为什么想要亲向汉朝？汉使有一匹身黄嘴黑的马，赶快弄来祭祀我们的天神！"广德王就派使者向班超要那匹马。班超知道这是一个阴谋，表面同意献出此马，但要求巫师亲自来取马。等巫师到来，班超乘其不备一刀砍下他的脑袋，并派人呈送给广德王。广德王知道班超在鄯善国诛灭匈奴使者的事，大感惶恐，立即诛杀匈奴使者而归降班超。

永平十八年，汉明帝去世。焉耆国借汉朝国丧之机攻陷了西域都护府驻地。班超孤立无援，而龟兹、姑墨两国屡屡发兵攻打疏勒国。班超固守盘橐城，与疏勒国王忠前后呼应，一直坚守了一年多。汉章帝登基后，下诏召回班超回朝述职。疏勒全国上下对班超的离开都感到害怕，该国一个都尉黎弇说道："汉使离开我们，我们必定会再次被龟兹灭亡，我实在不忍心看到汉使离去。"因而用刀自杀了。班超回国途中来到于阗国，王侯以下的人全都悲号痛哭说："我们依靠汉使就好像依靠父母一样，您千万不能回去！"纷纷拦住班超的坐骑使之无法前行。班超看到此情此景，改变主意再返回疏勒。这时，疏勒国中已有两座城池又投降了龟兹国。班超捕杀了叛汉者六百余人，使疏勒国重新安定下来。

班超在出使西域的三十一年时间里，平定了西域五十多个国家，为西域回归、民族融合做出了巨大贡献。朝廷封班超为定远侯，以一千户之地为采邑。

永元十二年（100），班超因年迈请求回国。两年后病逝洛阳，享年七十一岁，葬于洛阳邙山之上。

白虎观议

自汉武帝时董仲舒提出“罢黜百家，独尊儒术”以来，儒家思想逐渐成为汉朝君主的统治思想支柱。但是当时儒学各学派传承不同，对于儒家经典的版本、内容多有争议。虽然汉宣帝时曾召开“石渠阁会议”加以统一，但是经历王莽新朝的战乱之后，各家的歧见再次抬头。汉光武帝于建武中元元年（56），宣布图谶于天下，把谶纬之学正式确立为官方的统治思想。为了结束古文经学、今文经学之争，建初四年（79），汉章帝召集各地著名儒生于洛阳白虎观，讨论五经异同。这就是历史上有名的白虎观会议。

这次会议由章帝亲自主持，参加者有魏应、淳于恭、贾逵、班固、杨终等。会议由五官中郎将魏应秉承皇帝旨意发问，侍中淳于恭代表诸儒作答，章帝亲自裁决，这样考详同异，连月始罢。

在今文经学领域里，董仲舒是很有影响的大师。他的大一统思想，适应了当时发展中的政治形势；他的阴阳五行灾异的说法，为汉家的皇权涂上了神秘的灵光；他的春秋公羊学很受重视。但今文经学在发展的过程中显然走上了不健康的道路。一是烦琐说经，一经说到百余万字，少也有数十万字，令人生厌。二是宣扬迷信，如求雨、止雨的法术和以孔子名义捏造谶纬。这二者都是不能保持今文经学已有的地位而滋长其内部陈腐的因素。

防微杜渐

儒生会集白虎观，这正是总结今文经学的良好机会，但今文学派的博士和儒生没有人能把这个任务承担起来。承担这个任务的反而是古文经学学者班固，是他写出了《白虎通义》，对今文经学系统地做了总结。

这次会议肯定了“三纲六纪”，并将“君为臣纲”列为三纲之首，使封建纲常伦理系统化、绝对化；同时还把当时流行的谶纬迷信与儒家经典糅合为一，使儒家思想进一步神学化。

• 蔡伦发明造纸术 •

汉朝以前，人们书写的材料，先是龟甲兽骨，继之是青铜器，但是这些材料的来源有限，且不便携带；后来是竹简或木牍，虽然做简牍的材料遍地都是，但是它们也太笨重了，据说秦始皇每天批阅用简牍写的奏折重达数十斤；再后来就是缣帛，它柔软轻便，易于书写，可惜量少价高，这一致命弱点使它难以推广。

东汉和帝时期，在京城洛阳皇宫里当官的蔡伦，当时主管监督制造宫中用的各种器物。他非常聪明，经常和工匠们一起研究制作工艺。蔡伦看到皇帝每天要批阅堆成小山的简牍不方便，他就琢磨着要制作出一种轻便易用的书写材料，来取代笨重的简牍。对于新的书写材料，蔡伦的第一个要求是轻便。因此用竹、木制成的简牍首先被排除在外，而丝帛倒是符合的，可惜原材料稀少。于是，蔡伦仔细观察了丝帛的生产过程，从分析丝席的结构入手，发现它是由纤细的短纤维互相粘成的。于是，他把新材料定位在结构与丝帛相似、取材容易、价格低廉上面，从此时时处处留意着、寻觅着这种新材料。

有一天，蔡伦和几个小宦官来到城外游玩。一路上蔡伦心事重重，东张西望。忽然，他两眼一亮，快步走到溪边，蹲着不动了。小宦官们觉得非常奇怪，都围拢过来。只见蔡伦手里捧着湿湿的、破破烂烂的、像棉絮一样薄薄的东西发呆。一个小宦官忍不住说："我还以为是什么好东西呢，原来是这破玩意儿！快扔了吧！"蔡伦却仿佛什么也没听见，仍然痴痴地捧着。那个小宦官一个箭步走上去，抓起那棉絮一样的东西就要往水里扔。蔡伦突然醒过来似的，紧紧抓着不放，嘴里喃喃道："找到了，找到了！"蔡伦双手捧着，三步并作两步，问河边的农夫："老人家，这东西是怎么形成的？"农夫笑着回答说："这个呀，是漂在河里的树皮、麻绳头、破布、渔网什么的，它们被水冲呀、泡呀，又被太阳晒，时间长了就成这模样，到处都是呢！"

蔡伦抬头看着满山遍野的绿树，不由得眉开眼笑。回到宫里后，蔡伦马上投入到紧张的试验和制作中，他挑选出树皮、破布等，让工匠们把它们剪断切碎，放在一个大水池中浸泡。过了一段时间后，其中的杂物烂掉了，而纤维不易腐烂，就保留了下来。他再让工匠们把浸泡过的原料捞起，放入石臼中，不停搅拌，直到它们成为浆状物，然后再用竹篾把这黏糊糊的东西挑起来，等干燥后揭下来。蔡伦带着工匠们终于试制出既轻薄柔韧又容易取材的纸。

元兴元年（105），蔡伦将这种造纸工艺奏报皇上，自此在民间推广。因蔡伦曾被封为龙亭侯，人们就把用蔡伦造纸术造出来的纸称为“蔡侯纸”。

造纸术是中国古代“四大发明”之一，是中华民族对世界文明做出的伟大贡献，大大促进了世界科学文化的传播和交流。

熹平刻经

《熹平石经》刻于东汉灵帝熹平四年至光和六年（175～183），刻成后立于当时的汉魏洛阳城开阳门外洛阳太学所在地（太学遗址在今河南偃师朱家圪垱村）。

汉武帝采纳董仲舒“罢黜百家，独尊儒术”建议后，儒家书籍被奉为经典，定为教科书，设专门博士官讲授，成为判断是非的标准与决策依据。

儒学被定为官学，必须有一部标准本作为评定正误的依据，然而，皇家藏书楼里的标准本“兰台漆书”却由于腐败而遭偷改。鉴于此，东汉熹平四年，蔡文姬之父、议郎蔡邕等奏求汉灵帝正定六经文字刊刻于石，汉灵帝为了维护统治地位，下令校正儒家经典著作，派蔡邕等人把儒家七经参校诸体文字的经书，抄刻成石书，一共刻了8年，刻成46块石碑。每块石碑高3米多，宽1米多。所刻经书有《周易》《尚书》《鲁诗》《仪礼》《春秋》和《公羊传》《论语》。除《论语》外，皆当时学官所立。石经以一家本为主而各有校记，备列学官所立诸家异同于后。《易》《书》《礼》三经校记不存，无可考；《诗》用鲁诗本，有齐、韩两家异字；《公羊传》用严氏本，有颜氏异字；《论语》用某本，有盍、毛、包、周诸家异字。共约200 911字。这对纠正俗儒的穿凿附会、臆造别字，维护文字的统一，起了积极作用。

这部中国历史上最早的官定儒家经

本，是用隶书一体写成，字体方平正直、中规中矩，极为有名，故也称为《一字石经》。太学就是当时的国立大学，所以人们又称这部书为《太学石经》。

熹平石经后因战乱毁坏。自宋代以来偶尔有石经残石出土，历代总共发掘和收集了8800多字，共四十六石，现在残石分别藏于中国国家博物馆、陕西历史博物馆和河南博物院等处。

《熹平石经》规模浩大，气势恢宏，是东汉时期尊崇儒学、经学发达等诸多社会历史背景下所产生的文化瑰宝。作为我国历史上最早的儒家经典石刻本，《熹平石经》对人们校对版本、规范文字提供了准确的范本，同时也对其后历朝历代以经典文献为内容的大规模刻石具有一定的启发意义。此外，石经精严端庄的字体结构也是研究汉代书法的珍贵资料。

文姬归汉

熹平刻经可以理解为印刷术发明前的一种图书编辑出版活动，无论在内容上还是在形式上都产生了巨大的影响。

魏孝文帝迁都洛阳

北魏的建立者是鲜卑族拓跋部。在十六国之乱中鲜卑族拓跋部于公元386年建立北魏。北魏自从太武帝去世后，政治腐败，鲜卑贵族和大商人压迫人民，不断引起北方人民的反抗。孝文帝拓跋宏是北魏献文帝拓跋弘的长子、北魏的第七位国君，年幼的他由祖母抚养并代为摄政。太和十四年（490），24岁的拓跋宏开始亲政，大刀阔斧地进行汉化改革。为了便于学习和接受汉族先进文化，进一步加强对黄河流域的统治，他决心把国都从平城（今山西大同市东北）迁到洛阳。

太和十七年，魏孝文帝以出兵伐齐为借口，亲自率领步兵骑兵三十多万南下，从平城出发，到了洛阳。正好碰到秋雨连绵，足足下了一个月，到处道路泥泞，行军发生困难。大臣们本来不想出兵伐齐，趁着这场大雨，又出来阻拦。孝文帝严肃地说：“这次我们兴师动众，如果半途而废，岂不是让后代人笑话。如果不能南进，就把国都迁到这里。”并宣布：愿迁者站左边，不愿迁者站右边。众文武官员害怕南伐，不敢不从，迁都洛阳就这样定下来

分道扬镳

开凿于北魏时期的龙门石窟宾阳洞　林治坤摄影

了。

孝文帝迁都洛阳后，实施了一系列汉化措施。改穿汉族衣服，说汉话，改鲜卑姓氏为汉姓，奖励鲜卑族与汉族通婚，建立门阀制度，改鲜卑官制、法律、礼仪、典章为汉制。这些措施顺应了时代潮流，促进了鲜卑族和北方各族同汉族的友好往来，推动了民族大融合和经济社会的全面发展。

为巩固改革成果，解除南朝的威胁，孝文帝迁都洛阳后的六年中，三次伐齐。北魏太和二十三年（499）三月，齐将陈显达伐魏，孝文帝御驾亲征，大破陈显达。由于积劳成疾，在引军北还途中驾崩，年仅33岁。太子元恪即位，次年改元景明。宣武帝（元恪）在15年的执政生涯中，继续开拓孝文帝的未竟事业，北魏国力达到鼎盛，京师洛阳再度繁荣。

魏书洛阳城

北魏是在洛阳建都的第八个朝代，从公元493年迁都到洛阳到534年北魏分裂，北魏定都洛阳42年，历经孝文帝、宣武帝、孝明帝、孝庄帝、长广王、节闵帝、安定王、孝武帝8个帝王。

• 炀帝营洛 •

隋炀帝杨广初继位，便决定迁往东都洛阳。

大业元年（605），炀帝令宇文恺营建东京（洛阳），每月用工200万人。又造显仁宫，发江南奇材异石至洛阳，迁全国大商贾数万家充实洛阳；又开凿通济渠和营建周围二百里的西苑。

西苑在洛阳之西，周围二百余里，苑内有人工湖，周围十余里，湖内有山，堂殿楼观，布置奇巧，穷极华丽。隋炀帝常在月夜带宫女数千人骑马游西苑，令宫女在马上演奏《清夜游》曲，弦歌达旦。

次年，东京修建完工。隋炀帝营建的洛阳城，南对伊阙，北倚邙山，东逾河，洛水横贯其间。分外郭城、皇城、宫城、东城、含嘉仓城、圆壁城和曜仪城，规模宏大，布局有序。此后作隋都十五年，作唐都四十余年，到五代、北宋时仍在使用，曾长期是全国政治、经济、文化中心。

迁都洛阳后，隋炀帝下令调征河南、淮北诸郡人民一百多万人修通济渠，西段自洛阳西苑引谷水、洛水循阳渠故道，东段走汴渠故道入淮水。他还征发淮南民工十多万人修东汉陈登所开的邗沟直道，自山阳至扬子入长江，渠宽四十步，两旁皆筑工整平坦的御道，夹种杨柳。从长安到江都，修建离宫四十多座。接着，他派人到江南造龙舟和杂船数万艘。

炀帝游江都时，率领诸王、百官、后妃、宫女等一二十万人，船队长达二百余里，所经州县，五百里内都要贡献食物，挥霍浪费的情况十分严重。

而后，又下命疏浚汉代屯氏河、大河故渎与曹操所开白沟为永济渠，疏浚春秋吴运河、秦丹徒水道、南朝运河为江南河，后统一命名为隋朝大运河。

在修建大运河的同时，杨广还征夫在榆林以东修长城，两次调发丁男一百二十万，役死者过半。总计十余年间被征发扰动的农民不下一千万人次，平均每户就役者一人以上，造成“天下死于役”的惨象。

大业十四年，隋将宇文化及兵变，杀死隋炀帝。越王杨侗在洛阳称帝，王世充为纳言，独揽朝政。次年四月，王世充废杨侗为潞国公，自立为帝，国号郑，后被唐灭。隋朝定都洛阳十五年，历二帝。

武则天称帝洛阳

公元618年，李渊建唐，都长安，以洛阳为陪都；唐太宗李世民下令修葺洛阳城，号称洛阳宫，并经常来此。唐贞观二十三年（649），高宗李治即位，手诏改洛阳宫为东都，洛阳官员阶品并准雍州。

武则天，唐朝开国功勋武士彟次女。唐太宗贞观十一年（637）以美貌应召入宫，始为才女，赐号武媚，时年14岁。649年，太宗死，武媚入感业寺削发为尼。高宗即位，王皇后与萧淑妃争宠，决计利用武媚的美貌转移高宗对萧氏的厚宠。遂令武氏暗中蓄发，献给高宗，封为宸妃。翌年生皇长子李弘，晋为昭仪。

永徽六年（655），唐高宗计划废掉皇后王氏，立武则天为皇后。武氏生性巧慧，"通文史，多权谋"的长处，使高宗对她宠爱之余，另眼相看。她亦积极参与朝政，"百司奏事，时时令后决之"，与高宗并称"二圣"。弘道元年（683），高宗死，李显继位为中宗，尊武氏为皇太后，由太后临朝称制。翌年，武氏再废李显为庐陵王，立李旦为睿宗，独揽朝纲。690年，废李旦自立为则天皇帝，改国号为周，改元天授，移都洛阳，称神都，史称"武周"。

武则天于公元690—705年在位。她是我国历史上第一位也是唯一的一位真正意义上的女皇帝。如果说，武则天在称帝前

武则天洛阳称帝时的皇宫：明堂·天堂　林治坤摄影

洛水睿石

三十余年参政执政生涯中，已显示出惊人的政治谋略和手段，那么，在称帝之后的十余年中，则更充分地显示了她杰出的政治才能和气魄。

桃李满天下

重视人才的选拔和使用。她发展和完善了隋以来的科举制度，放手招贤，允许自举为官、试官，并设立员外官。此外，她还首创了殿试和武举制度，为更多更广泛地发现人才、搜罗人才创造了有利的条件。比如，中唐名将郭子仪，就是“自武举异等出”。这样，在她施政的年代里，始终有一批“文似仁杰”“武类休武”的能臣干将为其效命，有力地维护着武周的政权。

对于农业生产，她说：“建国之本，必在务农。”在她执政的年代里，农业和手工业都得到较大的发展，人口不断增加。据当时统计，永徽年间全国户数为380万户，到则天临终的神龙元年，渐增为615万户，几乎增长一倍。仅此一点即可看出这一时期的农业经济发展情况。

在抗击外来入侵，保护边境安宁，改善相邻各国的关系方面，她也做了很多努力。在她施政的年代里，坚持边军屯田的政策，对边区开发、减轻人民转输之劳，以及巩固边防都有着积极作用。

武则天在洛阳做皇帝十五年，在洛阳建造明堂，创立殿试，又建神都外城；铸天枢、九鼎，开凿龙门石窟，在隋洛阳城的基础上进行了大规模的修葺和重建。82岁退位，病死在神都上阳宫。

武则天的统治时期，上承“贞观之治”，下启“开元盛世”，历史功绩彪炳史册。唐代洛阳非常繁荣，是丝绸之路的东方起点，又是水陆交通的枢纽。外国商人经由广州、扬州而抵洛阳，然后去长安，可以想见洛阳的盛况。

• 司马光编写《资治通鉴》 •

司马光是我国古代著名的史学家。他一生著作甚多，有20种500余卷，其中他领导编撰的《资治通鉴》一书，是中国封建社会中继司马迁《史记》以后最优秀的一部通史巨著。从它问世以来，一向为历史学者所推崇，对我国的史学发展产生巨大的影响。

司马光本人对历史很有研究，他认

为治理国家的人，一定要通晓从古以来的历史，从历史中吸取兴盛、衰亡的经验教训。他又觉得从上古到五代历史书实在太多，皇帝没有那么多时间看。于是，他在被贬洛阳之前就开始动手编写一本从战国到五代的史书。

罢官回到洛阳之后，更是专心写史。最初司马光用了两年时间，写成一部从战国到秦末的史书，共有8卷，名叫《通志》，宋英宗看了以后非常满意，立即下令设置书局，作为编书机构，要司马光继续写下去。宋英宗允许司马光自己挑选编写人员，并准许他借阅官府藏书。司马光成立书局时，邀请了当时著名的史学家刘刘攽、刘恕、范祖禹等做助手，共同编写这部通史。

宋英宗的儿子赵顼做了皇帝以后，这就是宋神宗，也认为《通志》这部书不但可以帮助了解历代王朝的治乱兴衰，而且书中记载的历史好像一面镜子，可以常常对照借鉴。因此，他把书名改为“资治通鉴”，“资治”是帮助治国理政的意思，“通”是从古到今，“鉴”是指镜子，含有警戒和教训的意思。后来人们又把《资治通鉴》简称为《通鉴》。

这部书从宋英宗治平二年（1065）开始编撰，到神宗元丰七年（1084）成书，历时19年。为了编写这部书，司马光付出了巨大的劳动，光是初稿就堆了两间屋子。司马光虽然出身官僚地主家庭，历任开封府推官、并州通判、龙图阁直学士、翰林院学士、御史中丞、尚书左仆射兼门下侍郎等职，政治上十分保守，但在编《资治通鉴》过程中，却极为严谨负责，一丝不苟，每天很早起床工作，直到深夜就寝。他怕自己睡过了头，特地做了一个容易滚动的圆木枕头，只要一翻身枕头就会滚掉，他也就惊醒了，他把这个枕头称为“警枕”。

《资治通鉴》按年代顺序排列史实，上起周威烈王二十三年（前403），下至后周世宗显德六年（959），记载了从战国到五代1362年间的历史。全书共294卷，另附目录及考异各30卷，共300多万字，是一部极具参考价值的历史巨著。司马光为《资治通鉴》耗尽毕生精力，书成后两年，于元祐元年（1086）病逝，享年67岁。

• 李闯王攻克洛阳 •

崇祯年间，明王朝的统治深陷危机之中，后金的铁骑已经践踏到北京城下，陕西又因严重灾荒、官府压迫引发挣扎在死亡线上的民众大规模造反。当时，陕西已经有好多股造反的农民军，李自成的舅舅、在安塞起兵的高迎祥，势力最强大，自称闯王。李自成就去投靠他，成了赫赫有名的闯将，转战在陕西、山西、河南、湖北等地。

崇祯九年（1636），高迎祥在盩厔（今陕西周至）中了官军埋伏，被俘后押解到北京处死。从此，李自成被众人推举为新的闯王，带领队伍在陕西南部、四川东北部及甘肃一带作战。后在明军的围剿中全军覆没，但李自成率领十几人杀出重围，逃到陕西南部的商洛山中，潜伏下来。崇祯十三年后，经过几年的养精蓄锐，李自成从商洛山中杀出，向河南进军。当时，李自成只有约1000人，其中战斗人员六七百人，眷属和孩儿兵约300人。

当李自成的农民军由陕入豫时，饥民纷纷揭竿响应，几个月就发展到数万人。农民军一举攻克宜阳、永宁、偃师、灵宝、宝丰等地，杀明朝宗室万安王以及各县官员数百人。

经过短期的休整和准备，崇祯十四年一月十九日，李自成部农民军进抵洛阳北门。当李自成兵临城下时，城内明军分兵把守：兵备副使王胤昌守西门，知府冯一俊守南门，知县张正学守东门，通判白尚文守北门，总兵王绍禹、推官卫精忠发游兵巡徼。由于缺饷，守城的官军士兵以至一部分中下级军官都毫无斗志，迅速地转到了农民军方面。

李自成率军以大炮（抛石机）攻洛阳。但因洛阳城极其坚固，农民军攻了整整一个白天也攻不下。傍晚，城内有数百明军士兵在城墙上纵马驰呼，城下农民军响应，突然把正指挥守城的王胤昌绑在城上，准备献城投降。总兵王绍禹闻讯，急忙赶来谕解。哗变士兵大叫："农民军已在城下，王总兵您又能把我们怎样！"一时间叛兵动手，城外农民军见状，趁乱蚁附攀城，哗变的明军伸手引梯，洛阳即时陷落。二十一日凌晨，农民军占领洛阳全城。

李自成进攻洛阳期间，官军投诚、被俘者约3000人。除此之外，李自成部队还收缴了一批武器辎重，大大改善了农民军的装备。此战打乱了明王朝的军事部署，严重动摇了明朝的统治基础，为农民起义军迅速发展和夺取政权创造了有利条件。

• 抗战定为行都 •

民国二十一年（1932），日寇突然对上海发起进攻，“一·二八”事变爆发。数艘日本军舰游弋在南京下关江面，直接威胁到国民政府首都南京的安全。

兵临城下，国民政府一日之内决定迁都。然而，迁到哪里才最合适？北平、武汉、西安、重庆、洛阳，都是候选城市。当时东三省已落入日军虎口，北平唇亡齿寒；武汉紧临长江，日舰进攻如探囊取物；西安倒是个理想之地，然而彼时陇海铁路还未修到那里，交通不便；重庆正处于军阀混战之中，国民政府的统治势力还未深入。几经讨论，古都洛阳成为当时的唯一选项。

洛阳地处中原腹地，易守难攻，地理位置优越。且经过吴佩孚、冯玉祥等人的大力开发，洛阳修有兵营，通了铁路，建了机场，交通便利，即便来日日军打到这里，再迁西安也不迟。于是，1932年1月31日的《中央日报》，以“国府移驻洛阳办公”为大标题报道了此消息。为了堵住“政府临阵脱逃”的悠悠之口，该报道重点指出迁都是为了“完全自由行使职权，望军政长官同心协力各尽所职，全国民众需勇毅沉着共赴国难”。

洛阳虽为十三朝古都，但最后一个

洛阳作为行都时修建的林森（国民政府主席）桥
林治坤摄影

在此定都的后晋也已是千年前的事情了。此时的洛阳县已丧失了“帝都”的硬件，面对忽然涌入的大批政要，有些“消化不良”。

先是各个部门、大批人员无处安置。洛阳没有像样的政府办公楼，吴佩孚留下的西工兵营和地方的学校、寺庙、图书馆等，成了政府的临时办公地。声名显赫的政府要员找不到官邸，只能暂时委身洛阳各个旅馆之中。

3月6日，国民党四届二中全会和国难会议分别在洛阳召开，定洛阳为行都。两次会议确立了“一·二八”事变后的一些治国方略，制定了一些长期抗战政策，这些都对全国抗日救亡运动产生了深远影响。

1932年5月5日，中日两国政府签订了《淞沪停战协定》，国民政府以对日妥协换取了暂时的和平，南京的威胁暂时解除。11月29日，国民政府发布《自洛阳还都南京令》，12月1日，中央党部、国民政府及各院部会正式迁回南京，并举行了还都典礼。

• 洛阳攻守战 •

洛阳攻守战是抗日战争期间豫中会战的一次重要战役。豫中会战是日军打通大陆交通线的1号作战（中方称为豫湘桂会战）计划的一部分，日方称该阶段为“京汉作战”或“河南会战”。日本华北方面军司令官冈村宁次指挥14.8万日军、坦克装甲车691辆，击溃了中国第一战区蒋鼎文、汤恩伯部8个集团军约30万军队，占领了河南大部。这是国民党军队在日本投降前一年与日军交锋中的一次惨败。

日军经过突破黄河河防和许昌之战，逼近古都洛阳。当时，防守洛阳的第15军及第94师共7个团的兵力（第64师、65师各两个团，第94师3个团），分布在城厢、邙岭、西工3个守备区，分别由第94师担任城厢区守备，第65师担任邙岭区守备，第64师担任西工区守备。

日军在第12军及第1军追击第一战区各部期间，对洛阳采取了“封锁”措施，第12军在洛阳周围的部队和炮兵等，凡属不参加洛河追击的部队，全部配属给菊兵团，负责执行此项任务。划归菊兵团指挥的有第110师团第163联队第1大队、独立混成第1旅团的步兵第74大队、独立混成第2旅团的步兵第5大队、独立混成第9旅团的步兵第38大队及野战重炮兵第6联队的1个大队。连同菊兵团本身的10个大队，总计14个步兵大队、1个重炮兵大队。

1944年5月17日，菊兵团各部队全部到达洛阳周围。兵团长野副昌德决定18日开始进攻洛阳。当天，除城北邙岭区仍为第65师防守外，城西、南、东三面日军均已迫近城垣。在守军坚强抵抗下，日军的多次突击均被击退，激战终日，毫无进展。日本华北方面军于20日晚下达命令："应以目前态势继续进攻，并纳入第12军司令官指挥。"21日至23日，日军先后攻占邙岭区内后洞、上清宫、苗家岭等要点，守军退入城中。

5月24日13时，日军在航空兵、炮兵及坦克支援下，对城垣发起猛攻。激战约1小时，日军战车第3师团及其机动步兵即突破城西北角。17时，第63师团亦突破城东北角。18时20分左右，日军的坦克冲入城内，中、日双方军队展开激烈的巷战。第15军军长武庭麟下令各部队夺路突围。黄昏后，大部撤出，未接到命令及未及撤离的官兵仍英勇地进行逐屋争夺战。激战彻夜，至25日8时，日军完全占领洛阳。

豫中会战仅30余天，日军即打通了平汉路南段，并占领了沿线各要点及古城洛阳，击溃了第一战区的主力部队，实现了战役企图。洛阳攻守战是豫中会战的重要战役，由于种种原因，中国军队失败，但官兵们英勇顽强抗击外国侵略者的事迹永载史册。

• 洛阳战役 •

1947年7月，解放战争转入战略进攻阶段。1948年3月，中共中央军委和毛泽东主席亲自决策，由华东野战军陈（士榘）唐（亮）兵团、晋冀鲁豫野战军（1948年5月改称中原野战军）陈（赓）谢（富治）兵团，共约十万兵力，发动洛阳战役。

陈赓、陈士榘等在襄城召开各纵队负责人会议，决定陈唐兵团三纵、陈谢兵团四纵由襄城、宝丰出发，经临汝（今汝州）、伊川，在龙门一带集结待命；陈唐兵团八纵由禹县（今禹州）出发，经登封，在偃师、黑石关以南地区集结待命；

陈谢兵团九纵主力及太岳五分区部队袭占新安、渑池，并决定采用“隐蔽接近，突然袭击”的战术，首先夺取洛阳西关。3月4日，部队分头向洛阳进发。

负责洛阳城防的是国民党青年军二〇六师，师长邱行湘。二〇六师本为蒋介石之嫡系，下辖五个团、四个炮兵连、一个汽车营，加上地方保安团等，共约两万人，全部美式装备，具有很强的战斗力。洛阳城内外的防守工事，全部是在美军顾问团的指导下修建的半永久性工事，包括城外围阵地、城垣主阵地、核心阵地三道防线。各阵地均配备了可用数天的食品、饮料以及大量弹药。

按照部署，陈唐兵团三纵对城东、城北实施包围，并从东门、北门攻城；陈谢兵团四纵对城西、城南实施包围，并从西门、南门攻城。陈唐兵团八纵抢占黑石关，阻击郑州西援之敌；陈谢兵团九纵在新安、渑池阻击潼关东援之敌，并作为战役总预备队。

3月8日，八纵、九纵迅速切断陇海线，攻占洛阳周围十数座城镇。三纵、四纵分别强渡伊河、洛河，从城东、城西南两个方向对洛阳城外围阵地发起攻击。至11日下午，除西工发电厂、九龙台、潞泽会馆三据点外，敌方其余阵地全被我军攻占。

11日晚7时，三纵八师开始攻城，三十门大小炮一齐开火，轰击东门。二十三团一营为突击营，营长张明率队连续突击，分段突破，交替前进，连闯五道铁丝网、四道鹿寨、三层地堡、两道外壕，于12日0时40分突破东门。13时，进攻西门的四纵十旅，集中全部炮火，将城墙上主要城堡和城外工事摧毁，打开通路，突入城内，沿西大街向前进攻。15时，全部城门均被突破，各路攻城部队会师城中，对城内敌军分割包围，溃退之敌逐步被压缩至城西北角核心阵地。

12日、13日夜，我军两次进攻该核心阵地，歼敌2000余人。邱行湘带领残敌逃进洛阳中学（原第二十五中学）一所大楼内，14日下午4时半，我军在集中炮火轰击后，攻击部队很快肃清残敌。当夜12时，俘获敌中将师长邱行湘、洛阳专员兼少将保安司令刘焕东等。

我军强大的攻城声势，迫使潞泽会馆守敌一个连、西工发电厂守敌一个营、九龙台守敌一个连先后缴械投降。从3月7日至14日，洛阳战役历时七天胜利结束，共歼敌一万九千余人，缴获大量物资弹药。

鉴于歼灭敌人有生力量的目的已经达到，我军审时度势，于3月17日主动撤出洛阳，全部转移至洛阳西部、南部山区休整待机。3月18日，国民党胡琏兵团、孙元良兵团约六个旅进入空城洛阳。至4月3日，敌军除丢下一个团、一个保安团守备洛阳外，其余均被调赴外地。陈赓同志于4月4日指挥我军再攻洛阳。5日晨，敌军弃城东逃，被我军追歼于东郊张古洞村一带。千年帝都，从此永远回到人民手中。

4月8日，中共中央发出《再克洛阳后给洛阳前线指挥部的电报》，此电文后收入《毛泽东选集》第四卷。洛阳战役的胜利，动摇了国民党军队守备城市的信心，切断了中原与西北地区国民党军队的联系，进一步巩固和扩大了解放区，提高了人民军队的攻坚战术技能，为继续夺取大城市积累了经验，打下了基础。

• 洛阳定为重点建设城市 •

1953年，年轻的人民共和国在医治战争创伤、恢复国民经济后，开始实施国民经济和社会发展的第一个五年计划（简称“一五”计划）。因为河南是战略要地，所以中央要放一批大型重工业项目，如拖拉机厂、矿山机械厂、滚珠轴承厂和铜加工厂等。对于这些重工业项目的厂址选择，当时有两种主张，一是放在郑州，一是放在洛阳。主张放在郑州的主要理由是：洛阳地下古墓多，建厂投资大，郑州地下条件好，而且交通比洛阳便利。主张放在洛阳的理由是：从战争观点考虑，洛阳地形比郑州容易防守，打起仗来，即使郑州变为前线，洛阳仍是后方，仍然可以发挥后方支援前线的作用。反之，就不可能了。据时任河南省计划委员会副主任的邵文杰回忆，为了最后确定厂址，1953年冬，国家计划委员会副主任李富春同志亲自来河南到郑、洛现场视察。经过两天详细视察，最后定在洛阳。有同志说：“洛阳离郑州只有120公里。”富春同志说：“120公里终究是120公里。”意思是说，洛阳离郑州虽然只有120公里，但在战略上的位置是不同的，最后经中央批准放在洛阳[①]。

就这样，国家将苏联援助的156个重点

① 邵文杰：《邵文杰文集》第一卷《征途》，第327页，方志出版社，1999年。

项目中的7个选定在洛阳，其中，首批援建的73个厂矿中有4个大型厂放在洛阳，即拖拉机厂、轴承厂、矿山机器厂和热电厂，洛阳成为全国八个重点建设城市之一。随后，国家又把铜加工厂、高速柴油机厂两个苏联援建的重点工程放在洛阳，再加上为洛阳工业建设服务而兴建的玻璃厂、耐火材料厂、水泥厂、棉纺织厂和一大批为城市建设服务与配套而兴建的中小型工厂的陆续开工建设，洛阳成为“一五”计划时期河南工业基本建设重点中的重点。

1954年3月，经中共中央中南局批准，河南成立了由中共河南省委第一书记潘复生兼任主任，省委工业部部长王维群、洛阳市委第一书记王黎之任副主任的洛阳建厂委员会，具体组织筹建洛阳的建设工作。随后，洛阳建厂委员会先后多次召开扩大会议，就洛阳基本建设方面的重大问题进行讨论，省委也下发了《关于加强洛阳市工作给洛阳市委的指示》《河南省支援洛阳工业基本建设方案》等文件，动员各方面力量全力支援洛阳的工业建设，把支援洛阳基本建设作为全省最重要的任务之一。

经过充分准备，到1955年，拖拉机厂、轴承厂、矿山机器厂先后动工兴建。1956年，热电厂、铜加工厂、水泥厂也相继动工，洛阳市的工业基本建设全面展开，并很快形成施工高潮。到1957年底“一五”计划完成时，洛阳市的基本建设和工业生产取得了巨大成就，第一批兴建的拖拉机厂、轴承厂、矿山机器厂、热电厂和水泥厂需建的大型厂房28个，已建成23个；共需安装的设备17 300多套，已安装8200多套；已经试车生产的生产车间达34个，热电厂一号机组已正式发电，轴承

“一五”期间建设的洛阳第一拖拉机厂　高均海摄影

厂已经开始全面试生产。洛阳拥有的大、中、小型工厂达26个，涧西工业区基本形成，涧东工业区和市中心区正在形成，古都洛阳焕发出了新的生机，在人民手中已经由一个消费城市变成一座新兴的现代工业城市。

• 修建焦枝铁路 •

20世纪60年代末期，中共中央主席毛泽东认为，万一战争打起来，京广、津沪线被打瘫痪了，南北大动脉就中断了，而有了焦枝和枝柳铁路，南北交通就不会中断。在“要准备打仗”的战略部署中，毛泽东勾画出“三线建设”的蓝图，决定修建与京广线平行的另一条南北大干线——焦枝铁路。焦枝铁路北起河南焦作，南至湖北枝城，在洛阳与陇海铁路交会。

1969年9月，河南省召开修建焦枝线北段（月山至魏集）紧急会议，在洛阳组成“焦枝铁路会战河南省指挥部”，省军区司令员张树芝任指挥长。

当年11月，在张树芝的率领下，焦枝铁路大会战开始了。安阳、新乡、洛阳、南阳等8个地市的71个县，组成了4个民兵师和71个民兵团，总计62万名民兵开赴工地，负责夯筑路基和土建工作。铁道部也从8个铁路局抽调了40万人的铁路建设专业队伍，带着工程机械一同投入到建设工地参加会战。沿线的一些相关机关、部队、群众，也以饱满的热情加入到会战大军中去。工程展开后，在参加建设的人员高峰期，最多时出工人数达到180万人。

广大指挥员、战斗员逢山凿洞，遇水架桥，全凭着一腔热情和肩挑人扛，在工程机械严重不足的情况下，共计完成隧道

焦枝铁路邙山隧道

24座，总长13公里；修建桥梁涵洞1259座，总长42 758米。全程共修建大桥74座，总长11 764米，其中在黄河、伊河、沙河、汉水上建起了特大桥梁。

从1969年11月，焦枝铁路大会战在洛阳拉开序幕，到全线于1970年7月基本建成通车，建设时间8个月，其速度之快，在全国铁路修建史上前所未有。又用了5年时间完成收尾工程，1975年7月开始运营，共投资10.75亿元。

焦枝铁路以洛阳为枢纽，北起河南省焦作，南至湖北省枝城，全长753.4公里，是连接山西、豫西、鄂西的又一南北重要干线，对京广线起到了重要的分流作用。对战争时期的军事运输，更有不可估量的国防意义。

名人扫描

——三川才俊照汗青

洛阳，三川大地，钟灵毓秀。几多朝代，立都于此，“九朝古都”，声名远扬。政治经济，人文科技，于斯为盛。从历史文献中看，在洛阳成就功业的人层出不穷，仅志书中的历史名人，或生于洛阳，或葬于洛阳，或长期生活于洛阳，或功业创立于洛阳，甚至于吃斋念佛于洛阳，难以计数!

华夏第一相伊尹，商人鼻祖白圭，纵横家苏秦，小说鼻祖虞初，“洛阳才子”贾谊，结束南北分裂局面的隋朝大将韩擒虎，凌烟阁功臣之首长孙无忌，佛学大师玄奘，呕心诗人李贺，状元宰相吕蒙正，程朱理学的开创者程颢、程颐，书法大家王铎……

一个个震古烁今的名字，在历史的星空中璀璨夺目。穿越深邃的时空，你可以从这些巨擘身上，感受华夏五千年文明的辉煌。

华夏第一相伊尹

伊尹

伊尹，商初大臣。名挚，尹为官名。伊尹是有莘氏在桑树林拾到的弃儿，因其养母住在伊水（即尹河，洛河支流，源出熊耳山，东北流，在偃师注入洛河）边上，所以以水为氏。

伊尹虽然身材短小，面庞不出众，但足智多谋，聪明异常，志向远大。当时夏王桀暴虐残忍，滥用民力，鱼肉百姓，致使田地荒芜，民不聊生。伊尹看出夏朝气数已尽，于是用自己高超的烹调手艺接近商汤，劝他高举义旗取夏桀之位而代之。商汤和伊尹相谈后，顿觉相见恨晚，当即命伊尹为阿衡（宰相），在商汤和伊尹的经营下，商汤的力量开始壮大，想进攻夏桀。伊尹建议商汤停止向夏桀进贡，看夏桀如何动作，以探测夏桀的实力。夏桀果然非常愤怒，征调九夷的兵力，要来伐商汤。伊尹当即劝商汤说：夏桀还能调动兵力，我们伐他的时机还未成熟。于是，商汤又向夏桀进贡。当伊尹看到时机成熟时，又一次停止向夏桀进贡，但因为夏桀的暴行，这次，他未能调动军队了，于是伊尹就向商汤建议起兵。

商汤很快就打败了夏桀的军队，把夏桀流放到南巢（今安徽巢湖市西南），夏王朝从此灭亡，诸侯一齐拥戴贤德的商汤为天子，建立商朝。

商汤和伊尹紧密合作，励精图治，爱护百姓，受到百姓的爱戴。商汤逝世后，伊尹辅佐他的后代，直至商汤的孙子太甲为商王时，太甲暴虐乱德。三年以后，伊尹把太甲放逐到桐宫（在今山西万荣西），亲自摄政，接受诸侯的朝拜。太甲在桐宫住了三年后，悔过自责，改恶从善，于是伊尹把太甲接出来，还政给他，自己告老还乡，太甲返位后，发扬商汤的德政，勤俭爱民，使诸侯归附，社会安宁。

伊尹逝世后，帝沃丁（太甲的儿子）以天子之礼葬之。伊尹在政治方面地位崇高，是著名贤相，在烹调技术和烹饪理论方面也独树一帜，被后世奉为“厨圣”。

• 天下商祖白圭 •

白圭名丹，字圭，战国时洛阳人。中国古代经商的代表人物，有“商祖”之誉。

白圭曾经在魏惠王初期担任魏国的相。那时，魏国都城大梁靠近黄河，经常遭受洪水之灾。白圭施展了他杰出的治水才能，解除了大梁的水患。白圭自称自己治水的本领比大禹还高超。他说，千里长的大堤，常常因为小小的蚂蚁窝而导致崩溃。于是，他治水的时候，派人沿着大堤检查，堵塞了所有的蚂蚁窝，于是，大堤固若金汤，水患也消除了。后来，魏国的政治越来越腐败，白圭看到这一情形，就毅然离开了魏国，到中山国和齐国游历。这两个国家的君主都想把白圭留下，帮助自己治理国家，可是白圭都婉言拒绝了。有人问他为什么，白圭回答说：“这两个国家没有必行之事，那么信用已经到尽头了；不注重声誉，那么名誉已经到尽头了；没有仁爱，亲情已经到尽头了；旅行的人没有干粮，居家的人没有食物，财力

白圭

已经耗尽了；不能用人，又不能自己奋发图强，事功已经到尽头了。一个国家出现了这五种现象，一定会灭亡的。”

离开齐国之后，白圭曾经到过西方的强国秦国，当时正值商鞅变法之时，白圭对商鞅重农抑商的政策很是反对，于是没有在秦国做官。白圭经过一番游历之后，对各诸侯国的政治局势看得更透彻了，也对政治产生了很深的厌恶，于是他放弃从政，转而走上经商之路。

白圭的出生地洛阳自古商业就很发达，洛阳人善为

债台高筑

人弃我取
人取我与

商贾，致力于商业和手工业，追逐利润是洛阳人的传统。出生于此的白圭有极高的商业天分，很快成为战国时期首屈一指的大商人。战国时期，商业迅速发展，商人的队伍非常庞大，因此鱼龙混杂，有的公平买卖，正当经营；也有很多商人囤积居奇，垄断市场；很多大商人还兼放高利贷，谋取暴利。于是，当时的人们将商人分为两类，一类称为诚贾、廉商、良商；另一类称为奸贾、贪贾、佞商；而白圭正是战国时期良商的典型代表。战国时期的商人大多喜欢经营珠宝生意，大商人吕不韦的父亲就曾经说，经营珠玉可以获利百倍。但是白圭却没有选择这一当时最赚钱的行业，而是另辟蹊径，开辟了农副产品贸易这一新行业。白圭才智出众，独具慧眼，他看到当时农业生产迅速发展，敏锐地意识到农副产品的经营将会成为利润丰厚的行业，提出“欲长钱，取下谷”的经营策略。白圭认为，“下谷”等生活必需品，虽然利润较低，但是消费弹性小，成交量大，以多取胜，一样可以获取大利。于是他毅然选择了以农产品、农村手工业原料和产品的大宗贸易为主要经营方向。

《汉书》中说，白圭是经营贸易发展生产的理论鼻祖，其经商速战速决，不误时机。他把经商的理论，概括为四个字：智、勇、仁、强。白圭的这些经商理论，为后世商人效法和借鉴，中国古代商人把他奉为祖师爷。北宋景德四年（1007），真宗封其为“商圣”。白圭“人弃我取，人取我与”和“知进知守”的理财思想对现代人理财也有指导意义。

• 纵横家苏秦 •

苏秦（？－前284），字季子，洛阳人，战国时期著名的纵横家、外交家，可谓“一怒而诸侯惧，安居而天下息”。

他出身农家，素有大志，曾随鬼谷子学习纵横术多年。学成后，外出游历多年，潦倒而归。兄嫂、弟妹、妻子都暗中嘲笑他说：“周国人的习俗，经营家产，致力于工商业。如今你放下根本事业到处游说以求功名，落得穷困潦倒，不是很自然的事吗？”苏秦听了非常惭愧，也很不甘，就闭门不出，拿出自己的藏书全部阅读了一

恫疑虚喝

遍。他说：“读书人既然已经从师受教，埋头攻读还不能获取功名富贵，纵然书读得再多，又有什么用处呢？”

随后刻苦攻读周书《阴符》，钻研其中的道理。一年后开始游说列国，屡屡碰壁却不畏难，最终被燕文公赏识，代燕国出使赵国。苏秦到赵国后，提出合纵六国以抗秦的战略思想。

战国时期是一个群雄争霸、风云变幻的历史时期，众多国家割据天下，其中比较强大的国家有齐、楚、燕、韩、赵、魏、秦等，各个诸侯之间互相牵制，争夺霸主地位。秦国是处于西部最强大的国家，紧挨秦国的韩国和魏国是相对较为弱小的国家，时时受到秦国的侵略威胁，面临被秦国吞并的危险。燕国和齐国虽然远离秦国，但在争霸中也担心秦国的强大将危及自己。楚国作为秦国最大的心腹之患，是最能与秦国抗衡的国家，对秦国的虎视眈眈也是心有警觉。可以说各个国家都有其野心与忧患，在这样的情况下，出于利益的联合与对立就显得尤为重要，外交政策的正确与否甚至会决定国家的存亡。而苏秦正是将这一切看在眼里，从各国的需求角度出发，来对诸侯进行游说，达到合纵共同对抗强秦的目的。他阐明各

苏秦

个国家所占的优势，从周围受其他国家牵制的角度，阐述合纵共同对抗秦国的思想，使得各国君主欣然同意合纵。苏秦以他杰出的观察能力与口才，最终组建合纵联盟，任“从约长”，兼佩六国相印，使秦国十五年不敢出函谷关。

联盟解散后，齐国攻打燕国，苏秦游说齐国归还燕国城池。后自燕至齐，从事反间活动，被齐国任为客卿。齐国众大夫因争宠派人刺杀他，苏秦死前献策给齐王，果然诛杀了刺客。

《汉书·艺文志》纵横家有《苏子》三十一篇，当是苏秦作品或后人所记有关他的事迹的汇集，其中似也包括苏代、苏厉的一些游说之辞。《苏子》是纵横家类中篇幅最多的一部，可见从战国到西汉，纵横家中属于

前倨后恭

宁为鸡口
勿为牛后

苏氏弟兄的作品或有关材料很多，流传也最广。汉以后该书已亡佚。湖南长沙马王堆汉墓出土的帛书《战国纵横家书》，其中有十一篇苏秦上燕王或赵王书，不见于《战国策》《史记》等传世的古籍。另有两篇的部分内容见于《战国策》，这十三篇是现在了解苏秦事迹的重要新材料。

小说鼻祖虞初

虞初

虞初（约前140—前87），河南郡（治今洛阳市东）人。西汉小说家，汉武帝时为方士侍郎，称“黄车使者”。

虞初所作《周说》，共计943篇，原书失传。据东汉人应劭所说，“其说以《周书》为本”，就是说虞初是根据《周书》写成《周说》的。因此有人估计《周说》很像是一部通俗的周史演义。《太平御览》第三卷所引《周书》三则，其写作风格类似于《山海经》，清代人认为是虞初的佚文。东汉末年仲长统主张“《百家》杂说，请用从火”，要把小说全部烧掉。小说接近民间文学，与上层文士不相容，因此虞初的小说《周说》也被上层文士“从火”了。他们为什么憎恨小说，不许它存在呢?

《汉书·艺文志》说“小说家者流，盖出于稗官。街谈巷语，道听涂说者之所造也。孔子曰：‘虽小道，必有可观者焉，致远恐泥，是以君子弗为也。’然亦弗灭也。闾里小知者之所及，亦使缀而不忘。如或一言可采，此亦刍荛狂夫之议也”。

小说既然说民间的事情，当然会有与上层统治者不一致的地方，那当然也就会遭到憎恨，虞初的小说《周说》当然也不例外。由于《周说》的失传，虞初在中国古典文学中的地位没有得到确立，几乎所有的文学史都很少记载虞初的事迹和他的小说创作，鲁迅著的《中国小说史略》偶有所记，亦类似于《汉书·艺文志》提到而已，但实际上虞初对小说创作的贡献是不可磨灭的。谭正璧编撰并于1934年出版的《中国文学家大辞典》说：“书虽不存，但因之被推为古代唯一小说作家”。后世称虞初为小说创作的鼻祖。张衡的《西京赋》云：“小说九百，本自虞初。”后人有以虞初为小说命名的，如《虞初志》《续虞初志》《虞初新志》等。虞初的《周说》对中国古代小说创作的影响由此可见一斑。

• 洛阳才子贾谊 •

贾谊

贾谊（前200—前168），洛阳人，西汉初年著名政论家、文学家，后世称其为“洛阳才子”。

贾谊年少时就因为诵读诗书、能写一手好文章而闻名。十八岁那年，被郡守吴公召置门下任职，也就是做了今天的省长助理。吴公是秦国李斯的学生，李斯是荀子的学生，有这样的师学渊源，贾谊自然博采众长，吸收儒法两家的思想精华，从而确立了他在中国古代思想史上的崇高地位。

后来吴公把贾谊推荐给刘邦的重臣张苍，受学《春秋左氏传》，并开始作《春秋左氏传训诂》。这是一件了不得的工作，引起了朝野上下的普遍关注。从这时起，贾谊的学术成就对西汉及后世都产生了广泛而深远的影响。

汉文帝二年（前179），朝廷下诏“举贤良”。二十二岁的贾谊因“颇通诸子百家之书”，被文帝召为博士，其职务是掌通古今，备皇帝顾问。这一职务充分发挥了他丰厚的知识之长，很快在朝廷众多博士中脱颖而出。不到一年，就越级升任太中大夫。毛主席在评价贾谊时，曾风趣地说“贾太傅一年升了三次官。”

贾谊在国事问题上，不断提出改革的主张和建议。《过秦论》是他的成名作，这在当时形成了巨大的反响，对后世的影响也十分深远。《过秦论》肯定了商鞅变法为秦朝奠定了富强的基础，提出“取与守不同术”，诈术只能用于战争，统治须用“仁义”。

贾谊的《论定制度兴礼乐疏》，批评汉初以来礼义的废弛，提出改革方案，核心内容就是改正朔，定官名，兴礼乐，易服色制度。这一思想影响了中国两千多年，直到今天我们的国旗、重大纪念日的着装，都有正朔的含义。

贾谊的《论积贮疏》，主张重农，强调以农为本。他说，衣食是人生存最基本的要素，应该得到满足；积贮、重农，是为了备战备荒，资源是有限的，动用资源要适度。这些上疏及文帝的一系列政策，给西汉帝国经济复苏带来了立竿见影的效果。“文景之治”的盛世，贾谊功不可没！

正当贾谊不断推出治国安邦的巨识、宏论、良策时，仕途却遭受了一次挫折。当文帝决心让贾谊任公卿之位时，朝堂上，政治对手群起而攻之，说他“洛阳之人，年少初学，专欲擅权，纷乱诸事”。在大量的攻击下，文帝只好外放贾谊，让他到长沙国做太傅。

《吊屈原赋》是贾谊上任长沙王太傅时，路过湘江时写的。贾谊是在屈原去世后，第一个提出并纪念屈原的重要人物；也是贾谊首先发现了屈原不但作品意境深邃，事迹惊人，更是一位忠君爱国志士。也正是贾谊透过文字的鲜活描述，还给世人一个可敬可爱的屈大夫形象。

在长沙，贾谊敏锐地发现西汉王朝“通货膨胀”的严重问题。他在《谏铸钱疏》中指出“防盗铸钱”的危害性，提出了解决通胀的有效手段。他首次提出立法钱的概念，提出国家垄断铜矿，以绝私铸铜钱。西汉的铸币因贾谊的方略而定型，直到唐代，五铢钱仍在流通，发行700多年，成为历史上极具生命力的一种货币。

《治安策》是贾谊在长沙从政经验的总结。贾谊在策中把治国比喻为屠牛。他用屠夫在不同的部位使用不同的工具，比喻帝王也应善于使用“礼”和“法”这两种工具，治国软硬两手，都要因时因事而施。

文帝七年（前173），贾谊回到了京师长安，汉文帝拜贾谊为梁怀王太傅。文帝十二年，梁怀王意外坠马而亡，身为梁怀王太傅的贾谊很是自责，认为这是自己劝谏不力的过失，“常哭泣”，最后绝食而亡。有《贾长沙集》《新书》传世。

• 牧羊官卜式 •

卜式

卜式，西汉河南郡（治所在今洛阳市东）人。因牧羊致了富。有了钱的卜式，位卑未敢忘忧国。听说国家与匈奴打仗，国力日渐不支，他就赶往都城，上书朝廷，愿将家产的一半捐给国家。

这事在朝廷引起了争议。是啊，一个平民百姓，要将那么多家产捐给国家，所图何事？于是，汉武帝就派使者前往询问。使者问卜式：“你想当官吗？”卜式说：“从小放羊，没学过为官之道，不想做官。”使者又问：“家里难道有冤屈要申诉吗？”卜式说：“我向来与人无争。乡里中，贫穷的人我就接济他们，不良者我就开导他们，邻里都愿听我的话，怎么会有冤屈呢？”使者说：“既然如此，你捐那么多家产，到底是为了何事？”卜式说：“国家要抗击匈奴，我认为，有力的应该出力，有钱的应该出钱，这样，匈奴就可以消灭了。”

使者将卜式所言禀报皇上，皇上又转告丞相公孙弘。公孙弘说：“这不合人情，不可以作为天下楷模以扰乱法度，请陛下不要理会他。”于是皇上也没答复卜式的请求。

卜式只得回家，依旧放牧种田。过了些年，由于战乱加水灾，大批难民涌入河南郡，当地政府财政拮据，无力赈济，卜式就拿出二十万钱交给河南郡守。皇上从河南郡呈送的捐献簿册上看到了卜式的名字，想起他就是前些年要献一半家产助边的那个人，于是就赐给卜式四百人的更赋钱，卜式又将其全都交公。那时的富豪为了逃避赋税，争相隐匿家产，唯有卜式热心为国分忧。皇上为了让天下人以卜式为榜样，就拜他为郎官。

刚开始，卜式不愿做官。皇上说：“那你就到上林苑中，帮我牧羊吧。”卜

举案齐眉

式这才应允，穿着布衣草鞋去了上林苑。在卜式的经管下，上林苑里的羊不仅愈益肥壮，且又繁殖了许多。皇上路过见了，不禁点头称善。卜式说："非独羊也，治民亦犹是也。以时起居，恶者辄去，毋令败群。"卜式的话，让皇上感到吃惊，没想到一个放羊的还能悟出治国理政的大道理，就封他为缑氏令，试试他的才干。在他的治理下，缑氏的百姓安居乐业。又调任他为成皋令，照样干得出色，经他管理的漕运，渐入历史最佳状态。皇上认为卜式为人忠厚朴实，就拜他为齐王太傅，后来又转为丞相。适逢吕嘉谋反，卜式上书请缨以尽臣节。皇上为其精诚所感，拜他为御史大夫。

卜式能从羊倌到郎官，不经意间华丽转身，成为一个没有显赫背景的布衣卿相，实属难得。

理财能臣桑弘羊

桑弘羊

桑弘羊（前152—前80），河南洛阳人，是西汉武帝时的政治家、理财家。出身商人之家，少年时就很善于心算，所以在十三岁时就进了宫任侍从。

汉武帝即位之后，一方面改革制度，强化中央集权，一方面连续对匈奴、越、西南夷发动战争，国力消耗很大，加之政府安置流民及武帝的浪费，致使西汉初期文景之治时积累的国力大衰，财政危机严重。此时的大商人们却趁机牟取暴利，并不想对国家做什么贡献。

武帝为了缓解财政危机，采取了一系列措施，如卖武功爵，还接受了桑弘羊的建议，加强了国家对重要行业的控制和垄断，由国家经营一些重要经济物资，以此谋利，增加国家收入。

桑弘羊不但是政策的决策者，还是具体负责实施的大臣。从公元前120年开始，一直到武帝去世，他先后担任大司农中丞、大司农、搜粟都尉、御史大夫等重要官职，和任大农丞的大盐铁商东郭咸阳、孔仅同受武帝信任，为增加国家财政收入尽心尽力。在桑弘羊的领导之下，西汉政府将盐、铁、酒全部实行官营，同时，均输令、平准令，以及算缗令和告缗令，统一铸币等政策也逐步实施。

均输令即由国家负责运输贩卖各地的土特产品，从中获利。平准令即在丰收之年粮价低时，由国家高价收购；待粮价高时，国家再低价卖出，目的是平抑物价，维持社会稳定，也打击商人的投机。算缗令即按照财产数额来向商人征收财产税。但商人们都隐瞒不报，或者少报，于是又颁布了告缗令，鼓励百姓告发隐瞒财产的商人，告发者可以得到被告人家产的一半。上述措施基本缓解了经济危机，在增加财政收入的同时，也减轻了百姓负担。但这种抑商政策也打击了商业经营，告缗令执行后，中等的商人几乎有一半破产了。

公元前87年，桑弘羊由搜粟都尉升为御史大夫，和霍光、上官桀等四人受武帝遗诏，辅佐昭帝。公元前81年，昭帝召集各地贤良文学到长安，商议盐、铁等国家经济要事，这就是历史上有名的盐铁会议。贤良文学派人士激烈攻击盐铁官营和均输、平准等政策，认为这是与民争利，不符合汉初与民休息的政策，所以主张改变这种政策。而桑弘羊则坚持继续执行这些政策，双方发生争论。最后，除了废除酒类专卖政策，改成征税以外，盐铁官营等经济措施没有改变。

第二年，桑弘羊和权臣霍光在国家政策方面发生分歧，后来又和燕王旦、上官桀父子策划废昭帝、立燕王，最后失败被杀。

上柱国大将韩擒虎

韩擒虎（538—592），隋朝著名战将，字子通，河南东垣（今新安东）人。因为大唐高祖李渊的祖父名叫李虎，而中国古人总是强调不可直呼尊者之名，所以唐朝人往往避讳这个“虎”字。因此他们在编撰《隋书》讲到韩擒虎时，为了避讳，将“虎”字做空格处理，把韩擒虎写作“韩擒□”。后人中有不解避讳之意者，在传抄或翻刻时，省略了空格，将韩擒虎误写为“韩擒”。

韩擒虎出身将门，文韬武略无所不具，勇武能敌百人，用兵出神入化，北周时历任都督、刺史等职。隋朝建立后，为消灭割据南方的陈朝统一天下，朝廷选拔有才能的将领负责对江南用兵，韩擒虎因此被封为庐州总管。韩擒虎赴任之后，立刻着手精心准备。

隋开皇九年（589）的正月初一，浓雾封锁大江。韩擒虎认为这是一个难得的渡江机会，便与广陵的大将贺若弼相约，同时渡江灭陈。韩擒虎大胆出奇兵，仅率领五百名精锐士卒，悄然渡过大江，势如破竹，一路直逼建康（今江苏南京）城下。最后在陈朝降将的帮助下，韩擒虎顺利进入陈朝皇宫，活捉陈后主，顺利灭陈，终结了南朝。班师回朝后，韩擒虎被隋文帝封为上柱国。

平定江南后，韩擒虎坐镇凉州（治今甘肃武威），震慑突厥，使其不敢轻易冒犯隋朝边疆。边境地区的人民获得了和平与安宁。开皇十二年，韩擒虎因积劳成疾，不治而卒，终年55岁。

在韩擒虎病重去世前夕，发生了两件奇异的事情：一天邻居的母亲去探望韩擒虎时，发现他家门前仪卫严整，犹如大王的威仪。老人惊讶地问这些人干什么，其中一人回答说：“我来迎王。”说完这些人就不见了。与此同时，有个病危之人忽然奔跑到韩擒虎家门前，大声说：“我要拜见大王！”人们问要拜见什么王，那人答道：“阎罗王！”韩府众人听后要抓住他打一顿，被韩擒虎阻止。韩擒虎大声说道：“生为上柱国，死做阎罗王，亦足矣。”随后不久，他就去世了。

韩擒虎“生为上柱国，死做阎罗王”的故事流传很广。在敦煌传世文物中，就有一卷《韩擒虎话本》，惟妙惟肖地描述了韩擒虎如何被请去成为阴司之主。有人可能认为韩擒虎死后当了阎王的记载太过神奇了。然而，这件事却明确地记载在由大唐名相房玄龄编纂的正史《隋书·韩擒虎传》中，可见此事在唐代已广为流传。

• 凌烟阁首勋长孙无忌 •

长孙无忌（594—659），字辅机，河南洛阳人。隋朝右骁卫将军长孙晟之子，母为北齐乐安王高劢之女。自幼被舅父高士廉抚养成人，与唐太宗李世民是布衣之交，后又结为姻亲。身为太宗的皇后之兄，在唐朝太宗、高宗时期出任宰相。

长孙无忌出身军事世家，好学、善于谋划。唐高祖太原起兵后，长孙无忌前往投奔。并随李世民征战，成为其心腹谋臣，常从征伐，参预机密。唐朝统一中国过程中，李世民功勋卓著，威胁到李建成的太子地位，引起李建成不安。李建成勾结齐王李元吉，数次加害李世民。李世民及其幕僚都非常忧惧，在长孙无忌等幕僚的怂恿下，李世民决计除掉太子和其他兄弟，谋取太子之位。唐武德九年（626），李世民带领幕僚发动“玄武门之变”，长孙无忌作为策划和组织者，为太宗最后夺取皇位立下汗马功劳。

不久，唐高祖册立李世民为皇太子，任命长孙无忌为太子左庶子。武德九年八月，李世民即位，是为唐太宗，册妻长孙氏为皇后，长孙无忌改任左武候大将军。

长孙无忌

贞观中，历任吏部尚书、尚书右仆射、司空，封赵国公，与房玄龄等同为宰相。太宗图画二十四功臣像于凌烟阁，以长孙无忌为首。

贞观十一年（637），他谏止功臣世袭刺史的错误措施。十七年，太宗废太子承乾，但在魏王李泰、晋王李治、吴王李恪中立谁为太子问题上犹豫不决。长孙无忌以母舅和元勋的地位决策立晋王。二十三年，太宗病危，他和褚遂良受遗命辅政。高宗李治即位后，他以太尉、同中书门下三品为朝廷首相，掌握大权。永徽四年（653），发生了房遗爱（太宗婿、房玄龄子）谋反案，无忌主持审案，借此杀死和流配

白鹿救驾

诸王、公主、主婿等亲贵十余人，进一步巩固了高宗的统治。

永徽六年，他和褚遂良反对立武昭仪（武则天）为皇后未果。显庆四年（659），许敬宗迎合武后意旨，使人诬告长孙无忌谋反。长孙无忌含冤被流放到黔州（治今重庆彭水），被迫自缢而死。

贞观中，长孙无忌和房玄龄主修《唐律》和《律疏》。永徽四年，《律疏》三十卷修成，即现存的《唐律疏议》，是东亚著名的封建法典。

三藏法师玄奘

玄奘（602—664），俗家姓名陈袆，洛州缑氏（今偃师缑氏）人。法名“玄奘”，被尊称为“三藏法师”，后世俗称“唐僧”。唯识宗创始人之一，与鸠摩罗什、真谛并称为中国佛教三大翻译家。

陈袆幼年于东都洛阳净土寺出家，取法名玄奘。隋大业十二年（616），玄奘随其兄长赴长安居留，继而至高僧大德云集的成都学习。唐武德五年（622），玄奘于成都受具足戒。后玄奘游历各地，参访名师，讲经说法。

玄奘

所谓的三藏：佛教以经、律、论为三藏。经为佛所自说，论是经义的解释，律即戒规。后把通晓三藏的僧人，称为三藏法师，简称三藏。

玄奘在国内学习佛法的过程中，深感不少经文译得不准确，名师所说也相互矛盾，就决心到佛教的发源地天竺求取佛经原本。贞观三年（629），他经凉州出玉门关西行求法，途中克服重重困难，终到天竺，在那烂陀寺从戒贤法师受学。后又游学天竺各地，与一些学者辩论，名震五竺，“远近咸尊伏之”。贞观十九年回到长安。

玄奘在东方佛教的形成上，无疑是最伟大的人物。他在青年时，便去印度求经，承受着常人难以想象的艰险和危难，始有“九九八十一难劫数尽，为功成行满”的神话出现。他的取经游历达十数年之久，学遍了当时的大小乘各种学说，带回大量的佛经和佛教圣品，并长期从事翻译佛经的工作。玄奘及其弟子共译出佛典75部1335卷。玄奘的译典著作有《大般若经》《心经》《解深密经》《瑜伽师地论》《成唯识论》等，影响远至日本、韩国以至全世界。

《大唐西域记》十二卷，记述他西游中亲身经历的110个国家及传闻的28个国家的山川、地邑、物产、习俗等，《西游记》即以其取经事迹为原型。

• 三朝元老张说 •

张说（667—731），字道济，一字说之。河南洛阳人。唐代有名的贤相和诗人。

张说

张说自幼文笔锋健、才思敏捷，文学造诣很深。唐垂拱四年（688），参加武则天亲自在洛阳城南门主持的万人科举考试，应诏对策为天下第一，授太子校书，成为专门为皇帝撰拟诏令的凤阁舍人。

张说历经武则天、中宗、睿宗、玄宗四朝，曾因不屈服于武则天、张易之兄弟的淫威而流放钦州。张说为中宗、睿宗、玄宗三朝的元老重臣，前后三次为相，封燕国公，在政治、军事诸方面，都对李唐王朝的巩固和发展做出过重要贡献。盛唐时期，燕国公张说与许国公苏颋的散文并称“燕许大手笔”。张说的诗作也有较高水平，故唐玄宗誉之为“道合忠孝，文成典礼，当朝师表，一代词宗”。

张说身兼朝中重臣和文坛翘楚的双重身份，“前后三秉大政，掌文学之任凡三十年”，对初、盛唐诗歌转型起到了重要的促进作用。他对盛唐诗歌的审美标准做出了前瞻性指导，以其充实的诗歌创作成果丰富了初唐诗歌实践。加之他“喜延纳后进”，识拔文士，张九龄、贺知章、王翰等许多著名文士均常游其门下。他实际上已经成为盛唐前期文学界的领袖人物，开创了开元时期的文治盛业，并推动了盛唐诗歌兴盛局面的形成。

开元十八年（730），张说患病，唐玄宗每天都遣中使前去看望，并御笔写药方赐予。是年十二月病逝，享年64岁，赠太师，谥号“文贞”。唐玄宗曾亲自为张说撰写神道碑文。有《张说之文集》传世。

• 诗豪刘禹锡 •

刘禹锡

刘禹锡（772—842），字梦得，祖籍洛阳，自称是汉中山靖王后裔。唐代中晚期著名诗人，有“诗豪”之称。他的家庭是一个世代以儒学相传的书香门第。曾任监察御史，政治上主张革新，是王叔文派政治革新活动的中心人物之一。后来永贞革新失败被贬为朗州（今湖南常德）司马。

刘禹锡的山水诗，改变了大历、贞元诗人襟幅狭小、气象萧瑟的风格，而常常是写一种超出空间实距的、半虚半实的开阔景象，如“水底远山云似雪，桥边平岸草如烟”和“野草芳菲红锦地，游丝缭乱碧罗天”。又如《望洞庭》，在这静谧空灵的山光水色中融入了诗人的主观情感，构成了一种恬静平和的氛围。不过，虽然刘禹锡说过“能离欲则方寸地虚”，但是他积极参与永贞革新，其实还是要在社会中实现人生理想；他的性格也比较倔强，受道家影响，诗中倒是常常表现出高扬开朗的精神。如《秋词》二首之一、《同乐天登栖灵寺塔》，都有一种高扬的力量。由于有了含蓄深沉的内涵、开阔疏朗的境界和高扬向上的情感，刘禹锡的诗歌便显得既清峻又明朗。

刘禹锡被多次贬官到南方，那里也是民歌盛行的地方，所以刘禹锡常常收集民间歌谣，学习它的格调进行诗歌创作，如《白鹭儿》诗以隐喻方式写自己孤高的情怀，但用的是轻快的民歌体。还有一些完全仿照民歌的作品，如《竹枝词》《杨柳枝词》《堤上行》《踏歌词》《浪淘沙词》等，都很朴素自然、清新可爱，散发着民歌那样浓郁的生活气息。

刘禹锡的诗，无论短章长篇，大多简洁明快，风情俊爽，有一种哲人的睿智和诗人的挚情渗透其中，极富艺术张力和雄直气势。其诗大多自然流畅、简练爽利，同时具有一种空旷开阔的时间感和空间感，像他的名句如“芳林新叶催陈叶，流水前波让后波”。刘禹锡的咏史诗为人称道。这些诗以简洁的文字、精选的意象，表现他阅尽沧桑变化之后的沉思，其中蕴含了很深的感慨，如《西塞山怀古》《乌衣巷》《石头城》《蜀先主庙》等都是名篇。

除诗歌与论说文外，刘禹锡的辞赋创作在唐代辞赋史中，乃至整个辞赋史中也是不可忽视的，其存赋11篇，与唐代各大家所存辞赋数目相较，也不算少了。

• 多情诗人元稹 •

元稹（779—831），字微之，别字威明，河南洛阳人，新乐府运动的倡导者和小说家。他与白居易齐名，世称“元白”。

元稹八岁丧父，母亲郑氏贤而懂文，亲授书传。十五岁举明经科、二十五岁举书判拔萃科擢第，补秘书省校书郎。元和初年，应制策第一。元和四年（809）为监察御史。因触犯宦官权贵，次年贬江陵府士曹参军。后历任通州司马、虢州长史、祠部郎中、知制诰。长庆元年（821）迁中书舍人，充翰林院承旨。次年，居相位三月，出为同州刺史、浙东观察使。大和三年（829）为尚书左丞；五年，逝于武昌军节度使任上，享年五十三，赠尚书右仆射。

元稹

元稹的创作，以诗成就最大，乐府诗在其诗中占有重要地位。他的《和李校书新题乐府十二首并序》“取其病时之尤急者”，启发了白居易创作新乐府，且具有一定的现实意义。

长篇叙事诗《连昌宫词》，在元稹的文集中也列为乐府类，旨含讽喻，和《长恨歌》齐名。其铺叙详密，优美自然。元稹诗中最具特色的是艳诗和悼亡诗。他擅写男女爱情，描述细致生动，不同于一般艳诗的泛描。悼亡诗为纪念其妻韦丛而作，最著名的就是《离思五首》其四：“曾经沧海难为水，除却巫山不是云。取次花丛懒回顾，半缘修道半缘君。”用世间至大至美的形象来表达对亡妻的无限怀念，任何女子都不能取代韦丛。《遣悲怀三首》其二：“昔日戏言身后意，今朝都到眼前来。衣裳已施行看尽，针线犹存未忍开。尚想旧情怜婢仆，也曾因梦送钱财。诚知此恨人人有，贫贱夫妻百事哀。”

元稹作有传奇《莺莺传》，又名《会真记》。名为莺莺记传，实为元稹之自传，为后来《西厢记》故事所由。

元稹三十一岁时，在成都认识唐代女诗人薛涛。她已经四十二岁了，但仍风韵不减当年。薛涛一生未动过男女之情，及遇元稹，忽然就把那一点温柔的女性之花爆发出来。薛涛自称已经老了，比不得那些如花似玉的女孩子。元稹以诗作答：“风花日将老，佳期犹渺渺。不结同心人，空结同心草。”两人相伴锦江，行诗川中，元稹带给薛涛一生最快活的日子。一场轰轰烈烈的姐弟恋之后，元稹要回京城了。他带走了薛涛的诗和薛涛一生唯一的爱情，而把薛涛留在了浣花溪。

元稹留世有《元氏长庆集》。

诗鬼李贺

李贺（790—816），字长吉，唐代诗人，祖籍陇西，生于福昌县昌谷（今河南宜阳），唐宗室郑王李亮后裔。世称“诗鬼”“呕心诗人”，与李白、李商隐三人并称唐代“三李”。自称陇西长吉、庞眉书客、唐诸王孙李长吉。

李贺虽家道没落，但志向远大，勤奋苦学，博览群书，顺利通过河南府试，获得了“乡贡进士”的资格。但李贺的竞争者毁谤他，说他父名晋肃，当避父讳，不得举进士。韩愈曾为此作《讳辩》，鼓励李贺应试。但无奈“阘扇未开逢猰犬，那知坚都相草草”，礼部官员昏庸草率，李贺虽应举赴京，却未能应试。一生愁苦多病，仅做过三年的九品微官奉礼郎，因病二十七岁卒。

李贺

李贺是中唐重要的诗人。因为政局混乱及自身失意，其诗多揭露时弊之作和愤懑不平之音。既有昂扬奋发之气，也有感伤低沉之情；既有热烈奔放的抒怀，也有凄冷虚幻的意境。他作诗态度认真严肃，呕心沥血，属意创新，形成了想象奇特、思维奇谲、辞采奇丽的独特风格。在同时代的韩、孟、元、白诸家之外别树一帜，启迪了晚唐的诗歌创作。有《李长吉歌诗》存世。

作为享有盛名的诗词大家，毛泽东一生爱读李贺诗作。毛泽东圈点过的唐诗有600多首，其中李贺诗作就占83首。毛泽东曾批注称李贺是“英俊天才”，“惜乎死得太早”。尤其喜爱李贺《梦天》一诗：“老兔寒蟾泣天色，云楼半开壁斜白。玉轮轧露湿团光，鸾珮相逢桂香陌。黄尘清水三山下，更变千年如走马。遥望齐州九点烟，一泓海水杯中泻。”

毛泽东不仅爱读李贺的诗，而且受其影响，以至于其诗词作品常会点化、引用李贺诗句。例如“一唱雄鸡天下白”“一声鸡唱，万怪烟消云落”，均是点化引用李贺《致酒行》诗句“我有迷魂招不得，雄鸡一声天下白”。又如 “天若有情天亦老，人间正道是沧桑”，更是直接引用李贺《金铜仙人辞汉歌》诗句“衰兰送客咸阳道，天若有情天亦老”，有力地表达了打倒反动派解放全中国，历史潮流不可抗拒的思想！

呕心沥血

• 宽厚正直吕蒙正 •

吕蒙正（944—1011），字圣功，北宋名臣，洛阳人。早年随生母被父亲赶出家门，生活十分艰苦，但他刻苦求学，终于在太平兴国二年（977）录取为进士第一名，被任命为将作监丞、升州通判。向皇上辞行时，皇上下旨，政事如果有不便处理的，允许骑驿马前来上告，赐给他钱二十万。后调回京师，皇上亲征太原时，召他到行宫晋见，任为著作郎、直史馆，加任左拾遗。五年，皇上又任命他为左补阙、知制诰。端拱元年（988），太宗罢李昉，拜吕蒙正为宰相。

吕蒙正为人质厚宽简，素有重望，以正道自持，遇事敢言。每论时政，有不允者，必不强力推行。与开国元老赵普同在相位，关系极为融洽。淳化二年（991），谏官宋沆上疏，惹怒太宗，吕蒙正亦受牵连，被贬为吏部尚书。淳化四年，真相大白，复以本官入相。

吕蒙正

寒窑苦读

皇上想派人出使朔方，命令中书省选择有才能且可以担负重任的人，蒙正退朝后，上奏人选名字，皇上不批准。后来，皇上三次问到此事，蒙正三次以此人作答。皇上说：“卿为什么这么固执呢？”吕蒙正说：“不是臣固执，而是陛下不能体察谅解啊。”再次说：“这个人可以任用，其他人赶不上他。臣不愿用阿谀献媚盲目听从皇上的意见，以致耽误国事。”同僚们屏气不敢言。皇上退朝后对身边的人说：“吕蒙正的气量是我不如的啊。”后来还是任用吕蒙正推荐的人，这个人果然称职。

读书人中有位收藏古镜的人，自称收藏的一面古镜能照出二百里范围的景色，想献给吕蒙正以求任用。吕蒙正笑说：“我的面部不过碟子那么大，哪里用得上照二百里的镜子呢？”听说的人都叹服。

真宗即位，进迁吕蒙正为左仆射。遇

到朝廷营建永熙陵，吕蒙正追忆感戴先朝所给予的优厚待遇，贡献家财三百多万作为营建经费的补充。咸平四年（1001），他第三次登上相位。六年，封莱国公，授太子太师。不久，因病辞官，回归故里。

有个叫富言的宾客，求告吕蒙正说："我的儿子十几岁，想让他入书院，事奉廷评、太祝。"吕蒙正见到这个少年后，惊叹说："这个儿子将来名位与我相似，而功勋事业会远远超过我。"令他与自己的几个儿子同学，供给也很优厚。富言的儿子就是富弼。后来富弼两次任宰相，也是以司徒退休。吕蒙正就是这样善于识人才的。

皇上朝拜永熙陵，封禅泰山，祀祠后土，经过洛阳，两次到吕蒙正家来看望。皇上对他说："卿的几个儿子谁可以重用？"蒙正回答说："我的几个儿子都不足任用。臣有个侄儿叫吕夷简，现任颍州推官，具有宰相的才能。"后来，吕夷简真的成为著名的宰相。吕蒙正病逝于大中祥符四年（1011），谥文穆，赠中书令。

• 真宰相富弼 •

富弼（1004—1083），字彦国，北宋名臣，洛阳人。少年笃于学，提笔能文，胸有大度。范仲淹见而称奇，誉为"王佐之才"，并将其文章推荐给当时的宰相晏殊。晏殊也称赏不已，纳为女婿。富弼为政清廉，好善嫉恶，仕途经历了真宗、仁宗、英宗、神宗四朝，后官居宰相高位；做人性情至孝，恭俭好修，与人说话客气谦敬，即使见部下和平民百姓，也是以礼相待。

富弼年少时走在洛阳大街上，有人过来悄声说："有人在背后骂你！"富弼说："大概是骂别人吧。"那人又说："人家指名道姓在骂你呢！"富弼想了想说："怕是在骂别人吧，估计是有人跟我同名同姓。"骂他的人"闻之大惭"，赶紧向富弼道歉。

庆历二年（1042），富弼升为知制诰。是年春，契丹国大兵压境，要求宋朝割地赔款。慌了手脚的宋朝廷，赶忙商议派大臣出使契丹求和，但朝中大臣皆因此行凶险，不敢前往。富弼临危受命，两度出使契丹，拒绝割地要求，以增加岁币而还。此后的几十年间，两国一直和平相

富弼

处。同时，富弼还利用自己对三国关系的透彻了解，撬开辽、西夏同盟，使宋、辽、西夏三足鼎立的格局逐渐稳定下来。

富弼为相时，欧阳修为翰林学士，包拯为御史中丞，胡瑗为侍讲，四人乃天下众望所归，士大夫称为四真，即真宰相、真翰林学士、真中丞、真学士。

神宗即位后，向富弼请教富国强盛的办法，富弼说："人主好恶，不可令人窥测，可测，则奸人得以傅会。当如天之监人，善恶皆所自取，然后诛赏随之，则功罪无不得其实。"神宗又以边事相问，富弼说："陛下临御未久，当布德行惠，愿二十年口不言兵。"神宗听后十分失望，革其相位，以仆射出判汝州。

元丰四年（1081），西夏皇室内乱，神宗以为有机可乘，遂出兵五路进攻西夏，围灵州城（今青铜峡东）十八日不能下，冻馁死伤，先后溃退，无功而返。元丰五年，神宗又听徐禧之计，筑永乐城，谋攻占西夏横山地区，进逼西夏都城兴庆府（今银川），西夏发30万大军围攻永乐城，城陷，徐禧等战死。宋军两次战败，损失军兵、民夫及助战的羌兵数十万人。神宗闻永乐城陷，"早朝，对辅臣恸哭"。至此，神宗希望攻夏雪耻，节省"岁赐"的计划彻底破产。

元丰六年，富弼在洛阳病逝。他死前给神宗上疏：现在朝中多有投机钻营的小人，非国家之福，应予以廓清。神宗读后十分哀痛，辍朝三日，出祭文致奠，赠太尉，谥文忠。

"自得者"邵雍

邵雍（1011—1077），字尧夫，谥号康节，北宋哲学家。宋仁宗康定元年（1040），邵雍30岁，随父游历河南，遂定居洛阳，以教授生徒为生。

少年时，邵雍就胸怀大志，发愤刻苦读书，于书无所不读。据《宋史·邵雍传》记载：邵雍“始为学，即坚苦刻厉，寒不炉，暑不扇，夜不就席者数年”。当时有高人李之才，见其好学不倦，就传授了他《河图》《洛书》《伏羲八卦》等易学秘奥。邵雍以其聪颖才智，融会贯通，妙悟自得，终于成为一代易学大师。

邵雍著书立说，撰写了《皇极经世》等著作共十余万言。他认为历史是按照定数演化的。他以他的先天易数，用元、会、运、世等概念来推算天地的演化和历史的循环。他形成了自己一套完整独特的宇宙观，对于天地运化、阴阳消长的规律了如指掌。对后世易学影响很大的《铁板神数》和《梅花心易》都是出自邵雍。

《宋史》记载道：他对于“远而古今世变，微而走飞草木之性情”都能“深造曲畅”，通达不惑，而且“知（智）虑绝人，遇事能前知”。后人也尊称邵雍为“邵子”。

值得说明的是，邵子之学虽有渊源，但更多的是自己的体悟，《宋史·邵雍传》对此论述得极为清楚。邵雍“乃事之才，受《河图》《洛书》、宓义八卦六十四卦图像。之才之传，远有端绪，而雍探赜索隐，妙悟神契，洞彻蕴奥，汪洋浩博，多其所自得者”。就是说，邵雍对

邵雍

于易学乃至整个思想文化的贡献不是承传或重复前人的思想，而是以数为框架建立起庞大的思想体系，即所谓“自得者”。

邵氏易学的价值不在于对传统象数易学的继承，而在于在继承传统象易学基础上对易学所进行的精心的改造和创新。恰恰是这些不符合《易》的观点和思想表现出的勃勃生命力，推动易学不断发展和臻于完善。

邵雍淡泊名利，隐居洛阳，著书教学。仁宗嘉祐及神宗熙宁初，曾两度被荐举，均称疾不仕。富弼、司马光、吕公著、程颐、程颢、张载退居洛阳时，经常与其一起或谈天论地，或相伴出游。他虽然不像三国的诸葛孔明那样家喻户晓，但无论从才干还是品德来讲，皆不亚于诸葛孔明。宋朝理学鼻祖之一的程颢曾在与邵

雍切磋之后赞叹道："尧夫，内圣外王之学也！"

当时的名流学士都很敬重他，曾集资为他买了一所园宅，题名为"安乐窝"，邵雍也自号为"安乐先生"。熙宁十年（1077）卒，哲宗元祐中赐谥康节。有《伊川击壤集》二十卷。

今天，熟悉邵雍的人已经不多了，但在民间仍然流行着他所说过的一些警句，比如"一日之计在于晨，一岁之计在于春，一生之计在于勤"。

• 理学弟兄二程 •

程颢（1032—1085），字伯淳，学者称明道先生，洛阳伊川县人。北宋哲学家、教育家、诗人和程朱理学的奠基者。

程颐（1033—1107），字正叔，北宋理学家、教育家。世称"伊川先生"。与其兄程颢同为北宋理学的奠基者。

其家历代仕宦，曾祖父程希振任尚书虞部员外郎，祖父程遹曾任黄陂县令，赠开府仪同三司吏部尚书，卒于该县。父程珦年幼，无力返乡，遂居于黄陂，曾任黄陂县尉，后官至太中大夫。二程就是在其父任黄陂县尉时所生，自幼深受家学熏陶，在政治思想上尤受父程珦影响，以反对王安石新法著称。后随父迁居洛阳，问学于邵雍。

程颢是嘉祐年间进士，神宗朝任太子

程颢

程颐

中允、监察御史里行。学术上，程颢提出“天者理也”和“只心便是天，尽之便知性”的命题，认为“仁者浑然与物同体，义礼知信皆仁也”，识得此理，便须“以诚敬存之”。倡导“传心”说，承认“天地万物之理，无独必有对”。

神宗初，程颢因与王安石政见不合，不受重用，遂潜心于学术。《宋史》本传称：“慨然有求道之志。泛滥于诸家，出入于老、释者几十年，返求诸‘六经’而后得之”。与弟程颐开创“洛学”，奠定了理学基础。在教育上，先后在嵩阳、扶沟等地设学校，并潜心教育研究，论著颇巨，形成一套教育思想体系。程颢提出，教育之目的乃在于培养圣人，“君子之学，必至圣人而后已。不至圣人而自已者，皆弃也”“孝者所当孝，弟者所当弟，自是而推之，是亦圣人而已矣”，即认为教育的最高目的是使受教育者循天理、仁民而爱物、谨守封建伦常。学《论语》《孟子》则为“知道”，“读《论语》《孟子》而不知道，所谓虽多亦奚以为”？《大学》《中庸》亦不可不学，“大学之道在明明德，明此理也”。而《中庸》“天理也，不极天理之高明，不足以道中庸”。总之，教育必以儒家经典为教材，以儒家伦理为教育之基本内容。程颢还提出，读书以期“讲明义理”，注重读书方法，“读书将以穷理，将以致用也”，不可“滞心于章句之末”，为此者乃“学者之大患”。同其理学思想一样，程颢的教育思想对后世影响深远。后人为求学统渊源，于他讲学之处立祠或书院以为纪念。

宋仁宗嘉祐元年（1056）于京师讲《易》处（今河南开封繁塔之左）立二程祠。明成化二十年（1484），河南巡抚李衍就二程祠建大梁书院，祀二程于讲堂。另嵩阳书院亦为纪念二程所立。《嵩阳书院志·序》称：“嵩阳书院，宋藏经处，两程夫子置散投闲与群弟子讲学地也”。

宋宁宗嘉定十三年（1220），赐谥程颢为“纯公”，后程颐被追谥为“正公”。理宗淳祐元年（1241），又追封程颢为“河南伯”，程颐为“伊阳伯”，并“从祀孔子庙庭”。元明宗至顺元年（1330），诏加封程颢为“豫国公”，程颐为“洛国公”。明代宗景泰六年（1455）诏令两程祠以颜子（即颜渊）例修建，规制比于阙里，前后殿庑斋室等房共六十余间，祭文称颂两程“阐明正学，兴起斯文，本诸先哲，淑我后人”。清康熙二十五年（1686），二程进儒为贤，位列孔子及门下、汉唐诸儒之上，次年康熙皇帝又赐给二程祠“学达性天”匾额。

二程的著作有后人编成的《明道先生文集》《伊川先生文集》等，程颐另著有《周易传》。二程的学说后来由南宋朱熹等理学家继承发展，成为“程朱”学派。

内阁首辅刘健

刘健

刘健（1433—1526），字希贤，洛阳人。先后为官于英宗、宪宗、孝宗、武宗、世宗五朝。他入阁十九年，其中作为首辅八年，对明朝中叶孝宗、武宗两朝政治产生了较大的影响。

刘健出身书香门第，他少年时就端正持重，曾跟随著名理学家薛瑄读书。天顺四年（1460）中进士，改庶吉士，授翰林院编修，开始其46年的仕宦生涯。成化初，参与修《英宗实录》。之后，于成化末年入内阁，弘治十一年（1498）继任内阁首辅，直至正德元年（1506）致仕，为“弘治中兴”做出了重要贡献。

刘健在做东宫太子的老师期间，虽然仍从事修书、讲读，主考等“不关政本”的事务，但作为东宫属官，他得以与皇太子朱祐樘，即后来的明孝宗之间建立了非同一般的关系，这为他后来在政治上施展抱负奠定了基础。成化二十三年（1487）十一月，孝宗即位不久，即擢刘健为礼部右侍郎兼翰林学士，进入内阁参预机务。刘健在内阁以其严谨认真、果敢善断、不偏不倚的为政风格，发挥着辅养君德、论思建言、赞画政务的作用。

刘健与李东阳、谢迁三人同心辅政，尽职尽责，竭尽所能，知无不言。开始的时候孝宗还不是全部接受，后来由于他们所奏都见成效，于是再有所奏，孝宗无所不纳，还尊敬地称呼刘健为“先生”。刘健每次进见，孝宗都屏退左右和他密谈。刘健无论是提出任用或是罢免文武大臣，还是建议实行的政治措施，孝宗绝大部分都能接受。刘健善断，谢迁善持论，而李东阳性温而多智谋。一时有“李公谋、刘公断、谢公尤侃侃”之赞。

孝宗驾崩后，刘健以顾命元臣的身份，与内阁大臣李东阳、谢迁等继续辅政。在武宗初政时期，以新皇即位诏书为纲领，实行了一系列宽恤民力、安抚流民、清查皇庄、抑制兼并、裁汰冗滥、节省开支等清理弊政的政策与措施，从而使朝政一度呈现“新政”气象。但由于武宗宠信内侍宦官，沉溺游逸娱乐，不仅使“新政”举步维艰，且使刘健等人的地位岌岌可危，其职权作用的发挥受到严重影响。在率领文官集团反对宦官势力失败的情形下，刘健被迫致仕。但在宦官擅权乱政的形势下，他仍被榜示为“奸党”之首，被削爵夺敕。直到明世宗即位后，才恢复他原有的政治地位和待遇。嘉靖五年（1526），刘健逝世，朝廷追赠其太师，谥号文靖。

刘健的确无愧于封建社会一代名臣的政治形象。他“以道事君，不可则止”的气节、执着于儒家政治理想的追求，以及实践封建礼教的道德品格和风尚，至今也有令人敬佩之处。《明史》说他：“其事业光明俊伟，明世辅臣鲜有比者”。

洛阳老城原有三贤祠，首贤即刘健。

• 神笔王铎 •

王铎（1592—1652），字觉斯，号痴庵，又号嵩樵，孟津人，明清之际大书法家。30岁中举，次年中进士，授翰林院庶吉士。南明弘光朝时官居礼部尚书，东阁大学士；清代，官至礼部尚书。

王铎自幼喜爱书法，精心学古，又不拘泥于古；以“书不宗晋，终入野道”为座右铭，勤学苦练，博采众长，入古出古，自成一家。其楷、行、草、隶、篆无不精妙，楷书伟岸豪放，行、草书飞腾跳跃，隶、篆书典雅淳厚；其书法布局，势巧形密，纵中有敛，草中有楷，错落有致，今中有古，浑然一体，开创了明清一代书坛的新风，在书法史上写下了光辉的一页。

相传，有一次当朝皇上要王铎题“天

王铎

下太平”匾额，他不慎将“太”字的一点漏掉。皇上见状大怒，欲以加罪，王铎不慌不忙，将笔饱蘸金粉，向上一掷，不偏不倚，加上了“太”字下的一点，且毫无破绽，赢得满座喝彩。皇上也转怒为喜，脱口而出曰：“真神笔也！”从此，有了“神笔王铎”的美誉。

王铎在书法上追“二王”，尤以王献之为主，此外广泛涉猎魏晋唐宋诸名家，对阁帖的研究最为深入，师古临帖独具特色。其书法独具特色，与董其昌齐名，明末有“南董北王”之称。他用笔出规入矩，张弛有度，却充满流转自如、力道千钧的力量。尤其擅长行草，笔法大气，劲健洒脱，淋漓痛快。他的墨迹传世较多，不少法帖、尺牍、题词均有刻石，有《拟山园帖》《琅华馆帖》《龟龙馆帖》《延香馆帖》和《弘月馆帖》等，其中最有名的是《拟山园帖》和《琅华馆帖》。《拟山园帖》为王铎故居别墅拟山园的碑刻，系王铎次子王无咎汇集摹刻共10卷79帖1.8万余字。《琅华馆帖》是为其女作嫁妆的，以各种字体镌刻于石碑两面，全帖现存于洛宁县文化馆。《龟龙馆帖》《延香馆帖》和《弘月馆帖》等，现仅有一二拓片可寻。

王铎的书法在日本、韩国、新加坡等地深受欢迎。日本人对王铎的书法极其欣赏，还因此衍发成一派别，称为“明清调”。他的《拟山园帖》传入日本，曾轰动一时，王铎被列为第一流的书法家，称“后王胜先王”，此处“先王”指王羲之，王铎即是“后王”。

清顺治九年（1652）三月四日，王铎获任礼部尚书，时病重，居于乡里。同月十八日去世。去世之前说：“有仙迎我。”此事传到朝廷，皇帝赠太保，谥文安。

寻根问祖

——河洛后裔溯其源

一棵树，是有根的；一条河，是有源的；一个人，是有祖先的。人对祖先的追根溯源虽然不会像一棵树、一条河那么具象，但也有可追可溯的密码。这种密码就是姓氏。姓氏是人类文明最早的符号之一！

随着生产力的发展，人类有了早期的认知萌芽，也积累了很多生存经验，族群有了自己的图腾。这样的图腾如果作为最早的姓氏，那这个族群就是有氏一族了。

符号是人类文明进步的标志，图腾被用在人和族群之间，这是从血缘上认识自己、区别其他的智慧。人和人、族群和族群为了彰显这种内在的联系和区别，如果做一个标记，那么这个标记就有可能成为姓氏符号，也成为人类对祖先追根溯源的重要标示。

央视网

《天地洛阳》第五集《根系洛阳》

位于偃师的邱氏宗祠　林治坤

• 夏、商、周姓氏发展 •

原始社会末期，黄帝治理天下时，已有“胙土命氏”，出现了氏。夏、商两代，也有少量的“氏”产生。氏的产生，最大量、最频繁的时代是周朝。

夏、商、周时，姓氏分而为二，男子称氏，女子称姓。姓者，统其祖考之所出；氏者，别其子孙之所分。《通志·氏族略序》有云：“贵者有氏，贱者有名无氏。”姓用来区别婚姻，同氏不同姓可通婚，同姓不同氏不可通婚。姓所以别婚姻，故有同姓、异姓、庶姓之别。氏同姓不同者，婚姻可通；姓同氏不同者，婚姻不可通（天下同姓是一家，故而同姓不婚）。三代之后，姓氏合而为一，皆所以别婚姻，而以地望明贵贱。

西周初年，周武王伐纣灭商，将代表着权力的九鼎放置在洛邑，为了维护和巩固它在全国的统治，采取了分封诸侯的办法大封天下。诸侯国的分封自武王、周公和成王，延续了很长时间，并不都在周初，例如郑国之封就晚至周宣王二十二年。得到分封的诸侯主要有三种人：一为周王的同姓亲族；二是开国功臣；三为先代贵族。《吕氏春秋·观世》谓“周之所封四百余，服国八百余”；《荀子·儒效》谓“周公兼制天下，立七十一国，姬姓独居五十三人”，《左传·昭公二十八年》谓西周分封“其兄弟之国者十有五人，姬姓之国者四十人”。

这些诸侯国的后人即以封国名为氏。据统计，由周王室同姓封国得氏的有48个，由异姓封国得氏的约有60个。另外，各诸侯国又以同样的方法对国内的卿大夫进行分封，即大夫的后人即以所受封邑的名称为氏，如田、白、鲍、费、范、屈、钟离、邯郸等。经过层层分封，以封国、封邑名称为氏的如雨后春笋般出现，所以说，周朝是我国氏发展的最重要的时期。

尔后，各种形式的氏的来源又不断出现，氏的繁衍滋生越来越多，氏的数量远远超过了姓的数量。姓氏合流之后，从古到今，中国人使用的姓氏中十之八九可以说是由姓派生出来的氏演变而来的。值得说明的是，远古有巢氏、燧人氏、伏羲氏、神农氏（炎帝）、轩辕氏（黄帝）、金天氏（少昊）、高阳氏（颛顼）、高辛氏（帝喾）、陶唐氏（尧，又称伊祁氏）、有虞氏（舜）、有夏氏（禹）等氏，是后世对想象与传说中的祖先的尊称，不同于“胙土为氏”。

周代是中国姓氏大发展的一个重要时期，姓氏制度见于记载者较多。周王为姬姓，周王所封的各诸侯国国君和卿大夫有同姓和异姓的区别。到东周春秋时，可考的有姬、姒、子、风、嬴、己、任、祁、芈、曹、董、姜、偃、归、曼、熊、隗、漆、允等姓。虽然周代贵族有姓，但只有女子才称姓，未婚女子如齐姜、宋子，齐、宋为国名，姜、子为姓。已出嫁女子，如江芈、栾祁，江、栾为夫家国、氏名，芈、祁为女子本人的姓。当时有同姓不婚的习俗，故称贵族女子的姓以示与夫家之姓有所区别。周代实行宗法制，有大、小宗之别。一个氏的建立表示一个小宗从大宗（氏）分裂出来，另立门户。建立侯国要经周王认可，卿大夫立新家要得到君主允许，称之为“胙之土而命之氏”。

• 北魏鲜卑族汉化改姓 •

北魏是由鲜卑族拓跋氏所建立的政权，是南北朝时期存在时间最长、最强有力的政权。自登国元年（386）拓跋珪乘前秦苻坚淝水之战而衰败之机即代王位，后改国号“代”为“魏”算起，至孝武帝元修永熙三年（534）北魏分裂，这一王朝雄据中国北部长达148年之久。北魏的帝王非常注意学习汉族文化和吸取汉族统治者治理国家的经验，人们通常把这种活动称为“汉化”。汉化和封建化是不同的概念，但当时二者密切相关。就北魏来说，汉化是封建化最便捷的途径。孝文帝拓跋宏继承了其先世诸帝在封建化道路上前进的政策，坚定地进行了多方面的改革，使拓跋魏汉化进入了高潮。

迁都洛阳之后，魏孝文帝摆脱了贵族传统保守势力的影响，汉化改革的范围更广泛、进程更迅速了。改革的重要内容之一是改变鲜卑姓氏。姓氏代表一个人的根，是标志家族系统的符号，对每个人都是重要的。人们对于别人的尊重，首先表现为对其姓氏的尊重。这是汉化的一项根本性措施。

太和二十年（496）正月，孝文帝诏令鲜卑族的118个姓氏统统改为汉姓，共改得114姓。如达奚氏改姓奚，纥奚氏改姓嵇，独孤氏改姓刘，贺楼氏改姓楼，勿忸于氏改姓于，丘穆陵氏改姓穆，步六孤氏改姓陆，贺赖氏改姓贺，尉迟氏改姓尉，乙海氏改姓孙，叱李氏改姓李，万俟氏改姓万，乌石兰氏改姓石，伊娄氏改姓伊，拔拔氏改姓长孙，乙旃氏改姓叔孙……其中穆、陆、贺、刘、楼、于、嵇、尉八姓最贵。至于皇族拓跋氏，孝文帝下诏说，北人谓土为拓，后为跋。魏之先出于黄帝，以土德王，故为拓跋氏。夫土者，黄中之色，万物之元也，宜改姓元氏。他率先做出榜样，把自己的名字改为元宏。

百家姓·石

孝文帝这一诏令针对的首先是鲜卑贵族，实际上它的适用范围包括所有南迁的鲜卑人。当时皇族宗室、文武百官及其家属、士兵及其他附属人口是迁入洛阳的第一批移民。同时，出于政治、军事、经济上的原因，又迁入大批百姓。太和十九年（495），孝文帝规定“迁洛之民，死葬河南，不得还北。于是代人南迁者，悉为河南洛阳人”。从这样彻底的措施来看，原在平城的鲜卑人基本上都已南迁，就是原来由北方各地迁至平城的移民大多也应转迁新都。因此，估计来到洛阳的鲜卑等少数民族人口的总数在百万以上。像孝文帝这样把改姓作为国策，在上百万人口中实施，是绝无仅有的。

孝文帝改变鲜卑姓氏的政策和其他汉化政策一起，消除了民族间的隔阂，减少了民族间的矛盾，使各少数民族与汉族杂居共处，经济生活、文化生活、风俗习惯相互影响，逐渐趋于一致，从而加速了北方各民族大融合的进程，促进了社会经济、文化的繁荣，对中国统一的多民族国家的发展做出了积极的贡献。

孝文帝的这一政策，使华夏姓氏重要发源地洛阳又获得了大量新的姓源，洛阳、河洛地区遂成为更多姓氏的起源地或起源地之一，这对中华姓氏的演变发展产生了深远的影响，也为源远流长、博大精深的河洛文化增添了精彩篇章。

• 洛阳起源的姓氏 •

由于河洛地区以及以河洛地区为核心的中原大地在华夏族、汉族、中华民族形成过程中的独特地位和重大作用，它自然成了中华姓氏最重要的起源地。

黄帝的故里和主要活动地域在以河洛地区为核心的中原大地。据杨静琦依《世本》对黄帝后代的粗略统计：黄帝有子25人，得姓者有14人。从黄帝时期到先秦时期，黄帝直系子族发展到101个属地（方国、诸侯国），共分衍出501个氏。这些黄帝后裔繁衍的姓氏，是当今中华民族姓氏的重要组成部分。

在宋代启蒙读物《百家姓》收录的数百个姓中，后人标注其郡望在河南省境域的达115姓，居全国之冠。洛阳地处中原腹地，也是中华众多姓氏的主要发源地。经初步查证，历史上发源于洛阳及所辖市、县的姓氏达180多个，居河南省各市首位。

偃师市地处伊洛河两岸，为洛阳市下辖九县市之一，是驰名中外的华夏第一都——夏都斟鄩和汤都西亳的所在地。据《偃师姓氏源流》一书提供的数字：在偃师市现用的姓氏中，源出偃师或姓中一支源出偃师的有117个；另有94个源出偃师市，今在偃师市已消失不存，两项合计，源于偃师市的姓氏多达211个。

起源于洛阳的主要姓氏中，有王、毛、杜、陆、周、武、程几个典型的姓氏，下面分别予以介绍。

王姓来源

王姓，着实是我国的一个大姓，其源于姬姓、子姓，以及妫姓和改姓的外族。不过，若是要说王姓最开始的源流，那就非姬姓莫属了。因为最早的王氏是周灵王的太子

百家姓·王

姬晋的后代，这又是为什么呢?

姬晋（约前565—前549），生活于东周的国都洛邑，人称太子晋或王子晋。

周灵王是东周时期一个平庸的帝王，但太子晋却口碑极佳，温良忠厚，聪明博学，十五岁就开始以太子的身份辅佐朝政。周灵王二十二年（前550），洛水泛滥，威胁王城。灵王要派人堵塞，太子晋力陈不可，主张采取大禹治水之道，因势利导，疏通河道。周灵王见太子顶撞自己，一怒之下将其废黜为庶人。

太子姬晋的儿子宗敬仍在朝中任职。时人知道宗敬虽没有王族的身份，但还是王族的后代，所以便称宗敬之家为“王家”，其后代便以“王”作为家族的姓氏，尊太子晋为王氏始祖。

王姓起源有多种版本，源于太子姬晋的说法中常将其幻化为仙人“王子乔”，颇具有神秘色彩。而且“王子乔成仙”题材在画像砖、壁画及史籍中多有出现，可见其对社会影响之深广。

毛姓起源

毛姓的发源地，是周文王之子所封的毛国。西周立国后，周文王之子姬郑（一说是姬明）被封于毛，建立诸侯国毛国，为伯爵国。毛国所在地，根据人们的考证，先是在今陕西岐山、扶风一带，周平王东迁洛邑后，扶风、岐山被占领，毛国随之东迁至洛邑附近的籍水毛泉，就在今河南宜阳一带。毛姓以此为源地，一步一步地向外地播迁繁衍，很快就在山西的西河（今山西阳城一带）、河南的荥阳两地发展起来。之后，又以此为中心，向全国播迁。

百家姓·毛

周文王的这支后裔，在我国历史上出现过不少名人。较早的是周代的毛公盾，后来是战国时代的毛遂，西汉时传《诗经》的“大毛公”毛亨和“小毛公”毛苌等。

世居北方的毛氏南迁江南各地，据后来的学者考证，约在汉唐时期。一支毛姓人从中原迁居江西吉州龙城（今江西吉水县八都镇），便在那里繁衍发展。其中的一些人在毛太华的率领下迁居云南澜沧卫（今云南永胜县），明朝立国之后，毛太华又率长子毛清一、第四子毛清四北上做官，居住在湖南湘乡北门外。十余年后，毛清一、毛清四又迁湘潭三十九都（今韶山），并最终在此定居下来。不久，又有一支毛姓人在毛命传的带领下迁到这里。从此，上述两支毛姓人便在今湖南韶山一带生息繁衍，辛勤劳作，默默耕耘，直到由毛太华下传20代，才出了一位改写中国历史的杰出人物毛泽东。

从历史上的毛姓名人来看，宋代以前的毛姓名人多出自黄河流域的陕西一带，宋至清代毛姓名人多出自长江中下游的江浙一带。在中国的历史上，毛姓并不是一个大姓，但十分活跃。江山代有才人出，随着姓氏的迁徙，人才重心也在不断变化。

杜姓的起源

杜姓的起源有多种，其中的两个源头与洛阳有关。一个源头是：杜氏子孙是上古杜康之后。这个杜康又有两种说法：一种说法称，杜康是黄帝时期的酿酒发明者杜康，属于以先祖名字为氏。据史籍《世本》记载，杜氏是黄帝时期的酿酒发明人杜康的后代。相传，杜康原是黄帝手下的一位大臣。黄帝建立部落联盟后，经过神农氏尝百草，辨五谷，开始耕地种粮食。黄帝命杜康管理粮食生产，杜康很负责任。另一种说法称：杜康又名少康，是中国历史上第一个奴隶制国家夏朝的第五位国王，据《史记·夏本纪》及其他历史文献记载，在夏王朝第五位国王相在位的时候，发生了一次政变，相被杀。那时相的妻子后缗氏已身怀有孕，逃到娘家“虞”这个地方，生下了儿子，因希望他能像爷爷仲康一样有所作为，所以取名少康。少年的杜康以放牧为生，带的饭食挂在树上，常常忘了吃。一段时间后，少康发现挂在树上的剩饭变了味，产生的汁水竟甘美异常，这引起了他的兴趣，就反复地研究，终于发现了自然发酵的原理，遂有意识地进行效仿，并不断改进，终于形成了一套完整的酿酒工艺，从而奠定了杜康中国酿酒业始祖的地位，其所造之酒也被命名为“杜康酒”。

百家姓·杜

在杜康的后裔子孙中，有以先祖名字为姓氏者，称杜氏。如果杜康是杜氏的得姓始祖，那么杜姓也有四五千年的历史了。杜康酿酒的地方在今洛阳市汝阳县杜康村。

另一个源头是：鲜卑族改姓。据《魏书·官氏志》载，南北朝时北魏有独孤浑氏，为鲜卑族人，魏孝文帝迁都洛阳实行汉化改革时，将独孤浑氏改汉字单姓杜氏，是为河南洛阳杜氏。

陆姓起源

陆姓的起源有三种说法，其中一种说

法与洛阳有渊源，另两种说法与洛阳有直接联系。

第一种说法是出自颛顼。据说，颛顼之子称的族人分布在河南东南汝河地区。称的儿子叫老童，老童的两个儿子黎、吴回在高辛氏时代先后任祝融（古代掌管火种的首领的称谓，代表着氏族中的极高地位和权力）。吴回的儿子叫终，因为封在陆乡（今山东平原县一带），所以叫陆终。他的后世就以陆为姓，称陆氏。吴回作为帝喾高辛氏的祝融，其活动区域当在高辛氏的都城亳附近，亳就在今洛阳偃师境内。

第二种说法是出自允姓。西周末，西部允姓戎人一支进入秦岭北的骆谷，史称陆浑戎。春秋初，陆浑戎一支东迁到洛阳西部洛水上游，后于公元前638年，被秦、晋两国强行迁到今洛阳以南的伊河流域，在今伊川、嵩县东北伏流城北建立了陆浑国，公元前525年为晋国所灭。亡国后的陆浑之遗民遂以国为氏，称陆氏，成为华夏一分子。

第三种说法是出自北魏孝文帝时期汉化改革，由鲜卑族步六孤氏改姓而得，称“河南之陆”。据史料记载，南北朝时后魏有代北（今内蒙古南部一带）鲜卑族姓步六孤氏，随魏孝文帝迁都洛阳，改为陆氏。这一支陆氏的源地在今河南洛阳一带。

百家姓·陆

顾影自怜

发源于今山东境内的陆氏和由鲜卑姓步六孤氏改姓的陆氏，发展成为陆姓的两支主流。两支陆姓主要分布在今山东、河南、江苏、浙江、江西、湖北等省。

周姓的起源

周姓是一个历史悠久、姓源复杂的姓氏，历史可以上溯至远古黄帝时代。

周姓源于姬姓，是黄帝的后裔。但是具体一点说，周姓的主要起源时期是在春秋战国。周朝的王族并不姓周，而姓姬。西周建立之后，周文王的四子周公姬旦的后人世袭周公爵位。到春秋时，周公黑肩因谋反被杀，周公世袭爵位被废，黑肩的后人以周为姓。秦朝统一中国，灭亡周朝，周朝王室后人以周为姓。所以，周姓可以以周文王或者周公为得姓始祖。这都是发生在洛阳的事情，所以洛阳当是周姓的起源地之一。

还有部分人的周姓源于少数民族。南北朝时，北魏献帝的二哥原姓普，后改姓周。

百家姓·周

《魏书·官氏志》记载：“献帝以兄为纥骨氏，后改为胡氏。次兄为普氏，后改为周氏。”献帝时，把北魏国拓跋氏分为七支，以七兄弟统率之。由此可知，拓跋氏改姓周氏的，不只献文帝的次兄一人，还有次兄统率的那一部分国人。周氏，是北魏国兴旺的七族之一。

周姓的源头是周朝姬姓，以此为主流，不断有其他姓氏加入，壮大周姓族群，使之逐渐扩枝散叶，成为中国一大姓氏。

武姓的起源

百家姓·武

武姓一支出自姬姓。公元前770年，犬戎入侵西周，周幽王被杀，周的京都也遭破坏。周幽王的儿子宜臼受申、许、鲁等部分诸侯拥戴，在申即位，后迁到雒邑，历史上称东周。宜臼就是周平王。周平王的幼子叫姬武，因其出生时手掌上有一“武”字形状纹路，被赐为武氏。姬武官拜周朝大夫，后来他的子孙以武为姓，史称武姓正宗，是为河南武氏。

姬姓武氏是武氏的重要一支，始祖是姬武，祖地在今洛阳。

武姓早期基本在祖源地洛阳一带活动。文献记载，东周早期，武氏长期在朝廷为官。后来随着时间的推移，武姓人口的增加，生产的发展，政局的变化，其家族的活动区域逐渐扩大，大致到战国时期，武姓已散居到中原各地。

程姓的起源

程姓，一说是出自风姓，以国为姓，是重和黎的后裔。上古时候，颛顼高阳氏派他的孙子重为南正之官，掌管祭祀神灵；重的弟弟黎为火正之官，掌管民事。后来重和黎的子孙就世袭了这一官职。他们的后裔伯符在西周前期被封在程地，建立了程国。古程国的地望在今洛阳和偃师交界处。程国的居民以国名为氏，于是就产生了程氏。

北宋时欧阳修等人修撰的《新唐书》七十五卷《宰相世系表》中说：“程氏出自风姓。”南宋学者郑樵撰写的《通志·氏族略》也说：“程氏，伯爵，风姓。”由此可知，程氏源出于风姓。

程氏得氏之前的远祖，黄帝时有风后，颛顼时有重、黎，舜、禹时有伯益。

另一说是以地名为姓。传说，周宣王之时，重、黎的裔孙程伯休父入朝为大司马，

百家姓·程

后又因战功，被封到程邑（在今洛阳市东），他的子孙有一部分人以地为姓，称程姓。还有一部分子孙以他的职官——司马为氏，于是形成了司马氏。因此，程伯休父是程氏和司马氏共同的始祖。

程氏的得氏始祖名伯符，又称乔伯。他是重、黎的后裔，生活在商、周之际。《河南程氏正宗世谱》中有一首《迁徙歌》，写道："古有重黎氏，程族由发初。历夫周兴际，伯符广平居。"这首歌概括了程氏始祖伯符初封广平的事。

广平是伯符的始封地，也成为程氏的发祥地之一。后来广平发展成为程氏的首要郡望。但是广平不是程地，也不是程国。因此，它不是程氏得以命氏之地。槐塘《程氏世谱叙》转引西汉司徒程泰修撰的族谱说："臣上世祖伯符先封广平，后得封程国，遂氏焉。"

• 客家人、闽南人根在河洛 •

"衣冠南渡"，是客家人和闽南人追述来源说得最多的一个词。最早的客家人研究来自两百年前的徐旭，他在《丰湖杂记》中说："今日之客人，其先乃宋之中原衣冠旧族，忠义之后也。"这句话概括出了客家人和闽南人的迁徙历史。

客家人、闽南人以及台湾居民等族群本是来自中原的汉民族，都和洛阳有深深的渊源。客家人、闽南人以及台湾居民均"根在河洛"，河洛地区本是他们的原乡祖地。而导致他们背井离乡迁徙的根源是永嘉之乱！

永嘉之乱是什么？

晋惠帝在位期间，政治腐败，八王战乱相继。永兴元年（304），匈奴贵族刘渊乘机起兵建立汉国，表明自己是汉王朝正统的继承者。

狗尾续貂

晋怀帝永嘉四年（310），刘渊去世，儿子刘聪即位。永嘉五年，刘聪派遣石勒歼灭晋军十余万人于苦县宁平城（今鹿邑县西南）。同年又派刘曜率兵围攻洛阳。此时洛阳历经战火，"饥困日甚"，匈奴汉国轻松攻破城池。他们纵兵烧杀抢掠，挖掘陵墓，杀害王公士民三万多人，连晋怀帝也被俘获。攻入洛阳的匈奴汉国军队担心四面受敌，遂纵火焚烧洛阳城，雄伟壮观的首都转瞬化为一片废墟。这场祸乱因发生在永嘉年间，史称“永嘉之乱”。

《晋书》云，“自永嘉丧乱，百姓流亡，中原萧条，千里无烟，饥寒流陨，相继沟壑”；《晋书》又云，“俄而洛京倾覆，中州士女避乱江左者十六七”；《资治通鉴》载：永嘉三年，“夏，大旱，江、汉、河、洛皆竭，可涉”；永嘉四年，“幽、并、司、冀、秦、雍六州大蝗，食草木，牛马毛皆尽”。当时，在河洛地区灾难不断、战火连连的情况下，难以生存下去的汉族士大夫阶层，纷纷随晋王朝南迁，形成我国历史上第一次中原汉人大规模南迁浪潮，史称“衣冠南渡”，这便是今日各地客家人、闽南人的第一批先民。

关于此次南迁人数，翦伯赞主编的《中国史纲要》说：到达长江流域的至少有70万人，另有20万人没有到达长江，聚居在今山东境内。谭其骧《晋永嘉丧乱后之民族迁徙》一文称，从永嘉之乱到拓跋焘攻宋，北方人口南迁将近百万。依《晋书·地理志》所辖地域一户五口计，“共有人口七百余万，则南渡人口九十万，占其八分之一强”。历史学家陈寅恪说“南来的上层阶级为晋的皇室及洛阳的公卿士大夫”（《魏晋南北朝史讲演录》）。其后，唐代安史之乱、唐末及五代、宋室南迁、南宋灭亡之时，黄河流域均有大批汉人南迁，而“在每一次北方人南迁的潮流中，河洛人都占绝大多数”（朱绍侯：《河洛文化与河洛人、客家人》）。

南迁的中原汉人中，有一些和当地土著居民通婚、融合了，还有大部分人没有和当地人通婚、融合，仍保持着汉族原有的血统、文化和风俗习惯。继之以后的数次南迁，遂形成了汉民族的一支特殊民系——客家民系。

据有关资料记载，目前生活在我国南方各省（包括福建、台湾）及海外各地的客家人超过一亿之众，几乎赶上英、法两国人口的总和，这真是一个骄人的数字，以至于形成了只要有人类的地方就有华人，只要有华人的地方就有客家人的壮观局面。

闽南人，则主要是指南迁后生活在福建、广东、台湾、海南、浙江及东南亚地区的汉人。

闽南，概指以泉州、漳州、厦门“金三角”为中心的福建南部地区。当年迁入福建南部的中原汉人，将当地的两条河分别称作“晋江”和“洛阳江”，以寄托他们对晋王朝和京师洛阳的无限怀念。后在洛阳江上修洛阳桥，明代重修时，郡守孙明让曾为之记，记文中就有“悠然有小河洛之思焉”的话。

李玉昆先生说：在福建开发史上，曾经有三次移民高潮，即西晋永嘉之乱后大批衣冠士族入闽（第一次）；初唐陈政、陈元光父子入闽（第二次）；五代王潮、王审知入闽（第三次）。

繁荣的汉、魏、晋、隋、唐、宋文化，富庶美丽的河洛及中原大地，繁荣热闹的京都洛阳，都在南迁汉人、客家人、闽南人的思想上留下难以磨灭的印象，成为他们世代相传、取之不尽、用之不竭的精神力量。“白头宫女在，闲坐说玄宗。”洛阳城、河洛大地，许许多多的人和事，是他们永远道不完、表不尽的谈资，那情景远远超过离开山西洪洞县的大槐树。正是这些南迁汉人带来的先进文化和先进生产技术，极大地促进了迁入地的社会经济发展和文化进步。客家文化、闽南文化的精神是和河洛文化一脉相承的。

唐代诗人张籍《永嘉行》诗云：

黄头鲜卑入洛阳，胡儿执戟升明堂。

晋家天子作降虏，公卿奔走如牛羊。

紫陌旌幡暗相触，家家鸡犬惊上屋。

妇人出门随乱兵，夫死眼前不敢哭。

九州诸侯自顾土，无人领兵来护主。

北人避胡多在南，南人至今能晋语。

这首诗淋漓尽致地描绘了晋末战乱和中原汉人南迁，至今读来仍令人五味杂陈！

厦门大学教授易中天指出：闽南语中有许多古汉语词汇，“你叫汝，他叫伊，吃叫食，走叫行，脸叫面，黑叫乌，锅叫鼎，绳叫索，翅膀叫翼，图章叫印，房子叫厝，棉袄叫裘”。古汉语中的“入声”，如今在普通话中已难觅其踪，只有在闽南语等方言中才能听到。语言之沿革嬗变，与人类的活动与迁徙关系密切，往往有迹可循。闽南语与中原地区的古汉语有深厚的渊源，闽南语发源于黄河、洛水流域，原称“河洛语”。闽南语即河洛语，曾是中国唐、宋时期的官方语言。

福建和台湾，隔海峡相望。从很早的古代起，两岸就有了联系和交往；到了南宋，澎湖由福建晋江县管辖；元代时，在澎湖设“巡检司”，管理澎湖、台湾，隶属泉州同安县；清代曾设台湾府，隶属福建省，后又改为台湾省。

400多年前，福建人开始移民，或到台湾，或到东南亚。清初，泉州南安县人郑成功收复台湾，大批闽南人随之迁台；康熙年间，清政府攻灭台湾郑氏政权后，又有大批福建人迁台。

台湾地区现有人口2300多万，基本由三部分构成：原住民、先住民、新住民。其中的原住民，主要是高山族，约占台湾总人口的2%，他们是古代大陆沿海百越族的后裔；“先住民”，即闽南人、客家人，在今日台湾地区居民中占80%以上，这是台湾地区的主体居民。“先住民”中，约4／5为闽南人，约1／5为客家人（有说台湾客家人约500万）。所谓本省人、台湾人，即指“先住民”，也即闽南人、客家人，他们自称“河洛郎”；所谓台湾文化，即指闽南文化、客家文化；所谓“台湾话”，即指“闽南话”，台湾人也称为“河洛话”。“新住民”则指1949年随国民党迁入台湾者，约占总人口的12%。

台湾文化，包括哲学、文学艺术、民间信仰、民风民俗等都是和闽南文化、河洛文化一脉相承的。例如，今日台湾唯一的“歌仔戏”，“即为当年的河洛戏，‘歌仔戏’每周定时在电视台播出，场景标题即‘河洛大舞台’”（卢博文：《由中原渡海来台神明谈台湾与河洛文化的渊源》）。

古城印象

——昔日沧桑犹可忆

一个城市的发展，就是一段段历史记忆的累积。

中华文明史5000多年，洛阳的城市史近4000年，洛阳的都城史1500多年，夏都二里头、偃师商城、东周王城、汉魏故城、隋唐洛阳城遗址沿洛河一字排开，形成了举世罕见的“五都贯洛”奇观。其都城遗址之密集、连贯，在世界四大文明古国中无比肩者。

二里头遗址有中国最早的大型宫殿建筑群和宫城遗址。商都西亳城，大城内有小城和宫城，宫城内又有若干组建筑，主次分明、形制完备，为世界古代都城建筑史上所鲜见。东周王城建筑规模之宏大、布局之合理，开创了世界都城建筑史上的奇迹。隋唐洛阳城的轴线建筑是世界上最恢宏的建筑群，其建筑风格远播东亚各国。日本的藤原京（原）、平安京（京都）等古城遗址，表明其城市布局和建筑式样就是模仿隋唐时期洛阳而兴建的。

说古城，能看到的也只是现今的老城，即金代正大四年（1227），在一片废墟之上筑起的中京城。

说起古村落，譬如孟津的会盟镇，就是当年八百诸侯会孟津的地方；汝阳的杜康村，相传是杜康造酒的地方。像这样有故事的村落，在洛阳是星罗棋布，数不胜数!

洛阳老城鸟瞰 林治坤摄影

• 洛阳老城 •

老城的“老”

老城，相对于历史上经历无数次焚毁的洛阳城，肯定是不敢称老的；但在进入现代的洛阳人口中，有了新城，老城就是老城。

金贞祐二年（1214）春，蒙古兵围攻金中都（北京）后，金宣宗于五月间率领皇室迁都南京（开封）。金宣宗南迁致使河北各地陷于蒙古兵，金王朝只有固守黄河、淮河之间的中原地带。于是，在兴定元年（1217）八月，将洛阳升为中京，改河南府为金昌府，领九县四镇，人口三十余万。历史上洛阳长期战乱，此时已是一片废墟，正大四年（1227）开始在废墟之上筑城。据《元河南志》载，新筑的中京城“东据瀍水，南接东城之南郭，西亦因东城之西郭，北缩于旧仅一里”。

显然，金中京城是在宋洛阳城东城的基础上修建的一座城。历经元、明、清至1948年洛阳解放，城池基本不变，故称“老城”，是洛阳最后一座城池。

洛阳老城又叫“凤凰城”，这对于一些年纪稍长的老城人来说并不陌生，但年轻一些的人就未必知晓了。

“凤凰城”之名，源自一段传说。远古时，洛阳上空飞临一只巨大的凤凰，羽

洛阳老城夜景 林治坤摄影

色鲜艳，两眼澄澈。它在洛河里戏水，在邙山、伊阙休憩，这里的美景让它久久不愿离去。久而久之，它美丽的身躯化作古老的城市。凤头是如今的凤化街，凤脖是南大街，两个翅膀分别化作贴廓巷和马市街，长长的凤尾就成了最长的北大街。

老城的门

老城的门首推的该是丽景门，南来北往的人们，都把它当成了一个地标。

丽景门建于隋唐，繁荣于隋唐，历经宋、金、元、明、清，几经毁建。最盛时城墙高四丈，壕深五丈，阔三丈，都城南、北、西三市共有一百二十行三千余肆，四壁有四百余店，“货品如山积”。这里是大运河南北段的交汇处，“为天下舟船所集，常万余艘，填满河洛。商银贸易，车马填塞”。

丽景门是中国历史上最为典型、最为优秀的城门之一。隋唐时期，丽景门内是朝廷诸多中央机关的办公场所，另设有内坊、左右春坊等供官员居住。丽景门右侧为大社，是皇帝率领百官和万民祭祀土地神和谷神的地方。由隋唐至宋，各代所设的官衙名称不尽相同，但所设省、府、台、卫等大抵如此。1945年，日本侵略者在丽景门缴枪投降。在历史上的改朝换代中，丽景门城楼屡经毁败，屡经修复。据《河洛民风》记载，丽景门长期以来是祭祀神，祈求风调雨顺、国泰民安的地方。这也说明丽景门的经久不衰和它所具有的历史功能有密切的关系。

丽景门 林治坤摄影

今日的丽景门，是由洛阳市政府投资3000万元于2002年在原址上进行保护性复原的，占地面积18 000余平方米，由城门楼、瓮城、箭楼、城墙、丽景桥和护城河等部分组成。其城垣高厚，月城宏阔，重门叠关，上干浮云，气势磅礴，成为洛阳老城历史文化街区的龙头。其规模之大在河南古建筑中居于首位，是洛阳历史文化古城的特色标志，是为中原第一楼、古都第一门。

在丽景门城楼上登高远眺，洛阳老城风貌尽收眼底。一座座青砖灰瓦的小四合院，熙熙攘攘的商业街区，还有那一条条招客幌子下的一家家酒馆、茶楼、金石书斋，不由人不生出穿越古今的感觉。

安喜门是老城的另一处修复景观，说门就不能不提起它。安喜门从阔大和气势上，丝毫不逊色于丽景门。

古人为城门起名会遵循一定的原则。有按方位起名的，有按城门内街区功能起名的，也有纯粹地为了表达某种心理期望值的，譬如安喜门。隋炀帝建洛阳城时，在外城北面有两个城门，东边的叫“喜宁门”，西边的叫“徽安门”。到了唐代，“喜宁门”被改动了一个字，变成了“安喜门”。洛阳北门外就是北邙，从唐代著名诗人张籍写的《北邙行》一诗中能够看出，北门几乎就是送葬之路。“洛阳北门北邙道，丧车辚辚入秋草。……朝朝暮暮人送葬，洛阳城中人更多。……人居朝市未解愁，请君暂向北邙游。”将北门取名“安喜门”，有安息之意；也不能否认是要求“安”求“喜”，聊以安慰。

北宋末年，金军攻占洛阳，先毁城，

再建城，但再建的洛阳城已经远非隋唐洛阳城的规模。金代的这次筑城，只是在隋唐洛阳城东北部，依托东城的旧城池新建一小城，有两段城墙直接使用了东城老城墙。这说明金筑洛阳城面积甚小，约合隋唐洛阳城的十几分之一。

金元城墙遗址　林治坤摄影

金灭元继，中原战争不断，洛阳城池再遭损毁。元亡后明朝建立，朱元璋于洪武六年（1373）命重筑洛阳城。明代洛阳城呈正方形，边长约为1400米，城区面积约2平方公里，比金、元洛阳城有所延展。东为建春门，西为丽景门，南为长夏门，北为安喜门。城门构件齐全，上建阙楼，外筑月城。明、清两代，虽然有过几次战争后的修缮，也曾将这些城门的名字改来改去，但今天复建的安喜门还是沿用了从唐代到明代的老名字。安喜门城楼共7层，高约20米，最上两层为观景楼，城楼下方中部宽8米的门洞可实现机动车双向通行，两侧各宽约4米的门洞为行人通道。安喜门古文化街区共规划5个区域。

钟鼓楼也算是一个门，看起来就是街门。钟鼓楼原建于府前街（福王府），即现在的青年宫广场，明万历四十二年（1614）修建福王府时，被迁建于东大街。清代曾进行过两次重修。鼓楼古代用于报时和报更，正名谯楼，早上敲钟晚间

钟鸣漏尽

鼓楼　林治坤摄影

击鼓，即晨钟暮鼓。鼓楼上悬挂的铸铁大钟，是在明嘉靖三十四年（1555）铸造的。钟口分瓣，上铸八卦图、龙凤梅菊图，以及“皇帝高悬，国泰民安”字样。

洛阳的钟鼓楼比起北京、西安的钟鼓楼，那是很逊色的，就像现在洛阳和北京、西安的级别，不在一个量级。但有一点机巧处，却是它们所不能比的，即与白马寺谯楼的大钟系同时铸造，铸造参数相同而能产生共鸣。只要白马寺大钟一敲响，这口钟不用敲打，自己就能发出声音。白马寺钟响几下，这口钟也响几下。同声相应，这两口钟算是真正的知音。因这两口大钟的“伴唱”而闻名的“马寺钟声”，曾是洛阳的一大奇观。

老城的庙、祠、宫、寺

大凡是老城，或多或少都有这些遗存。在数千年的朝代更迭和战乱中，寻常百姓的东西尽可毁坏，但属于先贤的总是会留下来一些作为纪念，毕竟精神享受谁都需要。

祖师庙，供奉的是玄武大帝。中国古代神话中认为天圆地方，而道教赋予玄武、青龙、白虎、朱雀为四方之神，玄武是北方之神。古代都城的北门，也多以玄武命名。隋代东都洛阳城的正北门，就叫玄武门。在民间传说和画像中，涉及玄武大帝时，都把他幻化为超自然的神——龟形，或者龟蛇的合体。后来，道教以玄武龟形不雅，将其演化为披发、缁衣、仗剑、足踏龟蛇的道人形象，供人们奉祀瞻

祖师庙 林治坤摄影

河南府文庙 关建华摄影

拜。而道人足下的龟蛇，也渐渐演化成龟、蛇二将军。

玄武大帝说起来是护佑北方的大神，但也有他无奈的事儿。到了清代，因要避讳于圣祖仁皇帝玄烨，即康熙皇帝，只能改名字为“真武大帝”。康熙叫玄烨，玄武就不能叫玄武，大帝遇到皇帝，神也得委屈一下！

此庙的外形，是常见的单檐歇山顶，但其内部的梁架结构，却是典型的元代建筑风格。由于战乱和人为的破坏，此种梁架结构在国内已很少见，凭此一项，就是一奇！大殿的梁架结构，确实与众不同。第一是梁柱十分粗大，十分挺拔，梁柱有好多根，都保存得相当完好，竟无一根开裂。梁柱上面的梁架，叠层巧构，一层一层叠加上去，到了最上边的藻井，配以各种雕刻、绘画图案，使人忽略整个梁架的拼接和堆砌，而凸显了顶棚的艺术刻画。整个木结构的巧妙有举重若轻、似有还无之感。就好比一座泰山，飞临头顶，却感觉不到有任何压抑。就凭这一高超的构建艺术，祖师庙于2006年 3 月被定为全国重点文物保护单位。

和祖师庙同为全国重点文物保护单位的，还有河南府文庙。文庙即孔庙，俗称夫子庙，是我国历代封建王朝祭祀孔子的庙宇。文庙也为古时郡学、府学，因为供奉的是至圣先师，一般规模巨大，建筑宏伟。

河南府文庙位于老城区文明街，是一处规模比较大的古建筑群，始建于金、元时期，历经明、清、民国，距今已有几百年的历史。据史料记载：原河南府文庙建筑群山照壁、棂星门、泮池、戟门、掖门、大成殿、明伦堂、尊经阁及乡贤祠、明宦祠等。现存建筑有戟门、掖门、大成殿及明伦堂等具有不同特征和风格的建筑，也是洛阳市区现存最古老的木构建筑之一。

文庙建筑整体坐北朝南，中轴线对称布局，建筑面积1168.8平方米，是河南省现存文庙中规模最大、最宏伟、保存最为完整的建筑群之一。

能把洛阳作为前河南的象征的，还有一座河南府城隍庙，俗称府城隍庙。城隍，是中国古代神话中保护城池的神，有城的地方就有城隍庙。洛阳一直是河南府所在地，就留下了这样一个河南府城隍庙。

府城隍庙位于西大街北侧，占地120亩，坐北面南。该庙始建年代不详，据明武宗正德庚午年（1510）五月所立的河南府重修城隍庙碑的碑文记载：“正德丙寅，章山沈公来守是邦。顾苗貌秃然……亟力图立，出帑若干，率所部之响义者共其役，再阅寒暑，厥而告成，栋宇壮丽，一日改观，是以妥神之灵而慰吏民之望。”由此推测该庙至迟建于明中期，后该庙经过多次重修。

1927年，冯玉祥驻扎洛阳时，将城隍庙神像抬至庙北五谷堂，辟该庙址为中山公园。民国十九年（1930），该址为河洛中学所用。1959年修建中州路时，穿庙而

河南府城隍庙　林治坤摄影

妥灵宫　林治坤摄影

过，将其分为南北两部。该庙所有神像早已不复存在。现在洛阳市第六中学东侧的市文物商店为整修后的该庙威灵殿遗址。

妥灵宫，是洛阳城内的一座关帝庙，位于今文明街东端。坐东向西，有门楼三间，通道一间，卷棚三间，大殿三间，供奉关羽像。据现存碑记记载："妥灵宫为曹氏（操）所建"。因关羽死后，其头颅曾妥放于此，故名。

相传当年，曹操接到孙权送来的关羽首级后，为示好刘备，同时，也感恩于关羽华容道的放生，就专门修了这座"妥灵宫"来存放关公的首级。后来，曹操率文武百官给关羽送葬，就是从这里出发的。因此，从时间上来说，这里应该是历史上第一座关庙。现在宫里还存有两块石碑，一块是清顺治年间的，另一块是乾隆年间的。

2006年洛阳举办第一届关林朝圣大典，海外人士寻找关羽的灵堂处所，由此，"妥灵宫"才引起人们的关注。

东汉京兆洛阳令董宣，人称"强项令"，应该算是半个洛阳人。活着，在洛阳建功立业；死了，洛阳人为他建起祭祀和纪念他的董公祠。可见洛阳人是多么地

枹鼓不鸣

下清宫　林治坤摄影

爱清官啊！

董公祠位于今老城区东大街132号，即民主街南口与东大街交叉处西侧路北。现存建筑始建于明代，原建筑坐北向南，祠内正殿一间，卷棚一间。现院内存有民国期间的洛阳县同善局产业碑一块，和乾隆四十一年（1776）“岁次丙申”石碑一方。董宣老先生呀，你的祠堂是小点儿，但那精神可是万古长存的！

老城还有周公庙、下清宫、三官庙等，这些庙堂作为传统文化的重要部分，相信会一直存在下去。

老城的街巷和大院

老城道路纵横交错，街巷交织如网，路路相通，街街连交，故有“九街十八巷，七十二胡同”之说。从周公庙到山陕会馆、文庙、四眼井、大石桥、东通巷，从饮马街到公园巷、九府门、北大街、老北门、吕祖庙……仅是这样的叙述，你就可以看出这座老城中有怎样的内涵和底蕴。

“九街”仅指东大街、西大街、南大街、北大街、县前街、马路街、马市街、风化街、东关大街等较繁华之城中车马大道。“十八巷”多指贴廓巷、东和巷、西和巷、中和巷、东通巷、西通巷、中通巷、公园巷、古香巷、和平巷、康乐巷、迎恩巷、豆腐巷、碾米巷、马尾巷、三门巷、仁和巷、里仁巷等。所说的“七十二胡同”，也是泛指短且窄至不通车马的小街背巷之多。还有许多带有“路、里、壕、井、道”等的街名，名称皆有出处和来历。有丁家街、吕氏街、肖家街、魏家街等以姓氏命名的；义勇前街、毕宅后街、左安街、右安街、大中街是以方位定名的；还有叫五贤街、

西大街 林治坤 摄影

董家大院 高军海 摄影

煤土坑、草场街、马蹄街、四眼井、抽丝胡同、三通巷、东后道的……如果去讲每一条街巷名背后那些鲜为人知的故事，恐怕得写好几本书。

逛老城的老街，最让人遐思的当属一条条胡同两边矗立的青石台阶高门楼、拴马桩、莲花座、垫在门槛下的青石碑和散落在大门外、院子里数也数不清的各式各样的石门墩及不知道啥用途的石兽座。老城的每一块土地上都有故事，走在街上，可以看到风化街的石牌坊，东街那棵直径盈米的古槐“董宣槐”，还有孔子入周问礼处、曹操点将台、存放关公首级的妥灵宫、狄仁杰办公的府邸、洛阳八路军办事处……你的思维会在冷不丁中穿越数千年的时空！

大院是一种“人丁兴旺”的文化现象，除了那些城堡式的大院，古城池里隐藏的大院文化更是集中地体现着人们追求“四世同堂”，甚至是“五世同堂”的家族理想。

洛阳作为几千年来这种理想的承载者，大院文化长盛不衰。远的已经没有记录，明清老城四大家族是参府后街“书香门第”的史家、鼓楼街“青莲世家”的李家、北门内大街“文房四宝”的邢家、清平街“碎货商贾”的宋家。到了清末民国时期，随着世事变迁，四大家族也有兴有衰，被洛阳人公认的四大家族，除了“书香门第”的史家，其他三家全部换了新面孔。他们分别是东门内大街“翰林府第”林东郊家、贴廓巷“酱菜大豪”庄延珍家、农校街“五金巨商”张祥发家。这些富豪在发迹后更注重自己的形象，对街邻多有善举，所以口碑俱佳。

除却这些，洛阳还有一些百年以上的深宅大院。今天我们还能看到的且保存完好的老宅院屈指数来，尚有马家大院、张家大院、林家大院、何家大院、何家老院、于家大院、武家大院、董家大院、潘家大院、李家大院（李祖仁宅）、李家大院（李壁浦宅）、武家大院（武庭麟宅）、刘家大院（刘茂恩宅）、李家大院（李瑞祯宅）、杨家四合院等数十处。

这些大院一般有临街房、影壁、过厅、上房和两厢的厦房组成，分为两进和三进。有的还有二层小楼或者绣楼、跨院和花园，安置内眷居住。大部分为土木砖瓦结构，使用有大量的木雕和砖雕工艺。虽然这些老宅院今天还有居民居住，但基本上都已经物是人非。

老城的文峰塔

文峰塔坐落于洛阳老城区东和巷东端，始建于北宋，明末毁于战火，现存建筑为清初重建，高约30米。该塔是洛阳地区目前为数不多的古塔之一。洛阳有句民谚：“洛阳有座文峰塔，离天只有一丈八。”旧时人们登临文峰塔塔顶，遥望河洛大地的壮丽景色，多有“危楼高百尺，手可摘星辰。不敢高声语，恐惊天上人”的感慨。

这座塔始建于宋代，是古代的“状元塔”。塔里供奉着文昌帝君和奎星，保佑

文峰塔 林治坤 摄影

文峰塔非遗文化产业园　林治坤　摄影

洛阳广出才子，多产状元。通俗点讲，这塔的主要作用就是学子们祈祷神灵保佑，考场得胜，金榜题名。

传说北宋年间，西京洛阳留守衙门里来了位白发长者，向留守官建议在洛阳城东南角建一座高塔。理由是洛阳城西北高隆、东南低洼，地势不平，不利于聚气，难保长久平安。若在东南角建高塔，让塔顶与城内最高的西北角相平，便能调和风水，填补缺陷。留守官认为言之有理，便征调劳力、物资，在东南的护城河旁建起这座文峰塔。

明末，李自成率农民起义军攻克洛阳后，到处搜查福王朱常洵及其儿子朱由崧的下落。文峰塔上的守军拒不投降，并将一二层门洞封死。李自成怀疑福王藏在上面，调来红夷大炮轮番轰炸。轰炸一日后，古塔在傍晚时分轰然倒地，化为废墟。

清顺治年间，文峰塔在原地重建。复建的文峰塔是一座密檐式砖石塔，四方形，高约30米，由塔基、塔身、塔刹三部分组成。基座用方形青石砌成，每边长6.8米、高3.3米，塔基和塔身之间嵌有铸铁，以保持整座塔的牢固。塔身九层，通体用青砖砌成，从第一层至第九层逐层递缩，最高层每边长 3 米。一至八层向北各开一弧形拱门，可向外望，门上皆有题额；第九层则四面各开一弧形拱门。塔刹已被毁。一层拱门两侧原有对联一副，只有左侧半副字迹可辨：楼九尽云通天尺。

文峰塔非遗文化产业园，是以文峰

塔为主题开发的。园区占地70亩，建筑面积4.8万平方米。园区内，传统街巷依旧如初，一步一景，人文气息浓厚，融合了唐、宋、元、明、清各个时期的建筑风格，力求再现原有的历史风貌。存放关公首级的妥灵宫、武则天下令开凿的新潭遗址、屹立千百年的文峰塔、金元城墙遗址仍可追寻，河南府文庙、四眼井等历史遗存星罗棋布，是游客探寻古都洛阳文化记忆的必到之处，也是洛阳文物保护、老城文化复兴的新亮点。

老城的夜市

“国内十大美食街，你去过几条？”

如今，在许多人的旅途中，除了领略不同的人文景观和自然风光，当地各具风味的美食也成了一道“味蕾上的风景”。《人民日报》官方微博评选的全国十大美食街，洛阳老城十字街夜市赫然在列。

位于洛阳老城区西大街和东大街交汇处的八角楼金街，也称为“十字街”。此处自古乃是商人云集之地，同时也是洛阳小吃的汇集之地，洛阳现在不少特色餐饮就发源于斯，扬名于此。在洛阳人的印象中，十字街早就是小吃美食的汇集地，除了水席、炒菜，还有云吞、甜面片、浆面条等小吃让人牵肠挂肚，许多知名小吃，如白记刀铡面、刘记不翻汤、孙记绿豆面、翟记烩饼等，这些烟火味儿十足的美食，也让人馋涎欲滴。

每到初春赏花时节，四方游客云集于洛阳城，在感受牡丹清雅的花香时，也

十字街 林治坤 摄影

带来了这条街的最为热闹之时。踩着青石板的路面，古香古色的门脸，高挑的红灯笼，给这条小街装扮上节日的气氛。

来过老城十字街夜市的游客都会有这种感觉：华灯初上，十字街夜市灯火通明，古色古香的红灯笼高高悬挂在街市两旁，近百个摊位的老板早早把桌椅摆放好，炉火打开，开始了煎炒烹炸，烤鱼、羊肉串、烤鸡翅、炒凉粉……来自全国各地，甚至是漂洋过海的各式各样的小吃名品，没有一家不是色香味俱佳。小街上人头攒动，摊位上座无虚席。映入眼帘的不再是单纯的吃喝，而是美食艺术品的展览。空气中弥漫着食材的香味，会迅速勾起你大快朵颐、饕餮一番的食欲。

来这里美餐一顿，也许仅仅是因为这条街上的夜景很漂亮，有古色古香的韵味儿；也许是来感受一下吃的气氛，在张灯结彩、美味飘香中欣赏一下吃喝于生命的惬意；更可能是为了吃洛阳的特色，吃洛阳的文化……但你可以在酒足饭饱后，很恣意地拍张照片，告诉你那些亲朋好友——搁在别的地儿，轻易找不着啊！我相信，这个夜晚你收获的不仅是食欲的满足，肯定还有亲朋好友向你表示的“羡慕嫉妒恨”！

老城是五千年洛阳城的根，一城巷陌一城人，一城往事如烟云，这里有着太多的洛阳记忆！

• 新安县铁门镇 •

铁门镇距离洛阳市区西约45公里，西依崤山，东邻函谷，北濒陇海铁路。古时因境内有青龙、凤凰二山东西对峙，形成阙门，故得名“阙门”，后人把音念转了，念成了如今的“铁门”。放眼望去，可见洛河支流涧河环镇东流，两岸风光旖旎，沃野百里，甚为喜人。正所谓“山水蕴人文”，这一方小镇，似独得天地山水之恩宠，难怪它能够孕育出众多的远古传说和近代人文，形成罕见的历史文化大气象。

如今的铁门镇，已是当地赫赫有名的经济重镇，而自宋元以降的传统建筑，现存逾2万平方米，完好程度达到85%。历史遗留的建筑名胜比比皆是，虽然它们历尽风雨，却依旧熠熠生辉、独具特色。

张钫故居

铁门镇是辛亥革命元老、著名爱国人士张钫的故里，在镇里的一条老街上，至今仍保存着规模庞大、风格别致的张钫故居。张钫故居始建于1917年，时任陕西“靖国军”副总司令的张钫在镇上购得土地近百亩，并从外地购回进口的水泥、玻璃等建材，大兴土木，使其老宅成为一座规模庞大的建筑群。

张钫故居坐北朝南，占地4200余平方米，建筑总面积约1800平方米，共有房舍120余间。房舍绝大多数为砖木结构，基本保持着明清时期北方传统民居的建筑风格。主体部分为三进的四合院连环结构，布局严谨，错落有致。但有别于传统的是，它的门窗和内部装修采用西式风格，大量使用当时需要进口的水泥、玻璃等建材，使得整座宅院呈现出中西结合的典型特色，堪称河南民国初期的一座典型的民居建筑。在1948年解放洛阳战役中，毛泽东主席在发给洛阳前线指挥部的电报中，明确指示要保护好张钫故居。

千唐志斋

千唐志斋是全国独一无二的墓志铭博物馆。当年张钫在建设时，由河南大学校长王广庆命名，国学大师章太炎以古篆为其题额。

张钫生前酷爱金石字画，喜好鉴赏考证古物。居洛期间，他得知北邙古墓被盗挖、掘毁严重，古墓石志、碑碣大多被弃置于田埂荒野，就从1931年开始委人广为搜罗，陆续运至铁门镇家中，苦心孤诣创建了千唐志斋。

张钫故居 张雨田 摄影

千唐志斋 林治坤 摄影

千唐志斋现存以唐代墓志石刻为主的历朝墓志2000余件，充分显示了有唐一代的文治武功和社会百态，堪称“一部石刻的唐史”“一个壁立的唐朝”，对于唐史研究之价值，可谓弥足珍贵；它另藏米芾、董其昌、王铎、郑板桥、康有为等历代名家书画石刻若干，件件皆为罕见的艺术珍品；它自建成以来，作为全国重点文物保护单位，接待过党和国家领导人李长春、李铁映及日本前首相田中角荣等大批中外来宾……

千唐志斋实为张钫先生“蛰庐花园”的一部分，占地近百亩，外围有临街砖木结构古式建筑门面房30余间，内部以园林为主，其间的亭台廊阁、池塘假山美不胜收。千唐志斋的主体建筑为青灰色砖木结构窑院，共有大小拱式砖窑15孔，其间走廊联袂，天井窥天，井然有序，而大部分馆藏志石正是镶嵌于15个窑洞内壁、3个长方形天井院及1道走廊的里外墙壁上，以达到恒久保存、防止迁移的目的。

洞真观

洞真观又称王乔仙洞，始建于北宋，位于铁门镇涧河南岸的烂柯山麓。该观分为两区，南为洞窟区，北为古建筑区。洞窟区为石灰质溶岩，其山石类土，洞窟凿于山石断崖处，现存5个，其中最大的一个名为“真人王乔仙洞”，高三四米，面积30余平方米，洞口有元代圣旨碑文及历代文人骚客碑碣石刻60余方。相传晋人王乔入山砍柴，在这个洞窟里遇仙得道，后人遂在此建观并以之为名，将其发展成为享誉豫西的道教圣地。

洞真观已逐渐恢复原来的规模，建筑范围为3000平方米，成为省级文物保护单位。其建筑群自南向北排在一条中轴线上，形成南北长、东西窄的格局；总共分三进，前为山门，入内为三清殿，再进为官厅（二殿）；三清殿为主体建筑，飞檐斗拱，钩心斗角，雕梁画栋，富丽堂皇，颇具豫西古建筑特色。

北魏石窟

北魏石窟又称西沃石窟，现位于千唐志斋东院一隅。该石窟凿建于北魏末年，原址位于新安县西沃乡黄河南岸，当年由小浪底水库淹没区搬迁至此。是黄河中下游岸边唯一一处北魏石窟，具有重要的文化、历史和艺术价值，1986年被定为省级文物保护单位。

该石窟由两部分组成：其一稍大，长宽高各约2米，内有石雕佛像11尊，顶部有浮雕莲花、飞天，题记为“邑主王俊达发愿修造”，建于北魏孝昌年间（525—527）；其一稍小，内有石雕佛像7尊，建于北魏普泰元年（531）。窟外有浮雕石塔4座。附近石壁间还有大量浮雕石佛、宝塔，总计浮雕佛像达278尊。雕凿时间与龙门石窟及巩义石窟相近，具有独特的造像风格及较高的艺术价值。

栾川县大王庙村

大王庙村位于栾川县潭头镇北部1.5公里处，依山傍水，古韵悠悠，以石桥、老井、古树、老宅最为有名，为大王庙村“古四景”。

一景曰“四石圯”。村中有四座古代石桥，分别为土桥、娃娃桥、文曲桥和北石桥。这四座桥造型各异，留下诸多传奇故事。

二景曰“四古井”。“四古井”为当街石井、桥下石井、前村石井和文曲古井，四井位置不同，井水或为透山泉水，或为地下河水，水温和味道也略有差别。

三景曰“四古树”。“四古树”即孙家大院古桂树、李家大院古紫荆、百年皂角树和出油黄楝。63岁的村民孙铁绪说，百年皂角树树干被埋一米多深，至今枝繁

栾川县大王庙村 曾宪平摄影

叶茂，每到夏天，住在皂角树附近的村民都聚在树下乘凉。

四景曰“四古宅”。“四古宅”分别为李家大院、孙家大院、赵家大院和马家大院。四家大院均为清代小四合院格局，古朴文雅，历代能人辈出。如今李家大院、孙家大院、马家大院保存相对完好，赵家大院由于久无人居住，又遭岁月侵蚀，损坏略显严重，亟待保护。

抗战时期，河南大学曾迁至大王庙村，其农学院旧址至今仍存。

栾川县抱犊寨

抱犊寨位于栾川县三川镇，因牧童食灵芝草，抱牛犊飞升登仙的神话故事而得名。抱犊寨地势险要，海拔1803米，主峰四周有天然形成的峭壁千仞。寨上凹地形似簸箕，易守难攻。抱犊寨由传说中的升仙之地成为富户豪绅聚居的村落，又由村落发展成匪窝，最终被解放军三打抱犊寨“打”出一个红色旅游景区，完成了三次“转身”。

抱犊寨留有“四门三宅一条街”，即东西南北四个寨门，谢、李、雷三家宅院和抱犊寨天街。

抱犊寨现存李宅，即寨首李长裕住所，坐南朝北，依山而建，地势南高北

抱犊寨 汪翔摄影

低，为三进两院，上房房顶有五脊六兽，为典型的豫西民居。还有谢宅，为寨首谢润玉住所。

清末民初，天下大乱，战祸不断，豪绅富户纷纷进寨避难，最多时有千余人。为满足寨内人们的生活需求，各种商铺应运而生，有饭庄、客栈、酒馆、赌场、镖局、药铺、当铺等，最终形成了400多米长的抱犊寨天街。

抱犊寨还有独具特色的豫西传统小吃，如玉米面“蝌蚪”、叶子扁食、不翻儿、三川豆腐、三川玉米糁等，深受游客喜爱。

• 汝阳县杜康村 •

杜康村有造酒遗址，在汝阳县城北25公里蔡店乡杜康村。该遗址南北长3公里，东西宽两公里。明朝万历年间修撰的《直隶汝州全志·伊阳古迹》有记载。

该村三山环抱，一溪旁流，柳暗花明，风景秀丽，杜康河纵穿南北，两岸峡隙，百泉喷涌，清洌碧透。这便是杜康酿酒取水之处，古称“酒泉沟”。据说，为祭祀杜康，自汉光武帝始，建庙立祠，唐、宋、明、清都曾予以修复或重建，后经沧桑巨变，故迹荡然无存。

近年来在杜康遗址修建施工和农田水

利建设中，发现了建安时期的酒灶遗迹，出土汉代盛酒的陶壶、陶罐80多件。1989年2月，又在遗址上出土古钱5000多枚，其中有秦朝的铲币，汉朝和新朝的五铢钱、大布黄千、大泉五十、货泉以及唐宋古币等，被视为难得的珍品。此外，原放置在杜康仙庄寨门口两侧镌刻有“八仙醉酒”浮雕的明代石狮、杜康河中的杜康墓冢、记载刘伶池方位的清代墓碑和流传千古的“酒树”“酒龟石”等也陆续被发现。

杜康是中国酿造秫酒的鼻祖。据东汉刘向所辑战国史书《世本》载：“辛女仪狄作酒醪，变五味，少康造秫酒。”宋人朱肱在《北山酒经》中说，“杜康作秫酒，以善酿得名”。杜康村，又称杜康仙庄。民国时期杜康村寨门楼上镶嵌的“杜康仙庄”石匾，为古代遗物。

刘伶醉酒

修复后的杜康仙庄内，有一棵已有2800年树龄的柘桑树。这棵柘桑高约8米，树干直径有70厘米。此树只有三分之一的树皮了，但每年依然春来吐绿，开花结果；夏季更是枝繁叶茂，生机勃勃，见者无不称奇。柘桑为桑科柘属，又名柘刺，是由灌木经过长期生长而形成的乔木，生长极其缓慢。2009年被河南省人民政府授牌保护，为国家一级古树，编号为豫C0906。当地人称其为酒树，保护栏石上的《空桑志》曰：“古人杜康，幼时牧羊，有饭不尽，倾注空桑。适逢天水，偶得琼浆，尝而甘美，味亦芳香。康悟其理，遂成酿方，秫酒问世，铭记柘桑。”

空桑酿酒

汝阳杜康村　林治坤摄影

汝阳县圣王台村

圣王台村位于汝阳县城东南15公里处，整体属于山寨，主体部分具体分为东寨、南街、南寨壕（属于住宅区）。因老村主体地势较高，环顾群下，故又称“寨上”，村中的观音寺被称为“下寺”。

相传商汤时天下大旱，汤王率百官来到凤凰山下设祭坛，为百姓祈雨。该村即为当年的祈雨之高台。后来，村民就在凤凰山祭坛的四周构筑寨墙，为纪念汤王，将寨子命名为“圣王台村”，并沿用至今。

村子的东北角有一段遗留下来的厚实的寨墙。该寨墙断面呈梯形，下宽上窄，下部的截面大约宽7米，上部大约宽4米。据说，20世纪50年代初，寨子的东门还在，寨门有2米多高，上面的青石板上还刻着“圣王古寨”四个正楷字。如今寨门已不复存在。顺着东寨门的原址往上走，有一个古色古香的院落。青砖青瓦、飞檐斗拱，门口还有一个上马石。这家主人是明代的一个郎中，家中世代行医。依稀能看出村子古色古香的特色。

桑林祷雨

村里最有名的建筑要数观音寺。该寺始建于北宋庆历年间，历经扩建和修缮，至明代初具规模，至今保存相对完好，属省级文物保护单位。观音寺依自然形成的阶梯形地势而建，坐南向北。这与大部分寺庙坐北向南的方位有别，足见该寺之与众不同。寺庙主建筑在一条中轴线上对称而建，依次有天王殿、关圣殿、大雄宝殿等建筑74间，总面积8000多平方米。寺内现存大量壁画，人物形象栩栩如生。寺内有两棵银杏树，一雄一雌，树龄已有千年。

洛宁县古村落群

底张乡草庙岭村

底张乡草庙岭村的郭家大院，规模宏大却又朴实厚重。八大院落院院相邻，青砖灰瓦鳞次栉比。然而，它的四合院并不宽绰，青砖垒成的门楼极少有雕刻。大门上简单的“寿”字木雕，简约的镂空雕饰，粗壮的门柱，配上青砖黄墙，一种古朴厚重的感觉扑面而来。

东宋镇丈庄村

东宋镇丈庄村的程家大院相传是清朝康熙皇帝御赐给淮安知府程懋的宅邸。大院北靠崤山，南临渡洋河，占地28亩，五套三进式宅院围绕程氏祠堂排开，结构严谨，气势恢弘。一座合女红与炮楼而为一体的绣楼于精巧雅致中透出凛凛巍巍的气势，可谓豫西一绝。整座程家宅院古色古香，堪称古代封建等级建筑的典范，即具有极强的文化考古价值，也是一部研究古建筑和封建社会人文历史的活辞典。

河底乡城村

河底乡城村张家宅，为洛宁首富张道台（原名张凤泉）建造，由数座大宅院和几所小院组成，原有住宅922间，现存建筑648间。张家宅有多种建造布局，现主要保存有四宅合一和五宅合一两种类型。张家旧宅气势恢宏，蔚为壮观，每座宅院结构严密，官家气派十足，体现了张氏家族盛极一时的社会地位，是保存较为完整的古代建筑珍品，具有较高的研究价值。

上戈镇上戈村

上戈村乔家大院，系清代建筑，为乔姓地主所建。砖木结构，四合院式，均出前檐，上房是三孔砖砌窑，两室相同，木刻壁板，图案多姿，各房砖腿上方精刻砖雕梅花鹿等动物图案。东西厢房两侧各三间均出前檐，南屋三间，建筑具有较强的艺术性。

洛宁城村　曾宪平摄影

洛宁上戈村乔家大院 曾宪平摄影

• 嵩县石场村 •

石场村位于嵩县九店乡，由石屏画廊、高山草原、村落人家三个景点组成，区域面积56平方公里，居住86户298口人，地容地貌独特，奇石随处可见。村落内石房石屋比邻而居，石墙石院随形而就，各种形态的奇石漫山遍野，多达百万种。石头村落以石头作为一种文化现象，展现中国传统石材古建筑、天然石林、奇态怪石等系列生产生活用具，蕴含浓厚的原始石头文化。

这里地处亚热带向暖温带过渡区，海拔在150—750米，地形、气候适合多类别物种的繁衍生息，动植物种类繁多，生物多样性保存完整。区域内共有维管束植物168科742属1991种，其中国家重点保护野生植物26种。景区内植被完好，沟壑众多，生活着众多的野生动物。另外，区域内中药材种类繁多，分布广泛，山茱萸、血参、桔梗、杜仲等中药材品种享誉省内外，尤以柴胡出名，“嵩胡”以量大质优闻名世界，被原国家质量监督检验检疫总局确定为原产地保护品种。传统风俗习惯浓郁；历史古迹旅游资源丰厚；风物特产旅游资源独特；地容地貌独特，奇石随处可见，草海茫茫见牛羊，可在中原腹地独享具有西藏草原的景色与风情。

石头村里石具多，古人留下的石头用具有石碾、石磨、石牛槽、石猪槽、石香炉、石鸡窝、石蒜臼、石桌、石凳、石锅台、石擀杖、石枕头、石头床、石头雕刻等等，不一而足。石头建筑更多，如石头步道、石头窑洞、石头房屋、石头庙、石头井、石头窖、石头坝子、石头门楼、石头卫生间、石头下水道等。更有趣的是，有的石窑石屋，下面是双窑，上面是两屋，上下左右工整对称，连屋的样式、窑的形状也一模一样，很有建筑艺术特色。有的石屋历经沧桑而不倒，个中建筑技术很有研究价值。

这里也有天然形成的石井，古人做的石窖，古人建的防战乱石寨等。天然形成的石洞有大有小，有深有浅，奇形怪状，形态各异。这里还有各种各样的独石，像各种动物的石头都能找到，是奇石爱好者的乐园。

艰苦的自然环境练就了村里男人高超的石匠手艺，他们祖祖辈辈就靠自己的双手，用身边的石头修成梯田、雕成石器、盖成房屋，直至建成这个庞大的石头部落。

精美的石头会唱歌。近年来，随着美丽乡村建设和乡村旅游的开发，这个昔日名不见经传的偏僻小村可算出了名。这里的石头可谓奇、秀、美、绝：石头奇，奇在自然；石头秀，秀在独特；石头美，美在多样；石头绝，绝在多样、有历史内涵、有文化氛围。

2012年开始，该村依托资源优势发展乡村旅游，由河南大学旅游学院进行规划，已初步建成国画山、青龙湖、老龙寨遗址、万亩高山草原、祈福池、刘秀灶、鳄鱼石、石头民居、保安楼遗址、练兵场遗址、石屏画廊、十里千尺崖、玉皇阁等景点，建成饮食服务中心、石头主题公园、石头文化特色山门、具有蒙古风情的大型养殖狩猎场，开发景区8平方公里。

嵩县石场村　曾宪平摄影

嵩县程村

嵩县程村是北宋著名的思想家、哲学家、教育家程颢、程颐两兄弟故居。二程理学名扬世界，对促进国内外文化事业的发展起到了很大的作用。全国重点文物保护单位“二程祠”坐落村中，是嵩县旅游开发的主要人文景观之一。

程颢、程颐创建理学，对儒家文化进行理性思辨和哲学升华，形成河洛文化的核心与精髓，把影响封建社会的主流文化发扬光大，创立了“理学体系”，成为“百川归海”之集大成者。“程门立雪”“如沐春风”等成语均出于此，教化之功，逾千年而不衰。

二程故里初建于宋高宗绍兴辛亥年（1131），明天顺年间诏封“两程故里”。明成化、万历、天启，清康熙、乾隆、道光年间均有复修。经“文革”破坏，现仅存程村外的“二程故里”牌坊和村中的“二程祠”。

二程祠总面积4392平方米，为三进院落。一进院落有“棂星门”“诚敬门”“春风亭”“立雪阁”。二进院落有“道学堂”，两侧伴以“和风甘雨”和“烈日秋霜”二亭及左右神庵厢房。道学堂是祭祀二程的正殿，入门便看到二程的塑像和牌位，上挂宋理宗敕封的“理学亢宗”匾额及清康熙钦赐的“学达性天”匾额，光绪皇帝赐匾“伊洛渊源”、慈禧太

两程故里　林治坤摄影

后赐匾“希踪颜孟”也悬挂于道学堂。三进院落中立“启贤堂”，两厢设有讲堂两座，后面为“著述楼”，两侧各设讲堂一座，祠堂内尚存宋、元、明、清碑碣二十五块。

二程祠坐北面南，整体布局以中轴为线，结构严谨对称，祠内石碑林立，古柏参天。

● 孟津县卫坡村 ●

始建于清代嘉庆、道光年间的孟津县朝阳镇卫坡村（又称魏家坡村）是“中国美丽乡村”创建试点村、中国传统村落、河南省历史文化名村、河南省文物保护单位。村内古民居是目前豫西地区最大、保存最完整的清代建筑群，具有较高的历史文化和开发利用价值。

宋朝时，卫坡村是宰相魏仁溥的花园，即“魏氏池馆”，其在此培育了“魏紫”牡丹。清顺治年间，卫氏先祖卫天禄由济源迁此兴家置业；清乾隆年间，卫氏族人在朝中做官，开始营建卫氏老宅，后经近百年修建，形成了集祠堂、私塾、绣楼、南北老宅于一体的较完整的封建官宦家族宅院；清末，卫坡村开始衰落。

卫坡村现存清代民居建筑16所，沿一条长180米的青石板路南北分布，现存建筑5000多平方米，房屋248间，院落16所，窑洞26孔，宅院青砖灰瓦，布局对称，房上有五脊六兽、狮子海马等装饰，路南全是

卫坡古村街道　林治坤摄影

七进院，路北则是五进院，分别有宗族祠堂、靠山窟洞、天井窟院、私塾院等，各种木雕、砖雕、石雕等尤为精美。

• 孟津县石碑凹村 •

石碑凹村在孟津县常袋镇，原名宣武村，相传因靠近北魏宣武帝元恪的景陵而得名。北宋时，由于这里成了开国元勋石守信的家族墓地，碑碣林立，巍峨壮观，便更名为石碑凹村。如今村北还矗立着两通高大的石碑，人称石氏双碑，分属于石守信的两个儿子石保兴、石保吉。

明洪武年间，一支张姓族人由山西省洪洞县迁居孟津，至清雍正初年，该族人才定居到这里，开始构建现存的石碑凹村。当时建寨是很讲究的。这座古寨东西长500米，南北宽400米，看上去不大，建在一条有“沟上沟、凹中凹”之称的沟里，既节约土地，又藏风聚气、冬暖夏凉。更令人叹为观止的是其强大的防御功能：四周有高高的寨墙，墙上垒有寨垛；东边设寨门，挖出坡道再砌砖石做门墙，安上厚重的木门，固若金汤；地下挖有三条地道，分别通往地下井、沟中和西边的永安寨，遇到战乱或土匪来袭，人们藏身、逃逸、求援都不成问题。因为这独具匠心的寨墙、寨门和地道设计，所以人们说，石碑凹村极具乱世特征。

寨子就是一座大型开放式地坑窑院

孟津县石碑凹村 曾宪平 摄影

（也称天井窑院或地下四合院），尚存的十座东西相连的三进院落为九门一跨，即九正院、一跨院，还有窑洞八十多孔。从外面看，这些宅子一点都不起眼。但只要进去，你就会明白什么叫“庭院深深”。

每个院子大体相似，但却有着个别的不同。东二院没有过厅，但二门处有个十分精致的小亭子，上书篆字“不踰亭”。其意思是说，哪怕是送最亲的娘家人，女眷也不可逾越这道门。这说明石碑凹村张姓是耕读世家，清代有不少人当官，也出了很多有名望的读书人，家训极严。东二院的正窑门楣上有块匾额，刻着“抱朴守拙”四字；其他院落中，常见的也是“慎行节用”“砥节励行”等家训。

• 小浪底镇乔庄 •

乔庄是孟津县小浪底镇刘庄村民委员会的一个自然村，西距黄河小浪底水利枢纽工程约两公里。

在村西头半坡上的一处平地上，有一座坐北朝南的四合院式建筑，是乔氏祠堂。在前厅两侧墙壁上均镶嵌有碑刻，其中乔氏重修家庙碑有两通，分别制于道光二十三年（1843）和民国六年（1917）。碑刻上方的两块匾额，一块上书“家声丕振”，另一块上书“节孝慈惠”，两块牌匾均写于民国时期。

祠堂北边坡地上是一座座乔庄民居。

孟津县乔庄　曾宪平　摄影

乔庄现有古建筑百余间，保存较好的窑院式独立宅院有10多所，都是背山面沟，依山凿窑，四周盖房，环围成院。旧时乔家分东、西两个大院，每个大院由多个小宅院组成。为便于管理和防止匪盗入侵，各个小宅院又有独立大门。如今，其他几座大门已不复存在，只有东院的石门孤零零地伫立着。村后的山坡顶上还保留着一座土寨，居高临下，有多孔窑洞。如遇战事，村中老少躲进寨内，青壮年上寨顶防御。

乔家祖籍山西，明朝初年迁居洛阳铜驼巷，祖上乔允升，为乔庄乔姓人的七世祖，曾官至刑部尚书。至清代乾隆年间，乔氏一支才把家搬到乔庄。乔庄人世代以耕读为生，勤俭治家使家族不断兴盛。此外，乔庄人世代热衷医道，几百年来，这里成长起多位中医名家，因此乔庄还被周围百姓称为“大夫窝”。

如今，这里已成为中国美术学院、广州美术学院等20多所高等院校学生的写生基地。

考古探秘

——穿越时空的对话

洛阳考古是一个天下人的话题。

在洛阳谈考古，应该站在国家层面甚至是国际层面谈。中华文明是世界文明的重要组成部分，而以洛阳为核心的河洛文明是中华文明的源头。“根在河洛”这个词的重量，即使到了今天，我们也还是没有完全领会的!

• 孙家洞旧石器遗址 •

孙家洞旧石器遗址，位于洛阳市栾川县伊河南岸的湾滩村哼呼崖的断崖上。洞口呈椭圆状，宽2.65米，高0.7米，距河岸地面36米左右。2012年5月至9月，市文物考古研究院对孙家洞遗址进行了第一期抢救性发掘。此次发掘发现古人类化石、石制品、大量的动物化石和动物粪便化石等，主要发现了6颗人牙化石。该遗址是河南省境内发现的第一个含古人类化石的洞穴遗址，填补了中原地区在洞穴中发现古人类的空白，是一处内涵丰富的旧石器时代遗址。

该遗址文化堆积有序，出土遗物丰富，具有相当重要的学术研究价值，为考古学、人类学、古生物学、地理学等诸多学科提供了重要的材料。“直立人栾川种”是研究东亚地区人类起源及演化的重要新材料。遗址中出土的几十种脊椎动物化石有望成为中国境内重要的动物化石群之一，对研究华北乃至中国第四纪古生物的演化、古气候古环境的变化等都有着十分重要的意义。

孙家洞遗址位于秦岭以南、淮河以北，地理位置独特，在中国自然地理南北分界线上，是气候和自然环境的过渡地带。该区域是人类迁徙演化和动物群交流的通道，对于研究过渡区域动物群面貌、动物地理区系演化、古环境变迁和南北方古人类文化的交流有重要作用。

孙家洞遗址出土的中更新世时期古人

栾川孙家洞遗址 张晓理摄影

类化石，对于近年来国际古人类学界直立人演化和现代人起源的研究有重要作用，也为研究古人类的个体发育及系统演化问题提供了化石依据。

动物化石的大量发现和研究不仅有助于遗址周边区域古环境的分析与重建，同时通过现代埋藏学和动物考古学方面的深入探讨，为研究古人类生存模式、栖居形态及群体组织等国际动物考古学热点问题的探讨做出积极贡献。

该遗址被评为2012年全国十大考古发现之一。

• 王湾遗址 •

王湾遗址位于洛阳市西郊王湾村北涧河南岸的台地上，面积约8000平方米。1958年夏，由中国科学院考古研究所洛阳工作队调查小组发现。此后，北京大学历史系考古专业师生进一步复查，于1959年秋、1960春，两次发掘王湾遗址，揭露面积3625平方米。发现新石器时代的房基9座，灰坑、窑穴179个，陶窑1座，墓葬119座。

王湾遗址最重要的发现为新石器时代文化层，厚达3米左右，划分为三个阶段，即王湾一期、王湾二期和王湾三期。研究认为，王湾一期文化属仰韶文化，王湾三期文化属河南龙山文化，而王湾二期文化介于两者之间，具有中间过渡性质和特征。

王湾一期文化发现居住房基7座，可分大、中、小三种，全为地上建筑，且均被后期墓葬或灰坑破坏。居住面的结构可

王湾遗址　常向阳摄影

分为两类，一为草拌泥的红烧土，表面坚硬龟裂；一为石灰质物质做成，坚硬而光滑。墙基结构多为挖槽建造，内填碎红烧土，墙基内外都有柱洞。共发现灰坑8个，形状有锅底形、直筒形和袋形三种，一般口径2～3.5米，深2～2.5米，坑内多发现生活用具及兽骨。此层出土的遗物生产工具中农业工具有石斧、石刀、陶刀、石铲、石磨棒；加工工具有石凿、砍伐器、盘状器；狩猎工具有骨镞、石镞、陶弹丸；纺织工具有石纺轮。生活用具中炊具有夹砂罐、灶、釜、鼎、甑；盛具有卷沿盆、大口罐；食器有钵、碗、器盖、小口平底器；饮器有小口尖底瓶、小杯。陶器以泥质红陶为主，其次为夹砂灰褐陶。纹饰有线纹、弦纹、附加堆纹及彩绘等。彩绘图案以弧线三角与圆点联合组成的纹样为主。另外还发现其他生活用具，如骨针、骨匕、骨锥，装饰品有绿松石、陶坠、陶环、陶球。还发现有兽骨，可以识别的有猪、羊、鹿等几种。鹿骨、羊骨较少，可能是当时的狩猎品。

王湾二期文化发现残破的居住区和柱洞，共发现灰坑85个，有袋形、直筒形、锅底形和不规则形四种。出土遗物除沿用第一期工具外，还出现了穿孔石铲、石镰、蚌刀、蚌铲等。出土陶器以夹砂灰陶最多，泥质黑灰陶逐渐增加，红色陶最少。泥质陶胎变深，新出现的蛋壳陶，胎厚仅0.1厘米。本期花纹由简变繁，除沿用第一期的纹饰外，又出现了新的纹饰，如×形、S形、眼睛纹、波纹、疏松网状纹及篮纹、方格纹等彩陶纹饰。主要器形有鼎、甑、罐、双腹盆、单耳杯、小口平底罐、瓮、碗、豆、盘等。另外，还发现墓葬39座，包括长方形浅坑墓和6个瓮棺葬。

王湾三期文化遗存，发现灰坑78个，绝大部分为袋形坑。此层发现的生产工具以石器为主，但比之第二期不论在数量、器形和制作技术方面都有一个飞跃。最突出的工具是有肩石铲、穿孔石刀、三棱镞等。此层陶器尽管仍保留着第二期文化的某些因素，但已显出巨大的质变。陶器中以泥质和夹砂灰黑陶为主，不见红陶。纹饰以拍印方格纹、竖篮纹为主。陶器器形除一部分沿用第二期外，又出现新的器形，如带领瓮、夹砂小瓮、鬲、鬶、盉和镂空器座等。该遗址的发掘，在我国新石器时代考古学上有重要的意义，它证实了龙山文化是由仰韶文化发展而来的。王湾新石器时代第三期文化的绝对年代，经放射性碳素测定为距今3965±95年。

另外，王湾遗址还发现了周代文化层、北朝—隋代文化层和一座晋墓。总之，从距今约4000年的新石器时代以来，人们就在这里生息繁衍，相继创造了极其丰富的物质文化。2006年，王湾遗址被国务院批准为全国重点文物保护单位。

• 孟津妯娌新石器时代聚落遗址 •

该遗址位于孟津县平乐镇妯娌村，地处黄河南岸的高台地，北临黄河，三面环山，属山地新石器遗址。与妯娌遗址相邻有多处新石器遗址。

妯娌遗址是孟津县文物部门在20世纪50年代发现的，1996年由洛阳市文物工作队、郑州大学考古系、孟津县文管会组成的黄河小浪底水库孟津考古队进行发掘。

这次发掘共布方68个，揭露面积3450平方米，清理房基15座，窖穴160多个，墓葬56座，出土了大批陶、石、骨、蚌器。遗址布局为居住区居北，墓葬区居南。窖穴区和制石工场位于居住区与墓葬区之间偏西处。主要遗存与王湾二期文化相当，是一处自仰韶文化晚期延续到龙山文化早期的聚落址。房基为圆形或扁圆形，半地穴式，直径2米多至4米多。门道处多设台阶，质料为黄土或大型砾石。室内地面平整且多经粗砂和石粉铺垫，有的室内有红烧土面和烧灶，并在一房基内发现3个壁灶。房基周围分布窖穴。居住区西南有一壕沟，深4米余。壕沟以西灰坑分布密集。并有几个坑内有坑的“子母坑”，一处“子母坑”内出土3件形制相同、大小依序的“陶铙形器”。坑内还出土了大批石料和石器，如H141内出土500余件石料和石器。石料来自黄河岸边砾石，石器以石网坠居多，还有刀、铲、斧、凿、矛等石器，还有制作石器后剩下的废石料，说明这里存在一处制石工场。再向南约7米，为墓葬区。墓葬多有生土二层台，除M3为合葬墓外，余者皆为长方形竖穴单葬墓，单葬墓分为六类，具有鲜明的等级差别，以男性墓穴居尊，其中最大者墓坑长5.15米，宽4.05米，是迄今发现的中国新石器时代最大的墓葬。

出土文物，陶器以夹砂灰陶和夹砂灰褐陶居多，泥质灰陶为次，也见少量黑陶和细泥陶，彩陶少见。陶器种类很多，有炊具、盛具和饮食具等，如鼎、甑、罐、瓮、缸、壶、盆、碗、杯、豆等，与王湾二期文化陶器相近。石器所占比例较大，有生产工具斧、铲、锛、凿、镰、刀、矛、镞、球、网坠、纺轮等，还有作为礼器的璧和作为装饰品的环等。骨器有象牙箍、镞、锥、针、凿、笄等。蚌制品较少，有镰和刀。出土文物中，有一件大型青砂岩磨制的石璧，直径20厘米，为黄河中下游地区考古所见最大的石璧，应为祭祀用礼器。3件“铙形器”，专家认为也应是礼器，当是王权和阶级出现的标志。

妯娌新石器时代聚落遗址的挖掘和研究对王湾二期文化的聚落形态及社会组织的研究，提供了新的启示。

该遗址被评为1996年全国十大考古发现之一。

• 二里头遗址 •

二里头遗址位于偃师市二里头村及其周围，该遗址南临古洛河，北依邙山，背靠黄河，范围包括二里头、圪垱头和四角楼等三个自然村，面积不少于3平方公里。二里头遗址对研究华夏文明的渊源、国家的兴起、城市的起源、王都建设、王宫定制等重大问题具有重要的参考价值，被学术界公认为中国最引人瞩目的古文化遗址之一。年代分布约为公元前1750年至公元前1500年（一说前1730年至前1720年）。遗址内发现有宫殿、居民区、制陶作坊、铸铜作坊、窖穴、墓葬等遗迹。出土有大量

二里头遗址 《洛阳晚报》供图

二里头遗址出土的绿松石龙 《洛阳晚报》供图

石器、陶器、玉器、铜器、骨角器及蚌器等遗物，其中的青铜爵是目前所知中国最早的青铜容器。二里头遗址是二里头文化的命名地，并初步被确认为夏代中晚期都城遗址。

遗址最初发现于1957年。1959年夏，著名古史学家徐旭生在率队调查“夏墟”的过程中踏看该遗址，随即发表了调查报告。鉴于遗址出土物丰富、面积广大，且位于史籍记载的商都“西亳”所在地，徐旭生认为该遗址“为商汤都城的可能性很不小”，引起学术界的极大关注。发掘与研究的历程可大体分为四个阶段。

（一）1959年秋至1960年，了解以陶器为中心的文化面貌，初步建立分期框架。

（二）1961年秋至1978年，主要发掘1号、2号宫殿基址。

（三）1980年至1997年，发掘铸铜作坊遗址、中小型房址，以及与祭祀、制骨、制陶有关的遗存和墓葬等。

（四）1999年秋以后，为解决遗址的结构、布局问题，展开全面的钻探与发掘。

综上可知，前三个阶段对遗址的发掘和研究工作的重点集中于如下两个大的方面并取得了丰硕的成果。其一，长时间、大面积的发掘积累了丰富的遗物资料，以陶器研究为中心建立起了可靠的文化分期框架，二里头文化一至四期的演变序列得到学术界的普遍认可。这是都城遗址研究的重要基础。其二，1号、2号宫殿基址、铸铜作坊遗址、中型墓葬等重要遗存的发掘，确立了二里头遗址作为迄今可确认的中国历史上最早的都城遗存的重要学术地位，也明确了二里头遗址及由其命名的二里头文化在两大方面的重要学术意义。

（一）在文明与国家形成史上的意义。二里头遗址拥有目前所知我国最早的宫室建筑群和宫城遗存、最早的青铜礼器群和最早的青铜冶铸作坊。它是当时中国乃至东亚地区最大的聚落，也是迄今为止可确认的中国最早的王国都城遗址。高度发达的文化内涵和大范围、跨地域的文化吸收与辐射，形成辐辏之势，使以其为代表的二里头文化成为中国历史上最早出现的核心文化。二里头文化与后来的商周文明一道，构成华夏文明形成与发展的主流，确立了以礼乐文化为根本的华夏文明的基本特质。

（二）在夏文化与夏商王朝分界探索上的意义。二里头遗址地处古代文献所记载的夏王朝的中心区域，二里头文化的年代也大体在夏王朝的纪年范围内。因此，二里头遗址理所当然地成为探索夏文化和夏商王朝分界的关键性遗址。

二里头遗址宫殿区被评为2004年全国十大考古发现之一。

偃师商城遗址

偃师商城遗址是我国唯一保留下来的一处未遭破坏的商代早期都城遗址，也是洛阳闻名的“五大都城遗址”之一。1983年被中国社会科学院考古研究所首次发现

偃师商城遗址　赵朝军摄影

以来，引起了国内外学术界的普遍关注。国外学者将偃师商城的发现，与19世纪德国考古学家谢里曼在小亚细亚发现的著名的特洛伊古城相提并论，联合国教科文组织将偃师商城遗址的发现列为1983年世界十七大发现之一。该遗址于1988年被国务院公布为全国重点文物保护单位。

偃师商城遗址位于洛阳盆地东部，南临洛河，北依邙山。城址西南距二里头遗址约6公里，西距洛阳市约30公里、汉魏洛阳故城10公里，这一带自古就是交通要道。自发现至今，考古工作者已进行了二十多次有计划的考古发掘，现已证实该城址大体为长方形，范围与二里头遗址相仿。除南面城墙已被洛河改道冲毁外，其他三面城墙遗址都基本保存完整。

偃师商城经考古工作者十几年的调查和发掘，结合文献资料，确定其为商城西亳。该城是在初期小城的基础上扩建起来的，城内街道纵横，王城、府库、兵营以及城门建筑林立，是迄今考古发现的布局严谨、内涵丰富、保存完好的古代都城遗址。经国家夏商周断代工程多学科交叉研究确认，该城址是商代早期都城遗址，即商汤灭夏后建立的商代第一座都城遗址，其年代约为公元前16世纪至公元前14世纪，并把城址内的小城定为考古学上夏商年代分界的“界标”。

从清理的平面上看，每组建筑都有一座主殿，周围设廊庑，正面为门署，显然继承了夏都斟鄩的宫殿建筑风格，其功能可能是商代的宗庙所在；南部西区为一座互相联通的三进院落组成的宫殿建筑群，它应是商王处理国家大事的宫殿建筑，其建筑风格为之后历代帝王宫殿建筑奠定了格局；宫城的北半部为御苑，是商王休闲游乐的地方，御苑内有人工挖掘并用自然石块砌的大型池塘，系我国考古发现的最早的引水造景工程。另外，偃师商城内的排水设施完备，护城壕、排水沟、大渠、支渠一应俱全。在大城的北部，发现有制陶作坊、青铜器铸造作坊、小型平房和地穴式建筑，可见，当时的偃师商城应为“前朝后市”的布局机构。

城址南北长1700余米，北部宽1215米，中部宽约1120米，南部宽740米。城址由宫城、小城和大城三重城垣及多组宫殿建筑基址组成。小城临洛河，平面呈长方形，面积约80万平方米。大城是在小城的基础上建立起来的，南部城墙与小城南城墙相重合，并由此向北、向东延伸，扩展而成，平面呈刀形。整个商城城墙内面积

190万平方米，大小城墙保存完好，皆为夯土筑成。有城门五座，北城墙一座，东西城墙各有两座，两两相对。

宫城平面近方形，四周为厚3米的夯土墙，周长约855米。南墙正中开一大门，有一条大道通向城南。宫城中部有一座大型宫殿基址，其左右两侧还有几座宫殿基址。东部偏北的四号宫殿基址，东西长51米，南北宽32米，包括正殿、庭院、东庑、西庑、南庑、南门和西侧门等七部分，是一处四合院式的宫殿建筑。正殿在基址北部，平面长方形，东西长36.5米，南北宽11.8米，建于高出当时地面0.4米的夯土台基上。台基南侧有间距相等的四个长方形夯土台阶。台基四周有排列有序的圆形或椭圆形夯土柱础残迹。此外，还发掘出一口水井和三处石块砌成的排水沟。宫城东西隅的5号宫殿基址在4号宫殿南约10米，包括上、下两层基址。上层建筑基址的正殿在北部，平面长方形，东西长约54米，南北宽约14.6米。此外，还发掘出北庑、东庑和西庑的基址，10个殉狗坑和一处石筑排水沟。下层宫殿建筑基址平面为回字形，中间为方形庭院。北面基址有柱基槽和殉狗坑，庭院内有两口水井。

在城内发现有东西向大路5条，南北向大路6条，路面宽6～10米，其中一些道路与城门方位基本对应。城内南半部有三座小城，宫城居中，为正方形，内有成组的大型宫殿基址；另外两座小城位于宫城的东北和西南，均为长方形，内有成排建筑，可能是武库、粮仓或屯兵防卫的城堡。

偃师商城既有大型宫殿建筑，又有军事防御设施，具有早期都城的规模和特点。专家一致认为：距今3600多年前的偃师商城遗址是迄今为止所发现的我国商代早期城址中年代最早、规模最大、保存最好、便于全面进行科学研究工作的一座帝都。

偃师商城经过周密规划，选址得当、重点突出、主次分明、布局合理，总结了我国自仰韶文化晚期开始造城的经验，开创了其后建造都城的先河，在我国都城建设史上起着承前启后的作用。

偃师商城的宫城不但是我国迄今所知年代最早的宫城遗址，也是我国夏商周三代唯一被全面发掘出的可供全面研究的宫城遗址。宫城及其内的宫殿建筑，是研究我国早期帝王都城，尤其是宫城制度、宫殿建筑布局的珍贵资料。

商朝的都城，目前发现的有偃师商

城、郑州商城和安阳殷墟等几处，而偃师商城是目前发现的早期城址中年代最早、规模最大、保存最好的一处，极其珍贵。该遗址入选为1997年全国十大考古发现。

• 东周王城遗址 •

东周王城的规模、布局和演变，历代文献多有记载。但因年代久远，昔日壮观的景象如今已荡然无存。20世纪50年代初，中国科学院考古研究所为寻找东周王城的踪迹，根据文献记载，在今洛阳市王城公园一带、涧河两岸进行了大规模的考古调查和发掘工作，并在涧河东岸的小屯村发现了汉河南县城遗址。因汉河南县城与东周王城之间存在着沿袭关系，于是考古工作者就以汉河南县城城址为基点，很快在其外围找到了沉睡地下两千多年的东周王城遗址，进而摸清了东周王城的具体位置、布局和范围。此后又多次在此区域有重要发现，特别是近几年在王城东部发现了大型车马坑和大型墓葬，揭开了东周王城陵区之谜，为了解东周王城的全貌提供了新的珍贵资料。

经文物调查和考古发掘证实，东周王城遗址北依邙山，南临洛河，平面大体呈正方形。西北角在今东干沟村北，东北角在今洛阳火车站东约一公里，西南角在今兴隆寨村西北，东南城角被洛河冲毁。今

央视网
《天地洛阳》
第二集
《王者之地》

东周王城遗址　林治坤摄影

五女冢村附近地势较高，城墙遗迹保存较好，直到今天，地面上仍能看到残存的东周王城城墙。整个王城周长约15公里，与晋《元康地道记》“王城去洛河四十里，城内南北九里七十步，东西六里十步，为地三百顷一十二亩三十六步”这一记载基本吻合。人们对东周王城的结构布局，有过很理想的推测，还依据《周礼·考工记》画出了复原图，说它是世界上有史以来第一座经过详细规划的城市。

据古文献记载：东周王城四面各有三个城门，共十二座城门。南有圉门，北有乾祭门，东有鼎门等。每座城门均有三个通道，城内设经、纬大道各九条。王宫建在中央大道上，王宫前面建有殿庭，后面建有商贸市场；王宫的右侧建有神坛社稷，左侧建有宗庙祖堂，城南三十里建有明堂。这是我国古代典型的“前朝后市、左祖右社”的建筑布局。但这种“理想化”的布局和考古勘察的结果并不一致。

经考古发现，王城核心建筑物的宫殿群落位于城内的西南隅，而不是中心部位。大致范围在今天的涧东路以西、凯旋路以南的城内，甚至包括城外的部分区域。这个范围内，先后有多处大型建筑群基址被发现。在寻找东周王城的同时，考古工作者在城址西北部发现了东周时期烧制陶器的场所，推测该区域可能是手工业作坊区；在城址西南部，还发现汉代较大面积夯土基址下面叠压着东周的夯土基址，推测可能与当时的宫殿建筑有关。北城墙保持平直，全长2890米，墙宽8～10米。东墙总长约3500米，墙宽15米左右。西墙全长3000余米，墙宽15米左右。南墙

天子驾六车马坑遗址　林治坤摄影

由于洛河改道冲毁，残长900米，全长估计有3400米。同时，在城外还发现了大型的礼制或者馆驿性质的建筑遗迹。在西南隅建筑群基址东侧，自20世纪70年代以来，共探出粮窖80余座，是王城遗址里的仓窖区。城内西北隅是规模很大的手工业作坊区，有制陶的窑场，还有制骨、制玉、制石器的作坊，此外，也发现了制造铜器的陶范，意味着制铜作坊的存在。在王城遗址西南隅南墙外，发现战国晚期高规格大型建筑基址一处。

另外，因年代久远、战乱灾祸，加上历代文士妄加推测，东周王陵疑案丛生。为破解东周王陵之谜，自20世纪50年代文物考古工作者就开始了寻找东周王陵的艰难历程。从目前的情况看，东周王陵应分为王城、金村、周山三个陵区。

进一步的考古和研究表明，东周王城城墙始建于春秋中期，战国至秦汉时曾多次修补；到西汉后期，整座城池开始荒废，后在此范围内兴建了汉河南县城。春秋时期，尽管诸侯称霸，王室衰微，但东周王城作为天子之都的重要意义，远非列国都城所能比拟。在近三个世纪的历史时期一直处于全国政治、经济、文化、交通的中心，东周王城遗址的发现，为研究周代政治、经济、文化和整个城市发展史提供了珍贵的实物资料，是中国城市考古的重大收获，具有重要的意义。1957年，中国科学院考古研究所洛阳发掘队在小屯村东北，发现了4座大型战国墓葬。1号墓出土的一件石圭，其上残留有墨书“天子”字迹。

2001年9月，洛阳市文物部门在市第二十七中学院内，探得竖穴土坑墓7座，次年清理出土了两件意义非同寻常的青铜器，一件为鬲，一件为鼎，两件器物都有“王作宝尊彝”的铭文，学者们振奋：这不正是东周王陵之一吗?

2002年7月，配合东周王城广场建设，考古工作者照例先行考古勘探，没想到却发掘出了举世震惊的重要文物。考古工作者先后发现了18座车马坑，对其中的17座车马坑进行了发掘，并在规模最大的车马坑内发现了“驾六马”的“天子之乘”。后来在该车马坑内共清理出马车26辆、马70匹，其中一辆马车前面，对称摆放着6匹马的骨骸，印证了古文献当中“天子驾六”的记述。虽然经过了近3000年，车辕、车身构件以及马的骨骼仍清晰可见，“天子驾六”保存之完好、规模之宏大，在世界上独一无二。

汉魏洛阳城遗址

汉魏洛阳城遗址，是丝绸之路申遗最东端的遗址。作为1～6世纪的都城，整座都城遗址都成了世界文化遗产。

2014年6月22日，中国与吉尔吉斯斯坦、哈萨克斯坦三国联合申报的“丝绸之路：起始段——天山廊道的路网”项目通过第38届世界遗产委员会审议，汉魏洛阳遗址作为丝绸之路起点的重要遗址点正式列入《世界遗产名录》。这是我国第33项世界文化遗产。

汉魏洛阳城遗址是中国境内的22个遗址点唯一的都城遗址。

城墙遗址：现存平面为长方形，南城墙因洛河北移被水冲毁。北、东、西三面城墙保存较好。部分地段高出地面5～7米。包括西北隅金墉城在内，北墙全长约3700米，宽25～30米；西城墙残长约4290米，宽约20米；东城墙残长约3895米，宽14米。全城周长14公里。城墙夯土版筑，版筑夹棍眼的痕迹犹存。在部分城墙上还发现有向城外突出的墩台，西墙北段有四座，北墙东段有三座。墩台间距为110～120米，类似后世城墙所筑的“马面”。在城墙外侧均发现有护城河遗迹。北魏外郭城破坏殆尽，现存南郭城少量夯土垣墙残段。

城门遗址：西城墙探出五座城门，除北起第二门为一门二洞外，皆为一门一洞。最北一门是北魏的承明门，向南是北魏的阊阖门，即东汉的上西门，再南是北魏的西阳门，再南是东汉的雍门，北魏时废，最南是北魏的西明门，即东汉的广阳门。北城墙探出两座城门，西面的一门三洞，是北魏的大夏门，即东汉的夏门，东面的门洞已破坏，有一条土路通过，应是北魏的广莫门，即东汉的谷门。东城墙探出三座城门，皆为一门一洞。北起第一门是北魏的建春门，即东汉的上东门，与阊阖门相对。第二门是北魏的东阳门，即东汉的中东门，与西阳门相对。第三门是北魏的青阳门，即东汉的旄门（又称望京门），与西明门相对。文献中所载南城墙的四座门，自西向东为北魏时的津阳门（东汉津门）、宜阳门（东汉小苑门）、平昌门（东汉平城门）、开阳门（东汉同名），没于洛水已无迹可寻。

车载斗量

乐不思蜀

汉魏洛阳城遗址 高均海摄影

宫城遗址：东汉时期，城内主要宫殿为南宫和北宫。曹魏、西晋时变化不大。北魏时建立了单独的宫城。北魏的宫城位于城内北中部，南北长1398米，东西宽660米，占全城总面积十分之一左右，是最重要的中心建筑区。宫城的南、东、西三面城门已找到，南门也称阊阖门，门洞阙口宽约46米，门两侧有厚大的夯筑土阙，形制雄伟；东门云龙门与西门神虎门相对。宫城内西部有一座大型夯土台基，东西长100米，南北宽60米，高出地面4米左右，应是北魏太极殿遗址。在宫城其他地方还发现夯土台基20余处，亦为宫殿遗存。

太极殿：汉魏洛阳城太极殿遗址，是中国都城紫禁城的始祖。这项重要发现向我们揭示了紫禁城始祖的诞生年月（三国魏晋）和早期面貌。

2012～2015年，结合文化遗产保护的需要，有关部门启动了汉魏洛阳城以太极殿为中心的宫城中枢区考古勘察。发掘面积1.2万平方米，勘察取得重大收获。太极殿遗址位于北魏宫城中部偏西，北距河南省孟津县平乐镇金村约1公里，南距宫城正门阊阖门遗址约460米。勘察表明，太极殿是由位于北魏宫城主要建筑轴线中部、东西向分布的三座大型夯土台基建筑为主体构成，结合记载，当分别是太极殿和太极东堂、西堂遗址。在太极殿主体建筑周围，还围合有廊庑、宫门等附属建筑，形成东西约340米、南北约310米的大型宫院，前面的三号宫门为太极殿宫院正门。据发掘解剖，太极殿建筑群的建筑时代主要为三个时期，其主体建筑始建于曹魏时期，北魏时期重修沿用，北周时期改建未成。

这项考察具有非常重要的意义。首先，确定了该宫城墙垣的四至范围与时代序列；其次，进一步了解了该宫城中枢区轴线建筑的空间布局；再次，对宫城最重要核心建筑太极殿宫殿建筑群的布局结构有了崭新认识；最后，证实了文献记载曹魏新建的洛阳宫是一座居北居中的单一宫城。由此也确认了中国古代由汉代多宫制到以后各代居北居中单一宫城形制的转变时间，由以前认为的南北朝时期提早到三国曹魏时期，这是都城发展史上具有重要意义的崭新认识。始建于曹魏时期的太极殿，是中国历史上第一座“建中立极”的宫城正殿，其创建的宫室制度及都城格局，开创了中国及东亚古代都城布局的一个新时代。

永宁寺遗址：北魏永宁寺佛塔建于熙平元年（516），在城内，现已不存，遗址在今洛阳市白马寺东，310国道与陇海铁路交叉口处。据杨衒之《洛阳伽蓝记》追述，永宁寺塔为木结构，高九层，一百里外都可看见。据其他记载，塔高四十九丈或四十

烟花易冷

永宁寺遗址　李燕锋摄影

余丈，合今136.71米左右，加上塔刹通高约为147米，是古代最伟大的佛塔。永宁寺塔平面正方，每面各层都有三门六窗。塔刹上有相轮30重，周围垂金铎，再上为金宝瓶。宝瓶下有铁索四道，引向塔之四角，索上也悬挂金铎。晚上和风吹动，十余里外都可听见。塔的装饰十分华丽，柱子围以锦绣，门窗涂红漆，门扉上有五行金钉，并有金环铺首。

太学遗址：东汉大学始建于建武五年（29），在校太学生曾多达3万余人。熹平四年（175）于太学讲堂前立石碑46块，史称《熹平石经》。至曹魏正始二年（241），又立石经28块，史称《正始石经》，为官定儒家经本。

《熹平石经》（局部）　张锐鑫摄影

太学遗址分为东、西两大部分，东部有3万多平方米，西部也有2万平方米左右。在遗址内部有大面积的夯土建筑遗址，有一排排的建筑房基，或为东西长方形，或为南北长方形，排与排之间距离相等，排列有序。太学是古代传授儒家学说的最高学府。

灵台：创建于东汉建武帝中元元年（56），是当时最大的国家天文台。曹魏、西晋沿用，达250年之久。灵台遗址范围有4万多平方米，中心建筑是一座方形夯土高台，东西残宽31米，南北残长41米，残高8米余。东汉杰出科学家张衡，曾先后两次任太史令，领导、主持和参与了灵台的天象观测和天文研究。

金墉城：位于内城西北角的金墉城，为曹魏明帝所筑。南北长1048米，东西宽255米，总面积26万平方米，城小而固，魏晋时废帝、废后多被安置于此。唐初，洛阳县治设金墉城，贞观六年（632）移于东都毓德坊，金墉城遂废。经勘察发现三座小城连在一起，平面呈“目”字形。城外有河水环流，各城门阙皆有遗迹。城内发现夯筑台基多处，以及砖砌基址、水池等。

该遗址入选2015年全国十大考古发现。

隋唐洛阳城遗址

遗址前至伊阙，背倚邙山，左瀍右涧，洛河贯穿其间，选址最为独特。城址横跨洛河，地理形势最好，但同时也是最危险的。这说明只有生产力水平高了，才敢把河流揽入城市中间。

隋唐洛阳城始建于隋炀帝时期的605年，时称东都或东京。贞观年间，唐太宗把洛阳作为巡察东方的行宫，号洛阳宫，并两次修葺。唐高宗即位后，改洛阳宫为东都。武则天临朝称帝，改东都为神都。

唐中宗即位，复神都为东都。五代时，后唐、后晋均以洛阳为都，后梁、后汉、后周和北宋以洛阳为西京，金代以洛阳为中京。历经隋、唐、五代至北宋，该城址前后沿用500余年，这是中国封建社会的鼎盛时期。

半个多世纪的考古，揭开了这座沉睡千年之久的城址神秘的面纱。整个隋唐洛阳城面积47平方公里，城址主要由郭城、宫城、皇城、东城、含嘉仓城、西苑与上阳宫等部分组成。

郭城平面略呈方形，北城墙东起唐寺门村西，西至原春都集团厂区，东城墙南起城角村西北，北至唐寺门村西，南城墙西起古城村西北，东至城角村西北。西城墙则分为洛南和洛北两部分，洛河以南至古城村西北。郭城共有八座城门，城内有一里见方的里坊百余座，呈棋盘式格局分布，颇为规整。内有三市，分别是位于洛北里坊区内的北市、洛南里坊区内的南市和西市。

宫城位于郭城西北，这是整个城市的高地，利于防御，从南向北看宫城须仰首，更能显示皇家威仪。宫城由多重小城组成，宫城轴线上由南向北依次布有应天门、乾阳殿等重要门殿建筑，宫殿巍峨，富丽堂皇。与前朝不同的是，宫城外还筑有皇城，皇城居宫城正南，北与宫城相接，城内有南北向五街、东西向四街，将皇城格化为不同的衙署区。

由于皇城无法容下更多的政府衙署，尚书省、军器监、少府监、大理寺等机构

隋唐洛阳城遗址　林治坤摄影

一片冰心在玉壶

红叶题诗

上阳宫 林治坤摄影

均建在东城。东城平面呈南北向长方形，有三座城门。皇城的东面，所谓的东城是在南部，含嘉仓城在北部。含嘉仓城是当时中央政府设置的大型粮仓，杜甫有诗："稻米流脂粟米白，公私仓廪俱丰实。"含嘉仓的储粮丰富可见一斑。

西苑是隋唐洛阳城著名的皇家禁苑，因其位于宫城之西而得名。隋西苑"苑囿连接，北到新安，南及飞山，西至渑池，周围数百里"。唐代改建后的西苑大大缩小。上阳宫是高宗与武则天时期皇帝听政之所，以水分为东西两宫，两宫之间飞架虹桥以通往来。唐代著名诗人王建有"上阳花木不曾秋，洛水穿宫处处流"的诗句，历史上唯一的女皇帝武则天在这里书写了不少传奇。

隋唐洛阳城是隋唐两代东都城，应天门为宫城的正南门。史载应天门重建于唐高宗显庆元年（656），现仍可区分隋唐两个时期不同的建造工程。出土文物中则既有隋代的，又有唐代的，还有不少是宋代的。经过精心清理，东阙遗址显露出昔日宏伟风貌。这是一座由门楼、朵楼、阙楼及其相互之间的廊庑连为一体的"门"字形巨大建筑群，规模恢弘，气势壮观，为当时发现的隋唐洛阳城中保存最好的一处遗址。也是隋唐两京考古发掘出的第一座宫阙遗址。

应天门遗址的发现，对研究隋唐东都城门建制特点提供了珍贵资料。从建筑史的角度看，它对后代都城建设也有深远影响，具有极大的历史价值和学术价值。该遗址被评选为1990年全国十大考古发现之一。

新安汉函谷关遗址

汉函谷关遗址位于河南省洛阳市新安县东，地处秦岭山脉东段的峡谷之中，建于西汉元鼎三年（前114）。洛阳文物考古研究院对遗址进行了考古调查和发掘。考古工作自2012年6月开始至2013年10月田野工作结束，勘探总面积约13.9万平方米，发掘面积共3325平方米，取得了重大收获：发现了城墙、道路和建筑遗址等重要遗迹，出土遗物有陶器、瓷器、铁器、铜器等共250余件，钱币108枚。

通过目前的考古工作，遗址布局基本明晰：它是一处东西狭长的小型城邑，卡在峡谷之中，东墙与南北山上的夯土长墙相连接，达到军事防御和控制交通的目的。遗址南部、皂涧河北岸是主要的生活区。中部有一条狭长的东西向通道，也是唯一的通关道路。根据出土遗物和对遗迹的解剖，可以确定城墙、建筑和古道均为汉代修建。

秦汉时期是关隘体系全面发展的时期，但是关隘遗址的考古资料非常匮乏，汉函谷关作为汉代最为重要的一处内关，其考古发现具有非常重要的学术价值。此次发现，为关隘制度的研究提供了重要的参考资料，为函谷关遗址的保护提供了重要依据，同时也为丝绸之路的申遗工作提供了重要的支撑。该遗址被评为2013年全国十大考古发现之一。

新安汉函谷关遗址　高均海摄影

• 隋代回洛仓遗址 •

隋代是我国古代大型国家粮仓建设的顶峰时期，也是我国古代地下储粮技术发展的完备时期。作为隋代不同类型大型国家粮仓的代表——具有重要历史影响的洛阳回洛仓遗址，以丰富的考古新资料全面揭示了我国古代地下储粮技术完备时期的特大型官仓的概貌和储粮技术水平。

回洛仓仓城位于隋洛阳城北墙外东北部，长646米、宽355多米，粮窖纵横，成排成列。每座仓窖口径10米，深10米左右。遗址的发掘展示了隋代都城具有战略储备和最终消费功能的大型官仓的储粮规模和仓窖形制特征：仓窖大而深，容量大，数量更多等。明确的仓城布局和漕运线路，充分证明了与大运河之间的紧密联系，是隋唐大运河开凿的有力证据。

粮食仓储遗址的考古发现对于研究隋代社会经济、政治、工程技术及俸禄制度等具有重要的实物资料价值，同时，也为中国大运河成功“申遗”提供了隋代大运河开凿和利用的珍贵实物证据。该遗址被评为2014年全国十大考古发现之一。

回洛仓遗址　潘郁摄影

北宋衙署庭园遗址

北宋衙署庭园遗址位于洛阳市老城区中州路南侧。东西两侧是2条长廊，宽4.5米，长达50余米。两廊中部偏南，有一条连接二者的东西向花砖路。花砖路中部有一东西向门楼基址，门址北侧与一条南北向的夯土墙相接。夯土墙长38米，宽1.75米，将庭园分为东西两部分。西部有一花榭，其基址长5.37米，宽4.4米。在花砖路南侧有一长方形蓄水池和两座并排的殿亭基址，其中一座长9.4米，宽7米，台基上并列着四排磉墩。衙署门址位于庭园以南40米处，建于夯土之上，两侧设地袱石、门扉结构、车道和踏道。车道由两排平行的石条组成，石条的中线距离1.55米，即为当时车轴的宽度。

北宋衙署庭园遗址，是目前我国古城中首次发现的宋代园林，其保存情况之好、保存面积之大，前所未见，为研究宋代大型官府衙署的园林建筑布局的整体风貌提供重要的参考资料。

该遗址被评为1992年全国十大考古发现之一。

周王陵

史料记载，从公元前770年周平王迁都洛邑，到公元前256年周朝灭亡的500多年间，东周王朝的25位帝王死后都葬在洛阳，可分为王城、周山和成周3个陵区。王城陵区位于东周王城的东北部，当是春秋早中期及战国中晚期诸位周王埋葬的地方；周山陵区位于市区西部的周山上，当是春秋晚期诸位周王埋葬的地方；成周陵区位于成周城的北部，应是战国早中期诸位周王埋葬的地方。

周灵王陵　张广英摄影

天子驾六　林治坤摄影

在洛阳市高新开发区三山村西的周山之巅，存有四座高大的土堆，依山势东西排列，雄伟高峻，气势壮观。最西边的一座高大土堆传说为“周灵王陵”，其他三座为“周三王陵”。对此，三国时期成书的《皇览》、北魏郦道元所著的《水经注》都有记载。《皇览》和《水经注》均成书于洛阳，而且两书的成书时间距离东周都不太远，其记载都应视为信史。另外，2002年，洛阳市考古工作者配合周山森林公园建设，曾对这些陵墓进行过勘探调查，发现这些陵墓均用夯土筑成，且有很长的墓道，与东周王城和成周陵区发现的东周大型墓葬形制相同。根据史料记载和考古调查，基本可以认定周山最西边的高大封土为周灵王陵。其他三座王陵的主人虽然存在着不同的说法，但它们也应是春秋晚期周王的陵墓。

处于王城内的周王陵墓，虽然有历史记载是由于“谷、洛斗”而曾被水淹，但几千年来并不为人所知。在2002年例行的考古发掘中，意外地发现了周王陵遗址，共发现397座墓葬和18座大型车马坑，更令人惊喜的是首次发掘出六马驾一车的“天子驾六”考古遗存，使考古工作者确认这里就是周王陵遗址。

“天子驾六”车马坑的发现，以实物的形式印证了古文献“天子驾六，诸侯驾四，士驾二”的记载，对研究东周时期的乘舆制度、丧葬制度以及王城陵区的确认提供了全新的考古资料，成为21世纪东周考古的重要发现之一，被誉为“东周瑰宝，举世无双”。为了完整保护“天子驾六”车马坑，洛阳市在原址上建起了“天子驾六”博物馆。

目前，人们多认为我国已知年代最早的帝王陵墓为秦始皇陵（葬于前210），而周灵王陵比秦始皇陵早330多年，周灵王陵才应该是我国已知年代最早的帝王陵墓。

• 邙山古墓群 •

邙山地区拥有的古墓冢数量之多、面积之大、延续时间之长，举世罕见。在面积达750余平方公里、地跨洛阳所属7个区县的陵墓群范围内，冢连冢、墓压墓，长眠着自东周一直到明清各朝代数不胜数的王侯将相、才士名流。

经国家文物局批准，2003年洛阳市文物部门对邙山墓葬群进行了最大规模的考古调查与勘测。这次调查与勘测采用包括计算机技术、测绘技术、航空影像技术、遥感技术等在内的先进科技手段，以寻找东汉、曹魏、西晋、北魏四代15座帝陵为重点，对古墓群进行全面普查。

一、王侯将相“扎堆”埋

“生居苏杭，死葬北邙”。这句话在民间广为流传，只有到了邙山，你才知道这句话的含义和分量！在邙山土岭上，数百座高大巍峨的圆形古墓冢，星罗棋布，森然壮观。

据史料记载，刘秀、元宏等十数位君临天下的帝王，张仪、樊哙、班超、狄仁杰等数千位将相名流，扶余王、泉男生等

邙山陵墓群之北魏孝文帝陵　林治坤摄影

邙山陵墓群之东汉帝陵　林治坤摄影

众多外邦国王、重臣，乃至刘禅、李煜等亡国之君，都安息在洛阳城北这几十里的土岭上。至于一般富贵人家的墓葬，更是不计其数。邙山上的陵墓都是谁的，一直是个难说清的问题。由于墓葬位置的文字资料流传下来的很少，墓碑往往散失难以寻觅，频繁的战乱中，墓主的后代流散各地。要确定每座墓主的身份，实在困难。

根据文献记载，洛阳邙山地区主要埋葬着东汉、曹魏、西晋、北魏四代帝陵及其陪葬墓群。这四代帝陵中有东汉五陵：光武帝原陵、安帝恭陵、顺帝宪陵、冲帝怀陵、灵帝文陵；曹魏一陵：文帝首阳陵；西晋五陵：宣帝高原陵、景帝峻平陵、文帝崇阳陵、武帝峻阳陵、惠帝太阳陵；北魏四陵：孝文帝长陵、宣武帝景陵、孝明帝定陵、孝庄帝静陵。帝陵周围还密布着大大小小的墓冢，它们是王公贵族、皇亲国戚的陪葬墓。

除了以上四代帝陵以外，20世纪初在洛阳西郊邙山脚下的金村附近还发现了东周时期的大墓群，出土了大量珍贵文物。一些考古专家认为这是东周王陵。另外又据文献记载，五代后唐的帝陵亦在邙山地区。洛阳考古工作者对邙山帝陵进行了初步调查确认，在陵墓群区域范围内，目前尚有包括帝陵在内各个时期的古代墓冢大约330座。

二、邙山古墓缘何多

邙山之所以会成为“热门”的大墓地，与洛阳的古都地位紧密相连，在中国十大古都中建都年代较早、朝代较多、历史较长。从4000多年前的中国历史上第一个封建王朝夏朝起，曾有商、西周、东

邙山陵墓群之北魏景陵　林治坤摄影

周、东汉、曹魏、西晋、北魏、隋、唐、武周等13个朝代在此建都。

在累计1000多年的时间里，洛阳一直是中国政治、经济、文化和交通中心。历史上，洛阳城建了毁、毁了建，但经常是“城池雄伟，宫苑壮丽，为天下之冠”，经济繁荣，文化发达，达官贵人、富商巨贾、文人雅士云集其间。繁荣时的洛阳常有数十万人居住，最辉煌时城市居民超过百万。邙山古墓中长眠的人，都曾目睹洛阳城的辉煌与沧桑。

对风水的迷信是邙山被看好的第二个原因。洛阳城外的邙山，北带黄河，南望伊阙，在古洛阳人眼里是绝好的风水宝地。南北16公里、东西30公里、面积约有500平方公里的北邙，地势高，视野开阔，土层深厚，土壤干燥，紧硬密实，适于安置墓穴；东汉皇陵又赫然兀立于邙山岭上，所以这里自然成为洛阳人向往的安葬之处。

三、近代盗挖

对邙山墓葬群的偷盗，从古代至近代断断续续一直没有停止。但使墓葬遭受严重破坏的盗墓行为，却发生在近代。

1905年，清政府向比利时一公司借款修筑汴洛铁路（现陇海铁路一部分），随后又修建洛潼铁路。铁路通过邙山南麓修筑时不断挖出古墓，引起在场外国技师的极大兴趣，他们大量收集古物寄回欧美。当时的中国经济凋敝、国家混乱，很多贪图暴利的人开始到处搜寻、挖掘古墓。邙山之上从此打破千古幽静。

洛阳古墓博物馆　林治坤摄影

在盗墓分子“发财”的示范效应之下，邙山上几十个村庄互相效法，竞挖古墓，视为发财捷径。大量的古冥器被从邙山地下挖了出来，流向北京、上海，再流向国外。

1925年前后，洛阳四郊成立民团、红枪会等武装组织后，当地恶霸依靠枪支，驱使穷人，变夜间盗墓为有组织的白天公开挖掘。

1927年，洛阳驻军为搜刮财物，以筹措经费为名，勒令古玩商人缴纳20%的税金，开了古玩业征税的先例。1928年，军阀韩复榘占据洛阳，接受古玩商人的建议，成立“古玩特税局”，大量发行经营许可证性质的行贴，对卖古物的人征税，等于把盗墓行为合法化了，自此盗掘买卖之风更严重。到韩复榘离开洛阳时，邙山古墓已是十墓九空甚至十墓十空了。

四、古墓保护

洛阳邙山地区拥有的古墓冢数量之多、面积之大、延续时间之长，举世罕见。2001年6月，邙山陵墓群被国务院批准为第五批全国重点文物保护单位。

然而，古墓家底不明一直制约着文物保护工作和考古学研究的深入开展。在陵墓群范围内，不仅拥有东汉、曹魏、西晋、北魏四代帝陵及其他古代墓茔大约330座，还汇集了东周、西汉、隋、唐、五代、宋、金、元、明、清等其他时期其他类型的墓葬数十万，它们与陵墓群犬牙交错难以分辨。具有地面标识的墓茔已由新中国成立初的600座左右减少到目前的不足400座。

为尽快保护、研究这一古墓最集中的

地区，20世纪80年代初，洛阳文博界的专家学者们倡议开发邙山墓葬文化，并从洛阳地区数十年来科学发掘的1万多座古墓中，精心遴选出26座具有典型性和代表性的墓葬，在邙山乡的冢头村修建了洛阳古墓博物馆，于1987年建成对外开放。

此次考古调查与勘测对古代墓冢进行了全面普查。帝陵是洛阳邙山陵墓群的主体，展开的考古调查与勘测工作以寻找15座帝陵为重点，在不影响墓冢、墓葬和陵园整体的前提下，对个别重要的帝陵和陪葬墓的周边地方进行试掘。

2006年7月～2008年3月，洛阳市第二文物工作队以郑州—西安客运专线的考古工作为契机，结合"邙山陵墓群考古调查与勘测"项目，专题调查、勘测了位于偃师市的洛南东汉陵区，取得了重要收获。东汉王朝建造了12座帝陵，其中11座分布在洛阳附近。文献记载，汉魏洛阳故城的西北邙山地区有5座陵，故城的东南洛南地区有6座陵。洛南的6座陵分别为明帝显节陵、章帝敬陵、和帝慎陵、殇帝康陵、质帝静陵和桓帝宣陵。除了帝陵之外，陵区内还埋葬着众多的后妃和王公贵族的陪葬墓。

目前，邙山地区已经完成了为期四年的古墓冢的文物普查工作，与洛南陵区的考古新发现结合在一起，东汉帝陵的基本情况逐渐明晰，为探索东汉帝陵的地望、研究东汉时期的陵寝制度创造条件。

洛阳偃师东汉帝陵与洛阳邙山墓群，被评为2007年全国十大考古发现之一。

• 曹魏皇家墓葬 •

2017年1月10日，在北京举行的中国社会科学院考古学论坛上，洛阳西朱村曹魏大墓入选2016年中国考古六大新发现；并入围2016年度全国十大考古新发现终评，成为我省唯一入选项目。

2015年7月19日，洛阳市伊滨区寇店镇西朱村村民迁坟时无意挖到墓道夯土，一座曹魏时期大型墓葬"重见天日"。目前国内被完整发掘的曹魏时期大型墓葬还很鲜见。这是洛阳继曹休墓后发现的规格更高的一座曹魏大墓。

大墓位于西朱村南万安山北麓的缓坡上，墓道朝西，有别于常见的南向墓道，没有封土。该墓葬选址极为考究，临近洛

曹魏大墓　林治坤摄影

南东汉帝陵的控制地带，北面为汉魏洛阳城皇城正南门阊阖门中轴线稍偏东，西侧2.5公里处为“禹宿谷堆”，正东偏南为曹魏时期祭天的圜丘。墓葬为长斜坡墓道明坑墓，由墓道、甬道、前室、后室组成，被盗扰严重，前室和后室有明显的盗洞痕迹。

该墓葬的出土物主要有陶器、铁器、铜器、漆木器和少量玉器等400余件。

经洛阳市文物考古研究院一年多的考古发掘，这座大墓日前被专家论证为曹魏皇家墓葬，地位和曹操高陵相当，对于曹魏时期皇家墓葬乃至中国古代陵寝制度研究具有重要意义。

首先，该墓葬弥补了中国古代陵寝制度研究的缺环。

在洛阳举办的“西朱村曹魏大墓专家论证会”上，30余名与会专家达成共识：西朱村曹魏大墓规模宏大，虽遭严重盗掘，但出土了一批重要文物，显示该墓应是曹魏时期皇家墓葬。

在历史上，三国时代是一个重要的转型期，墓葬制度也不例外。中国古代陵寝制度经历了由汉制到晋制的转变，东汉时讲究高大的封土、复杂的墓葬结构，到了西晋时墓葬一下简化了许多。中间的曹魏时期虽然只有几十年时间，却是重要的转型期。但由于曹魏高等级墓葬一直没有发现，成为陵寝制度研究的一个缺环。虽然已经发掘了曹操墓、曹休墓，但考古界对曹魏时期殡葬制度的了解还很有限。随着曹魏大墓的发掘，大家对曹魏墓葬的认识逐渐清晰起来，使得曹魏时期诸侯王、列侯王和帝王的墓葬都有了标本。国家文物局专家组成员、国家博物馆研究员信立祥说：“从这座墓葬我们可以看到，它取消了回廊等复杂结构，从形制上进行了简化，印证了曹魏‘不封不树’的薄葬理念。”

其次，印证曹操墓的真实性。

2009年年底，安阳市安丰乡西高穴村的一座大墓被国家文物局认定为曹操的高陵，一时间轰动全国。然而，关于曹操墓的真实性，也不乏各种声音。这座曹魏大墓出现后，对曹操高陵的真实性起到了很好的印证作用，各种谣言不攻自破。比如，在曹操墓的陪葬品中，既有很多珍贵物品，也有一些比较粗糙的陪葬品，比如陶猪、陶鸡等，当时就有人质疑并提出“曹操养猪”等，从而质疑墓葬的真实性。在曹魏大墓中，同样有类似的情况出现，两座墓葬规格相当，又出土了相同的陪葬物，相互之间可作为很好的印证。

同为“甲”字形大墓，不封不树、无陵园建筑、长长的斜坡墓道、七层生土台阶、“前堂后寝”的墓葬结构，该墓与安阳曹操墓的诸多相似之处，都让考古学家觉得十分“眼熟”。

最“眼熟”的当属与曹操墓十分相似的铭刻石牌。此次出土180余块基本完整的铭刻石牌，还有100多块散片有待修复。经初步整理，可分为衣衾、陈设、梳妆、文房用具、饰品、食具、戏具、日用杂具、丧仪、刀兵器、车马、乐器等14类，堪称随葬品“遣册”清单。曹操墓发现之前，从来没有出现过石质“遣册”即石牌，有人怀疑是假的。这一次，洛阳考古工作者的工作做得很细致，石牌出土位置和状况很清楚，仔细对比石牌上的文字，无论书写还是内容本身都高度一致，可以反映出当时的语言环境，这是无法造假的。由此可以旁证曹操墓石牌的真实性。如此看来，石牌是曹魏时期高等级贵族墓葬的一种标识，是当时特有的丧葬制度，有可能是从曹操开始使用的。曹休是列侯，他的墓就没有，说明当时只有皇家才能使用。

关于在曹操墓室里发现的东汉时期的画像石被当成铺地石，这一次，在曹魏皇家大墓里，发现带有东汉戳印的条形砖，说明曹魏时期薄葬有一个特点可能是旧物利用。

这座墓葬和曹操墓还存在一些差异。比如，两座墓的墓道朝向不同，曹操墓墓道朝东，而曹魏大墓朝西；在结构上，曹操墓拥有四个侧室，而曹魏大墓没有侧室。

这座曹魏大墓还有自己独有的特点，考古人员发现了不少壁画。虽然壁画惨遭破坏，但仍能依稀辨别出上面的人物。

关于墓主人身份的确定，目前还是一个悬案。

推测一：明元郭皇后

根据文献记载及部分出土文物，考古专家初步将目光投向了魏明帝皇后郭氏。

《三国志》卷三《魏书·明帝纪》：“癸丑，（魏明帝曹叡）葬高平陵。”

《三国志》卷五《魏书·后妃传》：“（明元郭皇后）葬高平陵西。”

《水经注》卷十五：“《开山图》所谓大石山也……山阿有魏明帝高平陵。”

按照《三国志》的说法，魏明帝曹叡葬在高平陵，郭皇后葬在高平陵西边；《水经注》记载高平陵在大石山阿，而万安山古时曾被称为大石山。也就是说，如果曹魏大墓东侧的墓地为魏明帝曹叡的高平陵，那么这座大墓很可能属于郭皇后。

推测二：魏明帝曹叡

根据曹魏大墓出土的石牌上的记录，虽然有不少梳妆类随葬品，但也有文官、武官服饰及兵器。同时，该墓出土了石圭、石璧等礼器，这在曹操墓也有出土。有专家认为，这些礼器在古代拥有重要的象征意义，只应该出现在帝王墓中，不应随葬在皇后墓中。因此，这座墓葬有可能是魏明帝曹叡的高平陵，而东面那座墓葬则属于他的父亲——魏文帝曹丕。

阮氏惠语救夫婿

推测三：明悼毛皇后

在郭皇后之前，魏明帝曹叡还有一任毛皇后。毛氏因才貌出众入选太子宫，当时还是平原王的曹叡，对她非常宠爱，进出常同乘一副车辇。曹叡即位后，封她为贵嫔，又封为皇后。之后，魏明帝宠幸郭皇后，对毛皇后日益淡漠，并于景初元年（237）将毛皇后赐死。有专家认为，毛皇后属于“凶死”，因此墓道朝西，与高平陵相反。如果这个说法准确，也能解释两座大墓“背靠背”的罕见现象。

推测四：废帝曹芳

曹芳是魏明帝曹叡的养子，曹叡病逝后继位成为曹魏第三位皇帝，嘉平六年（254）九月，司马懿之子司马师联合朝中公卿大臣上奏郭太后（明帝时的郭皇后），说他长不亲政、沉迷女色等，请求废掉曹芳，并得到

尸居余气

司马昭之心路人皆知

许可。其实，曹芳也和高平陵有着千丝万缕的联系，当年正是由于高平陵之变，曹魏军权、政权才落入司马氏手中，曹芳死后也被葬于高平陵侧。

关于这座曹魏大墓的墓主身份，相信在不久的将来会有答案。考古工作者通过对周边的调查钻探，在该墓葬东侧400米的山岗上，发现了一座规模更大的墓葬，亦为东西朝向、不见封土。它会是另一个帝王墓吗？墓主人与正在发掘的大墓是夫妻关系还是父子关系？猜想的同时，考古学家期待它会带给人们更多惊喜。

• 唐代安菩墓 •

唐朝时期，西北边疆有一个邻国叫安国，又被称为安息国，在今乌兹别克斯坦的布哈拉。安国有一个大名鼎鼎的人物叫系利，是六胡州的首领，他英勇善战，体恤百姓，很受将士们的爱戴。可是当时的安国是一个比较弱小的国家，它隶属于突厥，每年都要向突厥纳贡。

突厥野心勃勃，他们屡屡骚扰唐朝边境，这成为唐朝一块挥之不去的心病。贞观四年（630），唐朝发动了平定突厥的战争。战场上杀声震天，系利早就不满突厥对安国的残暴统治，他率领部队趁乱归附了唐朝。为了奖励系利的忠诚，敕封他为五品定远将军。

系利有个儿子叫安菩，系利死后，安菩就承袭了父亲的封号，成为定远将军。安菩从小就习文练武，继承了父亲的勇敢和果断。在担任定远将军时，安菩骁勇善战，他率领军队纵横大漠，为保卫唐朝边疆浴血奋战，墓志描绘安菩是：“以一当千，独扫蜂飞之众。”

麟德元年（664），安菩在长安去世，时隔40年，他的妻子何氏在东都洛阳病逝。他们的独生子安金藏为了孝敬父母，把父亲的尸骨迁到洛阳与母亲合葬，建造了安菩墓。

安菩死后，安金藏并没有能够继承他父亲定远将军的封号，只是东都洛阳宫中执掌宗庙礼仪的一个乐工。

当时在位的皇帝是中国历史上唯一的女皇——武则天，她生性多疑，因为害怕自己的皇位受到威胁，对于太子李旦更是严加防范。武则天下令王公大臣不许私自与李旦交往，当时有两个大臣就因为和李旦曾有过交往而惨遭腰斩。在武则天的命令下，所有公卿大臣都不敢和李旦见面，只有安金藏等乐工和杂役可以在太子左右侍奉。

武则天的侄子武承嗣妄想夺取太子之位，于是他向武则天进谗言诬陷李旦，说李旦图谋篡位，多疑的武则天下令让酷吏来俊臣查办此案。

来俊臣拘捕了李旦身边的人，严刑拷打，企图逼迫这些人指证李旦图谋篡位。眼看众人都忍无可忍，就要被屈打成招，突然，安金藏挺身而出，大声对来俊臣喊道：“公不信金藏之言，就请剖心以明皇嗣不反。”说罢，安金藏抽出佩刀，向自己的肚子用力划去，顿时肠子伴着鲜血流出，安金藏昏倒在地，不省人事。

安金藏剖腹自杀以表李旦清白的消息传入宫中，武则天非常震惊，她即刻下令将安金藏抬入宫内，让御医抢救。一天一夜之后，安金藏才渐渐苏醒。

面对安金藏的冒死维护，武则天很是感动，不觉叹息道：“我对自己的儿子都不能了解，累你这样受苦，你真是一位难得的忠臣啊！”她特意派人悉心服侍安金藏，让他好好静养。同时武则天传谕来俊臣停止审判此案，将太子左右侍者一律释放。

请君入瓮

安金藏惊天动地的举动，在新旧唐书中都有记载，历来被人称道。设想一下，如果安金藏在这件事中不幸死去的话，他就不能够将父母合葬，也就没有历史上著名的安菩夫妇墓了。

安菩最初被安葬在长安；四十多年后安金藏把安菩的尸骨迁到洛阳与母亲合葬，建造了安菩夫妇墓。建好的安菩墓坐南朝北。整座墓葬平面呈“凸”字形，由墓道、墓门、甬道和墓室四部分构成。其中，安菩墓的墓门为青石结构，上面布满精美的线刻图案，两扇石门能启闭自如。

发掘清理安菩墓，出土文物共129件，有种类繁多的唐三彩，造型独特的东罗马金币，等等，依质料可分为三彩器、单釉器、陶瓷器、金铜玛瑙器及石刻等类。三彩器形制较大，造型优美，主要器型有文武吏、天王俑、镇墓兽、马、骆驼、牵马俑、牵驼俑、骑马俑等，为人们了解唐朝的政治、经济、文化历史、生活等诸多方面都提供了珍贵的资料。

胜景掠影

——人文自然两奇观

在一座城市的地域内，或多或少都有令这个地方值得骄傲的景致，在洛阳，可用“多”来形容。不论是人文景观，还是自然景观，作为华夏文明的核心地区，占尽天下形胜，得尽世间精神，可谓出类拔萃!

洛阳地处三川之地，环绕着黄河、洛河、伊河，是一座底蕴深厚、源远流长的千年帝都。作为华夏文明的重要发祥地，翻开璀璨壮丽的历史长卷，先后有13个王朝在此建都，是我国建都时间最早、历时最长、朝代最多的都城。

央视网

《天地洛阳》第六集《山水龙门》

作为风光秀美的旅游名城，洛阳还是一幅绚丽多彩、独具魅力的山水画卷。“北方千岛湖”黄河小浪底风景旅游区、“中国最美的地方”白云山、“山岳经典·十里画屏”老君山、世界地质公园黛眉山、“北国第一溶洞”鸡冠洞等风景名胜，奇峻秀丽、引人入胜。走进春满河洛的锦绣花海，洛阳更是一座国色天香、雍容华贵的牡丹花城。

龙池金鱼

龙门石窟　林治坤摄影

龙门石窟

龙门石窟是中国石刻艺术宝库之一，国家AAAAA级景区，位于洛阳市南郊伊河两岸的龙门山与香山上。自古以来，龙门山色被列为“洛阳八大景”之冠，唐代大诗人白居易曾说：“洛都四郊，山水之胜，龙门首焉。”

根据《魏书》记载，龙门石窟开凿于云冈石窟之后，始建于北魏太和年间。这一时期北魏统一北方，外来的宗教佛教成为思想统治的精神支柱。为了控制中原地区，太和十八年（494），孝文帝将国都从平城迁到洛阳。此后在东魏与西魏、北齐与北周、隋、唐、五代、北宋，连续大规模营造达400余年之久。其中以北魏和唐代的开凿活动规模最大，时间也长达约150年。在龙门的所有洞窟中，北魏洞窟约占30%，唐代约占60%，其他朝代仅占10%左右。石窟规模区南北长达1000米，今存有窟龛2345个，造像10万余尊。

奉先寺群雕是龙门石窟中艺术水平最高、整体设计最严密、规模最大的一组摩崖型群雕，由皇后武则天赞助两万贯脂粉钱当作费用，开凿于唐高宗咸亨三年（672）。群雕中的佛像明显体现了唐代佛像艺术特点，面形丰肥、两耳下垂，形态圆满、安详、温存、亲切，极为动人。

奉先寺卢舍那大佛　林治坤摄影

龙门的故事

其中的卢舍那大佛，据传说是按照武则天的形象塑造的。大佛造像通高17.14米，头部高4米，耳朵长达1.9米，头顶为波状发纹，面部丰满圆润，双耳长且耳垂丰盈，下颏含蓄而略向前突；双眉弯如新月，附着一双秀目，神思内敛；高直的鼻梁，清晰、精巧的唇线，勾勒出一抹似有还无的笑意。佛身雕饰通肩式袈裟，纹理简朴无华，线条流畅舒顺的衣纹，把头像烘托得异常端庄和圣洁。整个雕像看上去圆融和谐，安详自在，宛若一位睿智而慈祥的中年妇女，令人敬而不惧。有人评论说，这尊佛像把高尚的情操、丰富的感情、开阔的胸怀和典雅的外貌完美地结合在一起，因此，它具有巨大的艺术魅力。

卢舍那大佛为释迦牟尼的报身佛，据佛经说，卢舍那意即光明普照。饱经沧桑、老成持重的大弟子迦叶，温顺聪慧的小弟子阿难，表情矜持、雍容华贵的菩萨，英武雄健的天王，咄咄逼人的力士与主佛卢舍那一起，构成了一组极富情态质感的艺术群体形象。

奉先寺大型艺术群雕以其宏大的规模、精湛的雕刻高踞于中国石刻艺术的巅峰，成为中国石刻艺术的典范之作，也成为唐朝这一伟大时代的象征。

龙门石窟还有潜溪寺、宾阳中洞、宾阳南洞、摩崖三佛龛、万佛洞、莲花洞、古阳洞、药方洞等。石窟中有碑刻题记2800余品，其中“龙门二十品”是书法魏碑精华；褚遂良所书的“伊阙佛龛之碑”则是初唐楷书艺术的典范。整个石窟营造延续时间长，跨越朝代多，以大量的实物形象和文字资料从不同侧面反映了中国古代政治、经济、宗教、文化等许多领域的发展变化，对中国石窟艺术的创新与发展做出了重大贡献。

1961年国务院核准龙门石窟为第一批全国重点文物保护单位。2000年11月，联合国教科文组织将龙门石窟列入《世界文化遗产名录》，世界遗产委员会评价："龙门地区的石窟和佛龛展现了中国北魏晚期至唐代，最具规模和最为优秀的造型艺术。这些翔实描述佛教宗教题材的艺术作品，代表了中国石刻艺术的最高峰。"

• 白马寺 •

位于河南洛阳老城以东的白马寺，创建于东汉永平十一年（68），为中国第一古刹，世界著名伽蓝。是佛教传入中国后兴建的第一座寺院，有中国佛教的"祖庭"和"释源"之称，距今已有1900多年的历史。现存的遗址古迹为元、明、清时所留。寺内保存了大量元代夹纻干漆造像，如三主佛、二天将、十八罗汉等，弥足珍贵。

白马寺整个寺庙坐北朝南，为一长形院落，总面积约4万平方米。主要建筑有天王殿、大佛殿、大雄殿、接引殿、毗卢阁等，均列于南北向的中轴线上。虽不是创建时的"悉依天竺旧式"，但寺址都从未

白马寺 林治坤摄影

迁动过，因而汉时的台、井仍依稀可见。除五重大殿外，还有四个大院以及东西厢房。

整个寺庙布局规整，风格古朴。寺大门之外，广场南有近些年新建的石牌坊、放生池、石拱桥，其左右两侧为绿地。左右相对有两匹石马，大小和真马相当，形象温和驯良，这是两匹宋代的石雕马，身高1.75米，长2.20米，作低头负重状。相传这两匹石雕马原在永庆公主（宋太祖赵匡胤之女）驸马、右卫将军魏咸信的墓前，后搬迁至此。山门西侧有一座《重修西京白马寺记》石碑，是宋太宗赵光义重修白马寺时刻，碑文分五节，矩形书写，人称“断文碑”。山门东侧有一座《洛京白马寺祖庭记》石碑，是元世祖忽必烈修建白马寺，由书法家赵孟頫刻碑，人称“赵碑”。

白马寺齐云塔　林治坤摄影

白马寺山门采用牌坊式的一门三洞的石砌弧券门。“山门”是中国佛寺的正门，一般由三个门组成，象征佛教空门、无相门、无作门的“三解脱门”。红色的门楣上嵌着“白马寺”的青石题刻，它

白马甜榴

白马寺印度佛殿　林治坤摄影

白马寺缅甸佛殿 林治坤摄影

同接引殿通往清凉台的桥洞拱形石上的字迹一样，是东汉遗物，为白马寺最早的古迹。

山门内东西两侧有摄摩腾和竺法兰二僧墓。五重大殿由南向北依次为天王殿、大佛殿、大雄殿、接引殿和毗卢阁。每座殿阁都有造像，多为元、明、清时期的作品。毗卢阁在清凉台上，清凉台为摄摩腾、竺法兰翻译佛经之处。东西厢房左右对称。整个建筑宏伟肃穆，布局严整。此外，还有碑刻40多方，对研究寺院的历史和佛教文化有重要价值。

1990年前，白马寺主要建筑有寺院的山门、殿阁、齐云塔院。1990年后，在原有建筑的基础上，白马寺增加了钟鼓楼、印度佛殿、泰国佛殿、卧玉佛殿和齐云塔院内的客堂、禅房等。

印度佛殿　2004年，印度前总理瓦杰帕伊参访白马寺，并虔诚地朝拜印度两位高僧摄摩腾、竺法兰在白马寺的圣冢。此后，中、印双方协商建印度佛殿。印度佛殿规划占地6000平方米，建筑面积3450平方米。主体建筑布局规整，别具匠心。大佛殿中央供奉佛祖说法时的雕像，中心是一个巨大的覆钵式穹隆顶，神秘莫测；佛殿下水流往来，喷涌不断，清澈圣洁；佛殿外回廊环绕，静谧整齐，超凡脱俗。整个佛殿装修精工，格调高雅，雕刻美妙，缜密细致，好似西方天国。

缅甸佛殿　缅甸风格佛殿位于白马寺

白马寺泰国佛殿　林治坤摄影

院西北侧、泰国佛殿苑之西。南北长108米，东西宽65米，总面积7020平方米。缅甸佛殿主体建筑为大金塔，是按瑞德光大金塔的尺寸3：1缩小而建，高32.92米，塔基底座径51.71米，底层为展览厅。大金塔的东、西、南、北方向各有主门一道。这四道主门，以及缅甸佛塔苑的围墙，完全按照贡榜王朝的缅甸曼德勒皇宫样式直接移植过来，以喜庆的红色和富丽的金色为主色调。东、西两方向除主门之外还各有一个简约的小门，高3.75米，小门上用缅甸文写有“大金塔”（梵文音译）字样。

泰国佛殿苑　位于白马寺古建区西侧。长、宽各108米，有四座苑门，东、西、南、北各一座，东门为正门。建筑错落有致，张弛有度。大佛殿供奉释迦牟尼，法相庄严、慈祥温和。2010年初，为进一步丰富和彰显泰国佛教文化内容，促进中泰两国佛教文化交流，泰国代理僧王、曼谷金山寺方丈颂德帕普塔赞大长老、大善信瓦塔纳·阿萨瓦先生参访白马寺后出资对泰国佛殿苑进行翻修，并进行扩建，修起了围墙、大门，辟建了舍利塔、博物馆、钟鼓楼、四面佛、凉亭、僧寮及配套设施等。

1961年，白马寺被国务院公布为第一批全国重点文物保护单位。1983年，被国务院确定为全国汉传佛教重点寺院。

• 龙门香山寺 •

香山寺位于龙门东山山腰，其建筑古朴浑厚，掩映于苍松翠柏之中，与世界文化遗产——龙门石窟西山窟区一衣带水，隔河相望，与龙门石窟东山窟区和白园一脉相连，并肩邻立。

香山因盛产香葛而得名。始建于北魏熙平元年（516）。唐垂拱三年（687）印度来华高僧地婆诃罗（日照）葬于此，为安置其遗身重建佛寺。天授元年（690），武则天在洛阳称帝，梁王武三思奏请，敕名“香山寺”，并重修该寺。当时香山寺危楼切汉，飞阁凌云，巍巍壮观，武则天常亲驾游幸，在香山寺中石楼坐朝，曾留下了“香山赋诗夺锦袍”的佳话。唐太和六年（832），河南尹白居易捐资六七十万贯，重修香山寺，并撰《修香山寺记》，寺名大振。

白居易自号“香山居士”，与如满和尚等人结成“香山九老会”，吟咏于该寺的堂上林下。唐会昌六年（846），白居易去世，遗命葬于香山寺如满大师塔侧。

香山寺　林治坤摄影

诗夺锦袍

• 周公庙 •

周公庙是纪念西周时期著名的政治家、军事家、思想家、古代洛阳的缔造者、中国儒家思想的奠基人周公姬旦的祠庙，亦称元圣庙。由于周公开创了千秋伟业，被后世奉为天下第一圣人——“元圣”。全国各地多设祠纪念，洛阳周公庙即为其中的一座。

洛阳周公庙始建于隋末唐初，为隋将王世充草创。唐太宗贞观和唐玄宗开元年间予以重修，明嘉靖四年（1525）在旧址重建，万历四十七年（1619）重修。

周公庙坐北面南，现存一组古建筑。依中轴线自前到后依次为定鼎堂、礼乐堂（会忠祠）、三殿及东西廊房，共664平方米，是洛阳市保存下来的为数不多的明清建筑群之一，为全国重点文物保护单位。

定鼎堂大殿四角飞檐起翘，拓展伸张，比例匀称，节奏和谐，既庄严稳重又隽秀灵巧，按我国著名古建专家郑孝燮先生所言：这是一座保留有辽金建筑风格的艺术杰作，具有较高的历史价值和文物价值。殿内现供奉周公、召公、毕公及周公长子伯禽、次子君陈五尊圣像。定鼎堂后为会忠祠，清代单檐硬山式建筑，面阔五间，进深两间。现陈列一组人物群像，再现了当年周公制礼作乐的场面，置身此殿

定鼎中原

周公庙　林治坤摄影

仿佛能聆听到典雅而悠扬的韶乐，故改名礼乐堂。后殿为清代单檐硬山式带前廊建筑，现陈列洛阳五大都城遗址出土文物，并展示隋唐东都城宫城、皇城沙盘模型。东西廊房为清代硬山式建筑，拟辟为周公史迹陈列展室。

1989年洛阳市委、市政府以周公庙为主体将此辟为“洛阳都城博物馆”。

•关　林•

关林位于洛阳城南约7公里处，是埋葬三国时蜀将关羽首级的地方，故又称关帝冢；因冢前建庙，也称关林，是我国唯一的关羽冢、庙、林三祀合一的古建筑遗存。

关帝庙始建于明万历二十四年（1596），在汉代关庙的原址上扩建殿宇植柏，乾隆时又加以扩建，形成现今规模。清乾隆、光绪皇帝与慈禧太后都曾拜谒关林，并题有匾联，悬挂至今。“林”是对大圣人的尊称，如孔林。宋代以来，历朝历代对关公屡加追封，“侯而王，王而帝，帝而圣，圣而天”，褒封不尽，庙祀无垠。

关林的建筑规格是按照宫殿形式修建的，布局严谨，巍巍壮观。坐北向南，为长方形。大门前有一广场，戏台位于广场南端中部，坐南向北，与关林大门相对，在整个建筑物的中轴线上。在中轴线上的

关林　林治坤摄影

主要建筑物依次为大门、仪门、甬道、拜殿、大殿、二殿、三殿、石碑坊、碑亭、关墓。中轴线两侧附以其他形式相同的对称建筑物。关林占地100亩，翠柏800多株，殿宇廊庑150余间，大小狮子110个，碑刻7011方。这里隆冢丰碑，殿宇堂皇，古柏苍郁，景色幽雅。风景这边独好。

明清时文武圣人并祀，关林与山东曲阜孔林齐名，为全国三大关庙之首。因关公为佛、儒、道三教共奉，又被认定为中国传统的武财神，香火极盛。现每年九月举办关林国际朝圣大典，海内外朝圣者云集于此，盛况空前。园内的翠柏自古被誉为“洛阳八小景”之一，很值得细细欣赏，最有名的两株为大殿前月台两侧的奇柏，西为龙首柏，东为凤尾柏。

2006年关林被国务院公布为全国重点文物保护单位。

• 汉光武帝陵 •

汉光武帝陵，古谓原陵，俗称汉陵、刘秀坟，为东汉开国皇帝——世祖刘秀的陵园，距今已有近两千年历史。陵园位于孟津县白鹤镇铁榭村西南，该陵南依邙山，北临黄河，近山傍水，宁静肃穆。陵园呈长方形，由陵园、祠院两部分组成，总面积达6.6万平方米，墓冢位于陵园正中，为夯土丘状，高17.83米，周长487米，陵内遍植隋唐杏柏（柏树稀有品种，散发杏香）1458株，为国内少有的陵墓园林，

推心置腹

汉光武帝陵　林治坤摄影

且呈枕河蹬山之势，一改帝陵选址的风水建制，同其他皇帝陵寝相比独具其绝，千百年来为观者称奇乐道，游人不绝。

2001年，汉光武帝陵被公布为全国重点文物保护单位。

• 偃师商城博物馆 •

偃师商城博物馆是一座历史类专题博物馆，位于偃师市西南隅尸乡沟商城遗址东百米处，主体建筑为“四阿重屋”式仿古宫殿建筑群，殿堂居中，廊屋相连，青砖青瓦，古朴典雅，院内老松翠柏、繁花似锦、古色古香。馆址占地面积约16 000平方米，建筑面积31 000平方米。

该馆馆藏文物近万件，主要有青铜器、玉器、象牙器、骨器、金银器、漆器、陶器等。另外收藏碑碣造像、石刻墓志、绿松石微雕近千件，其中有西汉画像石、汉甘陵相尚府君碑、建初二年侍廷里父老僤买田约束石券和北魏、北齐造像碑、造像龛等。

该馆专题展览有二里头遗址和偃师商城遗址出土的大批礼器和生活用具，如网纹青铜鼎、乳钉纹青铜爵、青铜斝、青铜兵器、大型七孔玉刀、玉钺、玉璋、玉戚和具有特色的陶鼎、陶斝、陶鬲等生活用具，以及偃师商城出土的饕餮纹铜尊、龙纹铜鬲、铜戈、铜戚、铜镬，还有玉器、象牙器、陶器。该馆复原了夏商二代城池宫殿模型，配有图板、照片、文字说明。该馆还举办有“历代珍品”“唐三彩”“佛教艺术”“中国历代货币”等临时展览。

• 龙马负图寺 •

龙马负图寺位于洛阳市孟津县会盟镇雷河村旁边。坐北向南，背临黄河，面向邙山。始建于东晋永和四年（348），距今已有1600多年，是为感念“人文之祖”伏羲的功绩，在黄河故道上建起的第一座祭祀场所。是河洛文化中“河图”的出现地，也是中华易学的发源地，是河南省文物保护单位。

龙马负图寺　林治坤摄影

寺院有山门、大殿、钟鼓楼。大殿系明代遗物，正中有高大的伏羲氏塑像，像侧有龙马站立，龙首马身，有麟负图，龛顶有八卦图。另有石碣一块，上刻“一画开天”四个大字。山门侧有“龙马负图处”石碑一通。寺内还有一通画像石碑，刻画着全寺建筑分布图，以及宋代程颐、邵雍、张载、朱熹，明清时王铎等撰书的碑记和清乾隆时洛阳知府张汉写的诗赋。

潞泽会馆

潞泽会馆位于洛阳市老城东关新街南端东侧，九都路东段北侧。坐北面南，因其西南面还有一座山陕会馆，故潞泽会馆又称东会馆。为洛阳市保管较好的著名古建文物之一；是洛阳市区内规模最大、保存最完整的古建筑群。

清乾隆九年（1744），由山西潞安府（治今长治）、泽州府（治今晋城）居洛商贾崔万珍等集资兴建，主祀关羽，民国期间，更名“潞泽会馆”。总建筑面积为3600平方米，以中轴线为中心的对称建筑物，层次分明，结构严谨。现存有舞楼、大殿、后殿、钟鼓楼、东西配殿、东西厢房。2000年初，洛阳市政府又在舞楼前修建一大广场及过街牌坊。1986年被国务院公布为全国重点文物保护单位。

1981年后，建立豫西博物馆，1987年改建为洛阳民俗博物馆，1988年正式对外开放。该馆是河南省最大的一座民俗类专题博物馆，基本陈列有信俗、婚俗、寿俗、民间艺术、刺绣五大部分。新辟“洛阳匾额博物馆”，陈列从民间征集的各类

洛阳民俗博物馆 林治坤摄影

匾额，数量之多，书法、雕刻之精美，国内罕见。

明堂天堂遗址

明堂、天堂是两座唐代圆形宫殿建筑基址，现在看到的建筑是就地复原保护。

明堂是儒家的礼制建筑，为古代帝王明政教之场所，凡祭祀、朝会、庆赏、选士等大礼典均在此举行。隋代即有建造明堂的计划，但未及施行。唐高祖受禅，天下尚未太平，明堂未遑建立。唐太宗之世，天下初定，明堂之事被提上了议事日程。太宗追古制礼，但明堂规制已无章可循，此事终被搁置。唐高宗时期重议明堂方案，多费周折，但未来得及建造，高宗便一病不起，呜呼而去。

武则天执政后，视明堂为自己得天命的标志和王朝国运的象征，于垂拱三年（687）春，力排众议拆除洛阳宫之正殿乾元殿即隋之乾阳殿，就其地创建明堂。

明堂，位于隋唐洛阳城中轴线上，是宫城的正殿，是武则天一统天下、执掌国柄、沟通天地、感应四时的重要场所。垂拱四年正月初五，明堂建成。明堂气势恢弘、壮观华丽、巍峨参天，有吞天吐地、包罗万象之气，武则天于是给明堂起了一个很大气、庄严的名字——万象神宫。

2005年隋唐洛阳城国家遗址公园被列

为国家“十一五”期间重点保护的大遗址之一，是洛阳市打造国际文化旅游名城的“天字一号”项目，明堂则是这个工程中的首个亮点。明堂遗址项目通过世界上先进的声、光、电手段将看不见摸不着的历史转化为绚丽的感官体验，用一种完全不同的方式诠释洛阳历史及盛唐文化，在国内甚至世界范围内都属首创。

天堂，亦名通天浮屠、天之圣堂，始建于唐永昌元年（689），位于隋唐洛阳城宫城正殿明堂的北侧。天堂是隋唐洛阳城中轴建筑群上著名的“七天建筑”中最高的建筑，为一代女皇武则天感应四时、与天沟通的御用礼佛圣地，天堂内有用夹纻工艺制造的大佛，相当巨大，其小指中犹容数十人。

武则天当政时期所建的明堂、天堂，是洛阳太初宫宫城内最高大的两个建筑，它们一改皇宫中轴线主殿为单层的传统，使洛阳宫城殿宇的立体轮廓和风貌气势显得更加辉煌壮丽。

天堂遗址地下夯土层的直径有70米之多，遗址中心为直径11米的中心柱遗址坑，外两圈都是用很厚的青石垒砌，凭此可以想见天堂在当时的宏伟和壮观程度。

2013年，以武则天的礼佛堂为原型而复建的新“天堂”正式对外开放，接待游人。新“天堂”建于原天堂遗址之上，并非原样复原，而是一座保护展示性高塔建筑。天堂也是徐克导演的电影《狄仁杰之通天帝国》中的通天浮屠的原景地。

明堂天堂遗址 林治坤摄影

二程墓　林治坤摄影

程门立雪

二程墓

二程墓在洛阳市南约25公里，今伊川县城西荆山脚下，称为程园，占地40余亩，于1963年就被公布为河南省文物保护单位。

二程墓有三个墓冢，二前一后，前者为程颐、程颢之墓，后者是其父亲程垧之墓，意为父抱子。墓冢保存良好，三个墓碑均为元代嵩县县令所立。二程墓包括程墓和程祠两部分，前为祠庙，后为墓冢。祠堂包括祭堂三间，卷棚三间，东、西厢房各三间。另有明清年代石碑数十方，包括明宣德和清康熙、乾隆、嘉庆年间的重修碑。墓冢前有墓碑供案，四周有坟墙回护，周围可见石马、石羊、石虎。墓、祠一带古树参天，肃穆幽静。

程颢、程颐兄弟同为北宋哲学家、教育家，分别称明道先生、伊川先生，是北宋理学的奠基者，世称二程。伊川县已在旧址上恢复了二程书院，程颐在伊川讲学三十多载，四方贤人哲士闻风而至，杨时、游酢还曾经在此留下了“程门立雪”的佳话。

• 升仙太子碑 •

在洛阳市东南约35公里，今偃师市府店镇缑山之巅，有一通升仙太子碑，碑文是唐朝女皇帝武则天书法作品。此处原有升仙观一座，今已不复存在，仅留此碑，高6.70米，宽1.55米，厚0.55米，盘龙首龟座高1.3米。2006年国务院公布为全国重点文物保护单位。

武周圣历二年（699）二月初四，武则天由洛阳赴嵩山封禅，返回时留宿于缑山升仙太子庙，一时触景生情而撰写碑文，并亲为书丹。碑文表面记述周灵王太子晋升仙故事，实则歌颂武周盛世。笔法婉约流畅，意态纵横。碑额“升仙太子之碑”六字，以“飞白体”书就，笔画中丝丝露白。碑文33行，每行66字，行书和草书相间，接近章草书体。碑文上下款和碑阴的《游仙篇》杂言诗、题名等，分别出自唐代著名书法家薛稷、钟绍京之手。历代书法爱好者都视《升仙太子之碑》为书法艺术珍品。

骑鹤升仙

升仙太子碑历经1300余年风雨沧桑，这方武则天撰文书写的巨碑，彰显着这位女皇的雄才大略，饱含着书法神韵。她开草书刊碑之先河，不失为女书之精品。碑额“升仙太子之碑”六字，巧隐十个鸟形笔画，作为唐代飞白书遗存未几中的佼佼者而被书法界推崇。

• 八路军驻洛阳办事处 •

八路军驻洛阳办事处简称“洛八办”。

1937年7月，日本帝国主义发动了全面侵华战争。国共两党为御外侮实行第二次合作，建立了广泛的抗日民族统一战线。经与国民党政府协商，我党在全国设立了8个办事处，其中在国民党第一战区司令长官部所在地——洛阳建立了“八路军驻洛阳办事处”。

1938年10月，“洛八办”负责人刘向三率50余人从延安赴洛阳。国民党第一战区司令长官程潜担心在洛阳设办事处对他

八路军驻洛阳办事处 林治坤摄影

不利，不同意设办事处，经刘向三反复力争，程潜勉强同意在洛阳设立通讯处。1940年5月，通讯处正式改名为办事处。从1938年10月至1942年2月，洛八办从筹建到被迫撤离只有三年半的时间，但它仍为抗日战争的胜利做出了不可磨灭的贡献。

洛八办成为连接延安、华北、华中抗日根据地的重要纽带，还在第一战区联络、掩护、帮助地方党组织开展工作，搜集情报。毛泽东主席对洛八办的筹建给予很多指示，刘少奇、朱德、彭德怀、徐海东、彭雪枫等都亲临洛八办指导工作。刘少奇冬夜撰写的政治名著《论共产党员的修养》、朱德总司令为洛八办同志做抗战形势报告等场景都在这里保留完好。

当年，许多热血青年追寻共产党走进了抗日队伍，其中通过洛八办介绍远赴延安和其他根据地的就有1400多人。

• 老君山—鸡冠洞景区 •

老君山-鸡冠洞景区是国家AAAAA级景区，是国家级自然保护区、世界地质公园、国家地质公园。位于栾川县境内。老君山原名景室山，是八百里伏牛山的主峰，海拔2200米。后西周朝“守藏室史”李耳到此归隐修炼并被道教尊为太上老君而被唐太宗易名为“老君山”，沿袭至今。北魏时建庙纪念，唐贞观年间受皇封，修建铁顶老君庙。

老君山历代香火旺盛，被尊为道教圣地、天下名山。北魏至今，老君山从山门七里坪入口处起，有太清宫、十方院、灵官殿、淋醋殿、牧羊圈、救苦殿、传经楼、观音殿、三清殿、老君庙等庙宇16处之多。历代毁毁修修，现存6处，以顶峰老君庙最为壮观，在中原众多庙宇中屈指可数。山顶老君庙有“南有武当金顶，北有老君铁顶”之说，初一、十五朝拜老君庙香客成群结队，四月初八老君庙会人山人海。老君山现已开发的景观区6处，有景点179个。

老君山原貌保存良好，它记录着19亿年来华北古陆块南缘裂解、离散、增生、聚合、碰撞、造山等构造演化过程，其独特的“滑脱峰林”地貌、石林、马鬃岭等景观群，令人叹为观止。原始林大部分地域至今无人进去，20世纪60年代，野人壕曾发现野人足迹。马鬃岭南侧有三千余亩的石林景观，被地质学者称为“北国石林”。老君山保护区现有国家重点保护野生动植物102种，有中草药830多种，被称为国家中草药基因库。

鸡冠洞是一个天然石灰岩溶洞，地质学上称其为喀斯特岩溶地貌。据专家考证，它形成于早、中更新纪，诸多景观在八亿年前就已定形。早在清乾隆年间，就有人冒险探幽，终因洞内深幽奇险，惧而返。

鸡冠洞洞深5600米，上下分五层，落差138米。目前已开发洞长1800米，观赏面

老君山　曾宪平摄影

鸡冠洞 林治坤摄影

积23 000平方米，共分八大景区，依次命名为玉柱潭、溢彩殿、叠帏宫、洞天河、聚仙宫、瑶池宫、藏秀阁、石林坊。洞内峰回路转，曲径通幽，景观布局疏密有致，钟乳石、石笋、石柱、石幔、石瀑、石花、石盾、石珠、石琴、莲花池、透明石等景观，形态各异，姿态万千，如弥勒行吟，神态庄严；似百兽觅食，气势狰狞；这边老翁含笑，那厢童子拍手；有桥似层层彩虹横跨，有塔如朵朵灵芝压叠；石林耸秀，石花吐芳；石帷垂挂，看临风欲动；石瀑飞溅，听似轰然有声；天狗寻月、鲤鱼戏水、鳄鱼拜寿、八仙过海、白虎拉玉峰、金龟渡仙翁……天然成趣，目不暇接。更有庞大的石琴，以石击之，可奏出美妙乐曲，袅袅的琴音与洞中地下河的潺潺水声融在一起，给鸡冠洞增添了无穷的魅力！

鸡冠洞以“奇、丽、幽、深、险、峻、秀”七绝著称于世。景区是中国长江以北罕见的洞穴旅游景区。洞中一年四季恒温18℃，严冬季节，洞内热浪扑面，暖意融融；盛夏酷暑，洞中寒气侵袭，清神爽心，被誉为自然大空调。

白云山

洛阳白云山位于嵩县南部伏牛山腹地，是国家级森林公园、国家级自然保护区、国家AAAAA级旅游景区、中国十佳休闲胜地。景区总面积168平方公里，现已开

白云山　高均海摄影

发白云峰、玉皇顶、鸡角曼（小黄山）、九龙瀑布、原始森林五大观光区和白云湖、高山森林氧吧、高山牡丹园、留侯祠、芦花谷五大休闲区。

白云山景区地跨长江、黄河、淮河三大流域，集三河之灵于一山，堪称“中原山水大观”之绝品。白云山地处南北地理气候分界线，属亚热带向暖温带气候过渡区，动植物资源十分丰富，是国家级自然保护区。森林覆盖率达98.5%，植物种类达1991种，动物204种，国家重点保护野生植物40余种，国家重点保护野生动物20种。万亩原始森林中枯藤老树姿态各异，涓涓细流清澈碧透，奇花异草五彩缤纷，自然生态系统保存完好。高山杜鹃林于群峰之上绵延数千米，花开时节，漫山遍野，姹紫嫣红。唐代银杏林400多株同生共存，古朴壮观，北国罕见。稀有的动植物群落被专家学者誉为“自然博物馆”。

整个景区融山、石、水、洞、林、草、花、鸟、兽为一体，雄、险、奇、幽、美、妙交相生辉，现已成为中原地区集观光旅游、度假避暑、科研实习、寻古探幽为一体的复合型旅游区。

• 龙潭大峡谷 •

龙潭大峡谷是洛阳黛眉山世界地质公园的核心景区，是一条以典型的红岩嶂谷群地质地貌景观为主的峡谷景区，为国家AAAAA级旅游景区。谷内关峡相望，潭瀑连珠，壁立万仞，峡秀谷幽，经过12亿年的地质沉淀和260万年的水流切割旋蚀所形成的高峡瓮谷、山崩地裂奇观，堪称世界一绝，人间少有，享有“中国嶂谷第一峡”“古海洋天然博物馆”“峡谷绝品”和“黄河山水画廊”等美名。

2009年，龙潭峡正式更名为“龙潭大峡谷”。龙潭峡是一条由紫红色石英砂岩经流水追踪下切形成的“U”形峡谷，全长12公里。谷内嶂谷、隘谷呈串珠状分布，云蒸霞蔚，激流飞溅，红壁绿荫，悬崖绝壁，不同时期的流水切割、旋蚀，磨痕十分清晰，巨型崩塌岩块形成的波痕大绝壁国内外罕见。龙潭峡谷从平面图上看，它很像一条东西横卧的巨龙，而且峡谷内处处以龙的传说为宗，所以历来人们都叫它龙潭峡。

联合国教科文组织、世界地质公园评审专家两次盛赞龙潭大峡谷景区是“世界上最美的峡谷”和“全世界人人都该来的地方”；具有国际影响力的美国有线电视新闻网CNN评出中国最美的四十个景点，龙潭大峡谷景区是河南省唯一入选的景区。

景区内有六大自然谜团：水往高处流、佛光罗汉崖、巨人指纹、石上天书、蝴蝶泉、仙人足迹；还有七大幽潭瀑布：五龙潭、龙涎潭、青龙潭、黑龙潭、卧龙潭、阴阳潭、芦苇潭；更有八大自然奇观：绝世天碑、石上春秋、阴阳潭瓮谷、五代波纹石、天崩地裂、通灵巷谷、喜鹊迎宾、银链挂天。这些令人惊叹、流连忘

龙潭大峡谷　林治坤摄影

返的景观和红岩绝壁、飞瀑幽潭、狭沟深谷、奇石绿荫等，组成了世界上罕见的山水画廊。

• 黄河小浪底风景区 •

黄河三峡是小浪底与王屋山所孕育的精华，位于小浪底水库大坝上游20公里处，总面积40平方公里，是小浪底风景区的精华所在。八里胡同位于黄河中下游最窄处，两岸断壁如削，中间河水奔涌，三条峡谷各具风采：孤山峡鬼斧神工，千仞壁立；龙凤峡盘龙走蛇，曲折迂回；大峪峡开阔舒展，气象万千。特别是九蹬莲花栈，九蹬九级，次第升高，望之若莲花盛开，似出水芙蓉，号称“鲧山禹斧”。而且还有隋唐古栈道、陈谢大军黄河渡等多处丰富的文化胜迹，自然人文景点多达60余处，是我国北方少有的山水景观，完全可以和长江三峡媲美。

小浪底工程是景区最亮丽的风景线，它不仅是中国治黄史上的丰碑，也是世界水利工程中的杰作，投资额420亿元人民币，共创三项世界纪录、六项中国之最，呈现高峡平湖，港湾交错，山水交融，水光潋滟，风光旖旎，构成一幅山清水秀、北国江南的壮丽画面。

小浪底水库内大量的半岛、孤岛、险

小浪底水库大坝　曾宪平摄影

峰，使自然景观近有曲折蜿蜒的河湾，远有烟色浩淼的湖面。从码头登舟，击水搏浪，出入高峡平湖，观赏沿岸山水风光，尽情领略母亲河的风采，以景观上的美、幽、奇、胜、典满足人们高尚的享受和回归自然的追求，在风格上既有田园风情的古朴典雅，又有现代时尚的豪华气魄。

景区先后获得的荣誉有：国家级水利风景区、国家AAAA级旅游景区、国家级环保样板工程、全国一流生态旅游精品、中国最具吸引力的地方、河南省十大旅游热点景区、河南省十大最美丽的湖等，为中原地区最具特色的风景线之一。

名品荟萃

——物华天宝赠人间

有名城名人，自然有名品。在洛阳，煌煌大观一千五百多年，可谓占尽天下的物华天宝。遗失的已经难以想象，仅存的也不逊谁家，且独具特色。

——洛阳是中国青铜器制作最早的地区，始于夏代，盛于西周，历史悠久。仿古青铜器主要有马踏飞燕、犀牛、方彝、车马俑、人物俑、奔马、各种酒器、刀、剑等，都生动地再现了远古风采。

——洛阳宫灯相传始于东汉，光武帝刘秀统一天下后，为了庆贺这一功业，在宫廷里张灯结彩、盏盏宫灯，各呈艳姿。后来，宫灯的制作技术传入民间。“宫灯”之名，由此而生。

——唐三彩是指俑器和陶器上的釉色而言，多以红、绿、黄为主，是中国唐代的艺术精华。因这种艺术珍品，大部在洛阳出土，故有“洛阳唐三彩”之称。

——洛阳水席，这种独具风格的大宴，以“汤汤水水”见长，以“流水”吃法取胜，作为最早的中国大餐，无不凸显着文化的韵味!

洛阳唐三彩

唐三彩，中国古代陶瓷烧制工艺的珍品，全名唐代三彩釉陶器，是盛行于唐代的一种低温釉陶器，釉彩有黄、绿、白、褐、蓝、黑等色，而以黄、绿、白三色为主，所以人们习惯称之为“唐三彩”。因唐三彩最早、最多出土于洛阳，亦有“洛阳唐三彩”之称 。

唐三彩在中国文化中占有重要的历史地位，在中国的陶瓷史上留下了浓墨重彩的一笔。唐三彩诞生于唐代是有其渊源的。首先，成熟的陶瓷技术是唐三彩诞生的物质基础；其次，唐代盛极一时的厚葬之风是促成其诞生的直接导向；最后，唐代各个领域的历史文化是孕育其最好的艺术养料。唐三彩的诞生也是三彩釉装饰工艺的诞生，是釉彩装饰和胎体装饰结合的过程。辉煌璀璨的唐三彩，其绚丽斑斓的艺术效果在雕塑精美、造型生动的俑上得到了完美的发挥和淋漓尽致的展现。

唐三彩的造型丰富多彩，一般可以分为生活用具、模型、人物、动物四大类，而其中尤以动物居多。三彩器物形体圆润、饱满，与唐代艺术的丰满、健美、阔硕的特征是一致的。三彩人物和动物的比例适度，形态自然，线条流畅，生动活泼。在人物俑中，武士肌肉发达，怒目圆

唐三彩　高均海摄影

睁，剑拔弩张；女俑则高髻广袖，亭亭玉立，悠然娴雅，十分丰满。

唐三彩在唐代陶瓷史上是一个划时代的里程碑。因为在唐以前，只有单色釉，最多就是两色釉的并用。作为一件器物上同时使用三种釉色，这在唐代本来就是首创，但是匠人们又巧妙地运用施釉的方法，红、绿、白三色，让它交错、间错地使用，然后在高温下经过烧制，釉汁熔融流动相互浸润，出窑以后便色彩斑斓。它有原色、复色、兼色，人们能够看到的就是斑驳淋漓的多种彩色，这是唐三彩釉色的特点。

唐三彩的复制与仿制工艺，在洛阳已有百年的历史，清乾隆年间，孟津县南石山高氏人家开始仿制，经过历代艺人们研制，制作的工艺技巧与艺术水平达到了一定的高度。代表人物洛阳唐三彩研究院院长、唐三彩博物馆馆长高水旺，是国家级非物质文化遗产唐三彩烧制技艺代表性传承人，联合国教科文组织授予其“民间工艺美术家”称号。其作品获中国工艺美术界最高奖项——中国工艺美术“百花奖”金奖；2013年、2014年、2015年，作品连续三年荣获中国陶瓷行业最高奖——“大地奖”金奖。

黄河澄泥砚

砚在古代又称“研”，用来研磨颜料或墨，是作书、绘画必备的文具。随着澄泥砚的发展，砚除了文具功能外，历代能工巧匠还赋予其艺术生命。澄泥砚始于汉，盛于唐宋，迄今已有千余年历史。澄泥砚质地细腻，坚实厚古，形制多样，窑变奇幻，为历代文人学士所珍爱。

宋代欧阳修在其《砚谱》中记载：“虢州澄泥，唐人品砚以为第一，今人罕用。”河南新安虢州澄泥砚取材于沉淀千年的黄河渍泥，经过火煅气化，质地变硬，非石而坚于石，非玉而美于玉，不仅是文房四宝之佳品，更是高级工艺品，与后起之端砚、歙砚、洮砚齐名，并称中国历史四大名砚。

新安属古虢州辖区，民间一直有零星制作，李中献曾祖李廷选，跟从清末制造局陕县张村塬上人马寨村制砚高手王玉瑞学习十年后回乡传子李虎，李虎又传子李天祥，又传至李德西。20世纪80年代传至

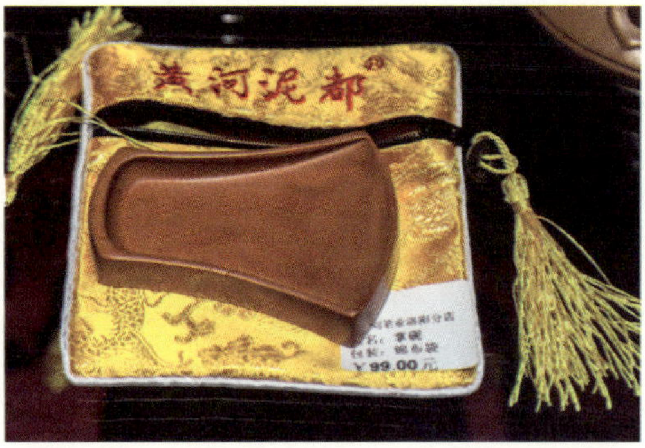

黄河澄泥砚　林治坤摄影

李中献。李中献在前人的制砚基础上不断创新，既保留澄泥砚传统的工艺流程，又融会现代技术，形成了一整套独特的制砚技术。

新安虢州澄泥砚坚实厚古，实制迥异，内涵丰富，雅俗共赏。虢州澄泥砚台全部手工制作，药物熏蒸，火中涅槃，窑变百色，烧制出了古澄泥砚少有的鳝鱼黄、朱砂红、檀香紫、蟹壳青等名贵色彩，产品屡次荣获各种大赛的金奖。2003年新安县被中国工艺美术协会评定为“中国澄泥砚之乡”。

• 牡丹瓷 •

牡丹瓷是继中国“五大官窑”之后，出现的独具洛阳文化特色的新派陶瓷，也是中国古老的陶瓷文化与悠久的牡丹文化有机融合的新生美术瓷种。

因其以洛阳牡丹为原型，用白瓷烧制牡丹花，雍容华贵，富贵吉祥，端庄典雅，美艳精致，被誉为“永不凋谢的牡丹花”。其形态为：红玉瓣、黄金蕊、琥珀枝、翡翠叶，在人们心中有很高的知名度，故被誉为“牡丹瓷”。

牡丹瓷采用豫西富含多种矿物元素的高岭土为原料，制作工艺复杂，首先要将瓷土压成各种不同类型的长条，然后经过手工一条一条精心编织成镂空花盘，每一个花盘需要编制四层，编好经过自然风干后先低温素烧。素烧后上釉，完整的花盘才能开始在上面做牡丹花和枝叶。然后再做花瓣和花蕊，一朵惟妙惟肖的牡丹花就

牡丹瓷

开放在花盘内了。经过自然晾干，然后送入窑炉，经过1400℃左右的高温烧制，一件完整的艺术品就呈现在面前。

把瓷器烧制、粉彩上色等技术结合在一起，在传统工艺的基础上，研制出形象逼真、花色自然、叶薄如纸、叶脉清晰可见的牡丹瓷，是中国悠久的瓷文化与瓷工艺延续发展过程中的创意成果。

2013年底牡丹瓷系列精品被中国外交部选用为中国外交礼品，正式步入国礼行列，其中100余件作品先后被国家领导人赠送给了近百个国家元首及领导人，受到了国际政要的好评。2016年博鳌亚洲论坛年会、2017年“一带一路”国际合作高峰论坛以及2018年上海合作组织青岛峰会，李学武牡丹瓷均作为国礼被赠予各国首脑。李学武自主研发设计制作的牡丹瓷系列作品，连续多次获得中国工艺美术“百花杯”金奖、中国陶瓷界最高水平的“大地奖”金奖等。

• 杜康酒 •

酿制杜康酒的泉水——酒泉，位于杜康村的酒泉沟里。酒泉水清冽碧透，味甜质纯。每逢夏季，可闻到一股天然的酒香。杜康酒属浓香型，以优质小麦采制，高中温混合使用，又精选糯高粱为酿酒原料，并采取“香泥封窖、低温入池、长期发酵、混蒸续槽、量质摘酒、分级贮存、陈酿酯化、精心勾兑”等先进工艺。东汉许慎《说文解字》言：“杜康作秫酒。”据明万历年间《直隶汝州全志》载，杜康村三山环抱，一溪旁流。村南杜康河里流水潺潺，清澈见底，其中酒泉沟一段，百泉喷涌，清冽碧透，夹岸树木葱郁，景色宜人。

康水三奇

老辈人常说，杜康河上有三奇：河雾平不及岸，鸭蛋黄鲜血样红，虾米两两相抱蜷腰横行。据说，杜康河上这三奇，是王母娘娘贬金童玉女到杜康河上才有

杜康酒　林治坤摄影

的。酒泉沟旁有杜康祠，为汉光武帝刘秀建武年间始建。古往今来，“杜康酒八仙”“杜康醉刘伶”的动人故事，在民间广为流传，杜康已成为琼浆佳酿的代名词。

建安时期的曹操在《短歌行》中写道：“何以解忧？唯有杜康。”1972年，日本首相田中角荣访问中国时，周恩来总理为他举行宴会，田中角荣赞道：“天下美酒，唯有杜康。”并希望下次来中国时能喝到杜康酒。消息传出，古代杜康酿酒之地的汝阳、伊川在“复兴杜康，为国争光”的号召下，几经试验，使失传的杜康酒复生。从此，杜康酒名扬海内外，并多次被评为全国优质酒。

• 洛阳铲 •

洛阳铲　《洛阳晚报》供图

洛阳古墓很多，曾有“邙山无卧牛之地”之说。旧中国的一些洛阳人，以挖墓为生，他们借用明、清两代治理黄河检验河堤夯土质量的铁锥筒来刺土探墓。这种探铲呈半筒形，上装长木柄，手持下探，钻探锋利，带土量多，出土利，又能保持原土质不变，使用方便，判断准确。1949年后这种探铲被文物部门采用，定名为“洛阳探铲”。民国时期，洛阳有四家生产这种探铲，而以杨林家生产的质量为最好，所以又称“杨林探铲”。

1955年洛阳被定为全国重点建设城市，利用杨林探铲，在洛阳探出古墓及古遗址数千处，后被国家文物部门所肯定并推广至全国，又传到苏联、东欧与亚洲各国，被公认为“洛阳探铲”。

• “双元”围棋 •

“双元”围棋自问世以来，因其具有成型好、手感细腻、耐冲击性强等优点，很快成为围棋爱好者的最爱。1992年双元公司正式向中国棋院赠送围棋，陈祖德、聂卫平等国手出席赠棋仪式。此后，“双元”围棋迅速成为全国各大围棋赛事的指定用棋。1998年2月16日，“双元”公司再次向中国棋院赠送“双元”牌围棋产品，得到围棋界高层人士的一致认可。

为促进围棋的发展和对“双元”围棋的认可，陈祖德院长亲自题词“弘扬中华国粹，发展双元围棋”赠予“双元”公司留念，并共同探讨围棋产业和棋艺竞技需求和发展，中国棋院领导及国家围棋队棋圣聂卫平和国手刘小光、马晓春、常昊等为“双元”签名留念。同年，“双元”棋业与中央电视台二套广告部签约连续三年举办“双元杯”业余围棋名手挑战赛，每年播出时间长达半年之久。从而奠定了“双元”围棋在行业内的认知度和在棋界同产品中的地位，提高了品牌知名度。

1999年日本围棋代表团访问中国，指定在洛阳用“双元”棋具参赛；次年日本友人邀请公司董事长王潼玲女士访问日本。随着交流的逐步深入，“双元”作为中国围棋行业一线品牌在日本棋界获得盛誉。

2001年，贵阳举办首届国际围棋文化节，参赛的世界友人来自47个国家，是中国围棋史上规格最高、规模最大，棋界及各界名人参与最多的一次。双元棋业作为特邀围棋品牌参会，并定制围棋作为礼品赠予与会人员。在围棋节上，世界围棋鼻祖、93岁高龄的吴清源老先生亲题“棋道大昌”四字赠予公司。香港文豪金庸先生在看到双元玛瑙围棋时，惊叹“巧夺天工”，亲笔为公司题诗一首：“素闻牡丹甲天下，双元棋子世无双；玛瑙晶莹黑白亮，十九道上棋道昌”。这两幅大家墨宝，被公司珍藏在洛阳围棋博物馆。

洛阳燕菜

燕菜是洛阳独具风格的名菜，已有千余年的历史。

“洛阳燕菜”的由来有一个传说：武周年间，女皇武则天为视察龙门卢舍那大佛（传说是以武则天的容貌为样本）的凿刻而驾临洛阳仙居宫。适逢城东关下园村长出一棵特大白萝卜，长有三尺，上青下白，重30多斤，菜农视为奇物，百姓视

牡丹燕菜　林治坤摄影

为“祥瑞”而敬献进宫。御厨们知道萝卜做不出什么好菜，但又慑于女皇威严，反复琢磨，将萝卜配以山珍海味烹制成一品不失御膳风味的汤菜。女皇品尝之后，赞其清醇爽口，沁人心脾，观其形态酷似燕窝丝，当即赐名为“假燕菜”。女皇的喜好影响了一大批贵族、官僚，他们在设宴时都要赶这个时髦，把“假燕菜”作为宴席头道菜。即使在没有萝卜的季节，也想法用其他蔬菜来做成“假燕菜”，以免掉身价。上有所好，下必甚焉。宫廷和官场的喜好又影响了民间的食俗，人们不论婚丧嫁娶，还是请客待友，都把“假燕菜”作为宴席上的首菜。由于白萝卜能适应多种原材料配制，既可用名贵的山珍海味，又能用一般的肉丝、鸡蛋作配料，其味酸辣香郁，十分可口，因此，酒楼菜馆竞相仿效。后来，人们把“假”字去掉，简称“燕菜”。随着历史的变迁和历代厨师的研制创新，“燕菜”日臻完善，其味道酸辣鲜香、别具一格，汤清口爽、营养丰富，成了洛阳传统名菜，所以又被称为“洛阳燕菜”。

1973年10月14日，周恩来总理陪同加拿大总理特鲁多来洛阳参观访问。在洛期间，市领导设水席招待，厨师们在燕菜上增加了一朵鸡蛋清饼雕刻拼接的牡丹花，鲜艳醒目。二位总理都赞不绝口，一连要了两道。周总理风趣地说：“‘洛阳牡丹甲天下’，菜里也长出了牡丹花。”于是洛阳燕菜也称“牡丹燕菜”。

洛鲤伊鲂

洛鲤伊鲂
贵于牛羊

鲤鱼为黄河名鱼。自古就有“洛鲤伊鲂，贵如牛羊”之说。肉嫩味美，营养丰富，闻名中外。其造型优美，寓意吉祥，烹制好的鲤鱼，昂首盘中，栩栩如生，仿佛欲跃起，又有青山衬托，状如门阙，颇富山野情趣，食之味美无穷，深受国内外游客欢迎。

《洛阳伽蓝记》载，在北魏洛阳城城

南宣阳门外、洛河南岸，有个集市叫四通市，“民间谓永桥市。伊洛之鱼，多于此卖，士庶须脍，皆诣取之。鱼味甚美，京师语曰：‘洛鲤伊鲂，贵于牛羊。’”。洛河的鲤鱼、伊河的鲂鱼，价格比牛羊肉都贵，那味道得有多鲜多美啊！

怀念古代的洛河和洛鲤，可以从历代流传下来的诗文中寻找它们的踪迹，除了北魏的“洛鲤伊鲂”，北宋张耒有一首名叫《洛水》的诗，读来也颇让人心动，悠然神往。诗曰：“何当载酒纵扁舟，一尺鲤鱼寒可鲙。”

说到伊鲂，必提的名人是白居易。白居易晚年定居洛阳，和一众文人高士诗酒优游时，就特别喜欢拿伊鲂做下酒菜，看他的《饱食闲坐》：“红粒陆浑稻，白鳞伊水鲂。庖童呼我食，饭热鱼鲜香。箸箸适我口，匙匙充我肠。八珍与五鼎，无复心思量。”

“八珍与五鼎，无复心思量”。伊河的鲂鱼，究竟有多鲜美？看完以下资料，你就知道白居易所言非虚：“伊河鲂鱼的品种特别，为团头鲂，其营养丰富，蛋白质含量为17.12%～17.76%，含18种人体所需氨基酸，其中甘氨酸、谷氨酸、丙氨酸、天冬氨酸4种鲜味氨基酸含量占氨基酸总量的37%，高于其他团头鲂……”

• 洛阳水席 •

洛阳水席，有两种含义：一是以汤水见长，二是吃一道，换一道，像流水一样，故名“水席”，又因最早出现于洛阳，所以称为“洛阳水席”。

洛阳水席最早源于洛阳一带的民间，是当地的一种传统名吃。多用于红白大事，人多集宴。酸辣味殊，清爽利口。武则天时将洛阳水席引进皇宫，加上山珍海味，制作成宫廷宴席，又从宫廷传入民间，遂形成特殊的味道。

洛阳水席有二十四件组成，简称“三八席”。即先上八个冷盘下酒，冷盘为四荤四素；继上十六个热菜，用不同型号的海碗盛放，也称十六碗，其中四个压桌菜。其他十二个，每组各有一道大菜领头，叫“带子上朝”，吃一道上一道，如行云流水。

八个凉菜是以服、礼、韬、欲、艺、

洛阳水席 高均海摄影

洛阳水席的故事

文、禅、政为主题的菜名，分别是：

服 用蛋黄做成蛋衣缚于菜上，蛋衣薄如透纸，金黄无杂；用食用红绿丝在蛋衣上缀成龙凤图案，表示帝王黄袍加身。

礼 取鹿筋濯白成钩，似躬状（也有取其他料代替的），给人洁白晶莹之观感，在盘中置放有序，体现出彬彬之礼。

韬 韬者，隐藏也。用五香腐张卷起香馅（以雨后洛河堤岸上香艾丛中生出的土耳最佳，土耳属菌类，土话叫“地圈儿”），外不知其内，内不知其味，吃进嘴里方有难以言喻之鲜美感。

欲 取三岁狗外腰花切成片，中开口，嵌岁满公鸡内腰作形，点缀以枸杞子，用冬虫夏草围盘，看去峥嵘艳艳，食之壮阳补虚。

艺 过去是用脆莲雀舌成菜。指莲如画，雀鸣春，乃喻如画江山、歌舞升平的意思。当然，今天我们要保护鸟类，雀舌已被取代。

文 用青笋调鲤须成菜。笋为竹魂，竹为文友，文成天下之理（鲤）。

禅 武则天曾是出家之人，算是与佛禅有缘。这盘菜是清素不沾油荤的。

政 用雁脯、鹅掌做成。雁知寒暖而迁徙，鹅掌载身而浮水。比喻执掌政权者当知天下冷暖、民意载覆之道。今天雁脯已被鹅脯代替。

十六热菜包括四镇桌、八大件、四扫尾。

四镇桌是：

燕菜 现名“牡丹燕菜”。

葱扒虎头鲤 鲤鱼以孟津黄河所产的长须鲤鱼为上品，装盘作张口昂首上扑状。现在，鱼头所向必是上座的尊者、长者，或贵朋。由坐在上座的人先动筷子，表示了一种尊敬和礼貌。

云罩腐乳肉 相传当年武则天所生四子皆令她不满，唯独对太平公主颇为赏心。后来太平公主嫁给薛绍为妻，送女儿出嫁时武氏以自己的乳汁涂于肉上叫女儿吃下，让女儿莫忘了老娘的一片心。

海米升百彩 就是海米炖白菜，叫“百彩”，为图一个吉利悦心。白菜又是素菜，实是为前面的两道荤菜利口之用。

八大件又分前五后三。前五为快三样、五柳鱼、鱼仁、鸡丁、爆鹌脯。后三为三道甜食，一般有八宝饭、甜拔丝、糖醋里脊。

四扫尾依次是鱼翅插花、金猴探海、开鱿争春、碧波伞丸。

碧波伞丸是丸子，但是由于听起来像是“完之”，当年武则天病的时候吃到最后一道菜，听成了“完之”，她颓然长叹一声，此时方悟，但一切都晚了。……一命呜呼。有了这个原因，以后的人吃水席不免有些扫兴。据说从北宋起，便将这最后一道菜改成了一碗酸爽利口的蛋衣汤，一直保留到今天。

洛阳水席有三大特点：一是有荤有素，有冷有热；二是有汤有水，北方南方均为可口；三是上菜顺序有严格规定，搭配合理、选料认真、火候恰当。洛阳水席，又分为高、中、低三个档次，可据情而定，故深受城乡人民的普遍欢迎，长盛不衰。洛阳水席制作技艺入选国家级非物质文化遗产。

• 洛阳浆面条 •

浆面条是洛阳人的家常饭食，也是当地的一种风味小吃。在火车站、集贸市场、大小街道的各个餐点，浆面条随处可见。它香气四溢，诱得人们驻足，也给外地的客人留下了美好的回味。

相传，刘秀起义时为躲避王莽追杀，日夜奔走，数日水米未进。一日深夜行至洛阳附近，见到一户人家，便想讨些饭食，可主人贫穷，只有几把干面条，一些已经放酸的绿豆磨的浆水。刘秀饥饿难耐

洛阳浆面条　林治坤摄影

也顾不了许多，主人就用酸浆，把面条、菜叶、杂豆下入锅内烧熟。刘秀狼吞虎咽，竟然觉得香气扑面而来，吃得那叫津津有味。日后刘秀当了皇帝，虽然有山珍海味伺候，却依然对当年落难中的浆面条念念不忘，以至于御宴中就有了浆面条这道菜。

如今，粉浆面条的制作方法是非常考究的。浆面条，顾名思义，是以面条为主料，但这种面条用的不是上等的面粉，正宗的多为一些杂粮面，面条一定要细。最重要的一点是粉浆，这粉浆的好坏，直接决定整个小吃的味道。

做浆时，先把绿豆或豌豆用水浸泡，膨胀后放在石磨上磨成粗浆，用纱布过滤去渣，然后放在盆中或罐里。一两天后，浆水发酵变酸，粉浆就做好了。做粉浆面条时，先把酸浆倒在锅里煮至80℃，浆水的表层泛起一层白沫，这时，要用勺子轻轻打浆，浆沫消失后，浆体就变得细腻光滑，接着再下面条等其他调料即可。

另外一种辅料是芝麻叶，一般我们做面条时都是放青菜的，但正宗粉浆面条里放的都是芝麻叶，但芝麻叶不太好做，也很难找，很多人都用芹菜叶代替。芝麻叶要选初长成叶的叶心，洗干净之后，用开水焯一下，然后放在阴凉的地方晒干保存备用。

浆面条是迄今为止国内饮食唯一不用水煮面的地方名吃，洛阳人在改善家庭生活、招待亲朋好友的时候，总离不开那一碗浆酸诱人、面香抓口的浆面条。坊间曾有“剩浆饭热三遍，给碗肉片都不换”的传说，足见老百姓对它的喜爱程度。

经过“老雒阳”饮食管理有限公司的积极申报和多方努力，“老雒阳”浆面条被确定为非物质文化遗产。洛阳浆面条成为像郑州烩面、开封包子那样具有全国影响的河南名片。2016年，“老雒阳”浆面条被国家旅游局命名为“中国金牌旅游小吃”。

『非遗』概览

——魂牵梦绕是乡愁

作为一个千年帝都、一个历史文化名城，洛阳是有故事的。然而过去的事，故去的人，是看不到的。能看到的只有草木、山川、城池和不变的春色，但在更迭兴废中遗留下来的也只能是文化传统，这大约就是所谓的非物质文化遗产吧。

洛阳的“非遗”有以下的特点：首先是传承久远，如河图洛书传说、洛神传说等；其次是文化味道充足且厚重，如洛阳宫灯、黄河澄泥砚、武皇十万宫廷乐、裴氏传拓等；再次是涵盖面广，在全国的影响比较大，如伊尹的传说、杜康酿酒工艺、牡丹文化节、平乐郭氏正骨医术等。这是洛阳作为一个千年帝都所独有的，也是河洛文化核心区所独具的。

潘文乐旨　抛砖引玉　天下无双

投鼠忌器　闻鸡起舞　过目不忘

• 河图洛书传说 •

河图洛书传说是国家级非物质文化遗产项目。河图与洛书是中国古代流传下来的两幅神秘图案，历来被认为是河洛文化的滥觞、中华文明的源头，被誉为“宇宙魔方”。

相传，上古伏羲氏时，洛阳东北孟津县境内的黄河中浮出龙马，背负“河图”，献给伏羲。伏羲依此而演成八卦，后为《周易》来源。

又相传，大禹时，洛阳境内洛河中浮出神龟，背驮“洛书”，献给大禹。大禹依此治水成功，遂划天下为九州；又依此定九章大法，治理社会，流传下来收入《尚书》中，名《洪范》。

《易·系辞上》说，“河出图，洛出书，圣人则之”，就是指这两件事。河图上，排列成数阵的黑点和白点，蕴藏着无穷的奥秘；洛书上，纵、横、斜三条线上的三个数字，其和皆等于15，十分奇妙。对此，中外学者做了长期的探索研究，认为这是中国先民心灵思维的结晶，是中国古代文明的第一个里程碑。《周易》和《洪范》两书，在中华文化发展史上有着重要的地位，在哲学、政治学、军事学、伦理学、美学、文学诸领域产生了深远影响。作为中国历史文化渊源的河图洛书，功不可没。

河图洛书广场　高均海摄影

河图洛书

洛神的传说

洛神的传说　翩若惊鸿

洛神雕像　林治坤摄影

在洛河两岸，流传着一个脍炙人口的故事。那就是洛神宓妃的传说。宓妃原是伏羲氏的女儿，因迷恋洛河两岸的美丽景色，来到洛河岸边。

那时，居住在洛河流域的是一个勤劳勇敢的部族——有洛氏。宓妃便加入到有洛氏当中，并教会有洛氏百姓结网捕鱼，还把从父亲那儿学来的狩猎、养畜、放牧的好方法教给了有洛氏的人们。

一天，大伙儿劳动之余，宓妃拿起七弦琴，奏起优美动听的乐曲来。不巧，这悠扬的琴声被黄河里的河伯听到，这个浪荡公子便潜入洛河，他看到宓妃，一下子就被宓妃的美貌吸引住了。于是河伯化成一条白龙，在洛河里掀起轩然大波，吞没了宓妃。宓妃被河伯押入水府深宫，终日郁郁寡欢，只好用七弦琴排遣愁苦。

这时，后羿来到了宓妃的身边。后羿原是位善射的天神，因射死了天帝的九个儿子，便与妻子一同被贬到人间，后羿妻子嫦娥偷吃仙药，一人返回天宫，便只剩后羿独自留在人间。后羿听说了宓妃的遭遇，非常气愤，将宓妃解救出深宫，回到有洛氏中间，并与宓妃产生了爱情。

那河伯本来就窝了一肚子火，听说了后羿、宓妃之间的恋情，更是恼羞成怒。他化作一条白龙潜入洛河，吞噬了许多田地、村庄和牲畜，后羿怒火填膺，射中了河伯的左眼，河伯仓皇而逃。

河伯自知不是后羿的对手，只好跑到天帝那儿去告状。天帝早就知道了所发生的一切，并不向着河伯说话，河伯这下只能灰溜溜地回到水府，再也不敢管后羿与宓妃的事了。从此，后羿与宓妃这对情侣便在洛阳居住下来，过上了美满幸福的生活。

后来，为表彰他们，天帝还封后羿为宗步神、宓妃为洛神。洛河两岸的人于是在老城东关建了一座宏伟的洛神庙。洛神宓妃的故事也就一代代传了下来。

• 洛阳宫灯 •

洛阳宫灯为国家级非物质文化遗产项目。相传，东汉光武帝刘秀定都洛阳后，为庆贺天下重归一统，在宫廷里张灯结彩，大摆宴席，以飨群臣，“宫灯”之名即由此而来。后来，宫灯的制作技术在民间广为流传。

洛阳宫灯　林治坤摄影

洛阳宫灯品种繁多，常见的有白帽方灯、红纱圆灯、六色龙头灯、走马灯、蝴蝶灯、二龙戏珠灯、罗汉灯等，其中尤以红纱圆灯最为有名，其造型优美，宜书宜画，撑合自如，易于保存，极具地方特色。

洛阳宫灯代代相传，至今仍很盛行。老城人李文林及朱氏成为制作宫灯的一代名师，所制宫灯万余盏，远销省内外。1949年后，北京中南海、人民大会堂、天安门城楼上也挂起了洛阳宫灯。自1983年起，洛阳每年一度的牡丹灯会，将制灯技艺推向了新高度，机械化、电气化、自动化的宫灯，光彩夺目，令人赞叹不绝，已成为洛阳一道迷人的景观。

• 剪纸技艺 •

剪纸是中国较受普及的民间传统装饰艺术之一。其中洛阳剪纸是省级非物质文化遗产项目。

洛阳民间自古就有剪贴窗花、墙花、灯花、床花、喜花、寿花等习俗。喜庆乔迁要贴贴剪剪，丧葬制幡也要折纸动剪。

剪纸　黄政伟摄影

早期剪纸是原生态剪纸，具有悠久的历史和地域文化特征，是“千刀不断，万剪不落”的平面造型艺术。其剪纸技艺最早可追溯至东汉年间，王莽追刘秀的传说中已有剪纸铰样之说。其艺术形式和技艺，是居家妇女在长期劳动生活中创造提炼出来的，并世代传承延续。根据剪纸时用纸色彩不同，分为单色剪纸和彩色剪纸。构图明快自然，技法细腻，明暗协调，匠心独运。

洛宁县出现有主题性的剪纸艺术作品，是在20世纪50年代，由土生土长的李笑白先生率先将民风民俗形式的剪纸转向主题性创作，把窑洞窗棂上的剪纸引入了大雅之堂，并推向了一个大胆表现时代的新境界，引领了豫西乃至整个河南的剪纸创作。

• 洛阳海神乐 •

省级非物质文化遗产项目洛阳海神乐，是一种古老的汉族民间音乐。据说，武王伐纣统一中国建立周朝，在洛阳大封天下，受封者除内陆诸侯外，还包括遥远的东、西、南、北四海之神，宫廷每年都隆重祭海（神），于是便产生了配合祭海的音乐，这种音乐就是洛阳海神乐之源。

由于海神乐是洛阳市独有的汉族民间音乐，故又称为“洛阳海神”，演奏团体称为“海神社”。海神乐明清时期曾在洛

海神乐演奏场景　曾宪平摄影

阳盛行，目前仅有景花村海神社一家，其余已不复存在。有管、笛、笙、二胡、云锣、云板、木鱼、碰铃等20余种乐器，能演奏近百首曲目。

海神乐演奏形式分为座乐和行乐两种。座乐适于室内和舞台表演；行乐适于庙会、观礼台前行进的群众场合。行乐以吹奏为主，打击乐器起节拍伴奏作用。就乐曲适用的场合，可分为四类，即：典礼类、祭祀类、教仪类、歌谣类。

• 武皇十万宫廷乐舞 •

武皇十万宫廷乐舞是从大唐传承绵延而来的。据史料记载，武则天时期武皇十万宫廷乐舞队规模盛大，气势恢宏。乐器有300余种，表演人员1600余人，武则天为其作词、作曲、编导。武则天驾崩，乐师们纷纷归隐寺庙和流落民间。

北宋宣和年间，白居易裔孙白长乐到汝州风穴寺进香，偶听和尚奏乐，恳求传艺，在寺中一学就是三个春秋。他回来后组织乐队传艺，自此武皇十万宫廷乐舞重新回到洛阳。随着朝代变迁和社会变化，直到辛亥革命推翻清王朝统治后，这支乐队仍然保持着祖传下来的规矩，从不参加民间婚丧嫁娶，只在龙门石窟、关林朝圣大典上展示自己的精湛技艺。现保留有民国年间关林朝圣大典用的清道旗和令旗各

武皇十万宫廷乐舞演奏场景　陈占举摄影

两面。

武皇十万宫廷乐舞使用的乐器均为“文物级”的古乐器，如：管子有近千年的历史；古圆笙也有数百年历史，圆笙内的笙苗上的文字古老，是东汉时期发明的数学筹码文字；笛有数百年历史，是古老方法制作的，笛身六等孔，不设半音，而现代笛子孔间不等分，所以能吹奏出半音；云板也有数百年历史，在乐器中起节拍作用。

20世纪80年代后，乐舞队参加了关林国际朝圣大典（关林有碑记载）、牡丹花会开幕式等演出近百场，中央电视台、河南电视台进行了多次报道（保留中央电视台录制专题片《田山绝响》光盘一套），有关专家和新闻媒体称赞其为“音乐化石”“河洛一绝”“千古绝响”“中原第一家”。

• 大里王狮舞 •

大里王狮舞是一种古老的汉族民俗文化活动。兴起于汉朝，唐宋时期达到鼎盛。自汉代以后，西汉河南郡治和东汉都城洛阳，与大里王王氏居住地近在咫尺，朝野举行祭祀庆典，必有狮舞等汉族民间社火表演。随着朝代的不断更替，政治、文化、经济的不断发展，中原人口的迁移及文化重心的逐步南移，大里王狮舞也从黄河流域传播到了大江南北，并和南方文化渗透结合，逐渐形成了北狮舞、南狮舞流派。

明清以后，随着河洛民间社火文化的发展，大里王狮舞逐渐形成了具有独特风格的表演技巧和艺术造型，已成为汉族传统艺术宝库中的一颗璀璨明珠。自20世纪50年代以来，随着河洛大地重大庆典和外事活动的不断增多，具有独特风格的大里王狮舞和排鼓得到了发扬光大和创新。大里王狮舞和排鼓表演以宏大的气势、壮观的场面、整齐的阵容、精湛的技艺闻名遐迩，影响大江南北。

大里王狮舞的保留和创新节目有：攀数十米高、动作惊险、撼人心魄的“雄狮上老杆”；表演细腻、生动逼真的“狮子滚绣球”；几经创新、因地制宜的“狮子穿越连环架”“狮子跳条儿”“雄狮钻火圈”“群狮舞高凳”“狮子跳方桌”等。该狮舞团曾多次被中央和省、市新闻单位报道，其中“双狮盘圈椅”的演出照曾被《中国青年》杂志用在封面上刊出。有些演出场面还被电影制片厂的编导们搬到了《黄河东流去》《解放洛阳》等银幕上。

九连灯

九连灯是一种传统的民间舞蹈（又称九莲灯）。之所以叫九连灯，一是体现中国古老的文化传统。中国的数字有其特定的含义，“九”是最大的阳数，“九五”之尊代表皇帝，代表至高无上。二是九人执灯表演，九灯翻动相连。

九连灯传入新安县刘岭村始于清代嘉庆年间，刘岭村王姓人家有人在朝任职，主管宫廷礼乐，告老还乡后，将九连灯这门艺术传于后人，并规定只在本村本族延传，外姓人不传，外村人不传。至今相传十几代，据记载有300余年，豫西地区只此一家。

九连灯传入民间后，随着时间推移，在内容和形式上都有很大变化。其表演内容很多，可随编随演，主要有《瓦岗英雄》《忠臣救主》《雷奴救主》等；内容主要根据形势需要而定。不同时期都有新的表演形式，最初主要以女性表演，到了民国时期，持灯者男扮女装，骑马人演瓦岗英雄。九连灯表演形式独特，在孔雀灯的指挥下，带动32盏花灯，上下翻飞，八马灯前后呼应。灯马穿插，队形多变，有“过街路”“蛇蜕皮”“翻大马”“剪子鼓”“辘轳把”“莲花盆”等表演形式。九连灯在表演时，还能以灯组成各种吉祥文字，堪称一绝。

为使表演更有气势，九连灯伴奏乐器也有很大变化，原先以丝弦管乐为主，后配以鼓、镲、铙、钹。演出队伍也由原先的二三十人到现在的百余人，门旗、彩旗招展，声势壮观。

九连灯多在春节、元宵节及庙会时表演，也曾在中央电视台《正大综艺》栏目播出过两次，有“河洛一绝”之称。

• 南庄木偶戏 •

南庄木偶戏，在当地方言中称作“肘偶戏”，是我国傀儡戏曲剧种中杖头木偶的一个组成部分。追本溯源，它应是清代杖头木偶，遍布晋、陕、豫三省交界处那个兴盛时期的孑遗。

南庄木偶剧社处于汝阳县陶营乡，这里东接平顶山汝州市，西连伊川、嵩县，南靠汝阳县城，北与龙门石窟相望，又坐落在东西、南北走向的两条公路的交叉点上，可谓地势平缓、交通便利、人口稠密、物流繁荣，群众文化生活相对丰富。在这里木偶戏虽是演员八九个、扦子不足三十挂、全剧社固定资产也不过万余元的“小玩意儿”，但在这方圆数百里却独一无二。它表演形式新颖别致、技术性强，因而颇受群众特别是广大少年儿童和老年人的欢迎。

据当地老艺人李龙涛介绍：南庄木偶剧社诞生于19世纪末，当时的木偶表演同“玩明场”（即戏曲舞台表演）一样，生、旦、净、末、丑各个行当分得十分清楚，现在剧社仍保持着这样的行当分工。目前剧社共有9名演员，其中年龄最大的77岁，最小的55岁，平均年龄66.67岁。由于后继乏人，已到了失传消亡的境地，亟待抢救、保护和传承。

• 靠山黄 •

靠山黄又称靠山吼，顾名思义，这种戏靠山搭台演唱，因而得名。栾川县尚有该剧种。其伴奏主弦乐器为京胡，组成为二胡、弹拨乐器等，有别于豫剧和曲剧的是堂锣，其唱腔具有高亢、粗犷、优美、开朗的特点和风格，特别是男演员，其唱腔前半句用大嗓，后半句往往过渡到假声，且每段结束句总带有总结性的“弯道”和“尾巴”，具有山歌的味道，充分展示了靠山黄独特的魅力。

靠山黄作为民间戏剧的一个稀有剧种，是我们国家和民族梨园百花丛中不可多得的奇葩，从音乐伴奏到演员的演唱都有其独特的艺术风格，长期以来深受广大人民群众欢迎。

• 河洛大鼓 •

河洛大鼓被列为国家级非物质文化遗产。它是一种以说、唱为艺术表演手段，叙述故事、塑造人物、表达思想感情、歌唱社会生活的传统音乐。当地人都称河洛大鼓为“说书”，至今在洛阳一带常把说书、唱戏联在一起。

清光绪末年，河南洛阳一带演唱洛阳琴书的艺人与南阳的鼓儿词（又名“单大鼓”）艺人合伙演唱。他们结合以后，互相吸收融化，在洛阳琴书唱腔的基础上吸收了鼓儿词的曲调，废弃了老式扬琴和八角鼓等乐器，改以坠琴、三弦、四胡等伴奏，以书鼓、月牙钢板击节。由于曲调新颖动听，受到群众欢迎，逐渐流传到河南各地，并相继吸收了河南坠子、山东大鼓等演唱艺术的优点，形成了一种新的大鼓书形式。主要唱腔有【平板】、【悲平板】、【小数板】、【五字垛】、【飞

河洛大鼓表演场景　平伟摄影

板】等，而以【平板】为基本曲调。【平板】是包括起腔、落腔的一个严整的曲体，六句为一段落，长于叙述，腔调多为半说半唱。河洛大鼓板式灵活，除平板外，还有带伴奏的散板韵白，以及紧板、垛板、紧打慢唱的飞板等。有长于抒情、节奏平缓的曲调，也有适于表现高昂激越情绪的曲调。著名艺人张天培吸收河南坠子唱腔、唱法创造的“天培调”具有独特风格。传统曲目多取材历史故事，长篇有《双鞭记》《温凉盏》等；中篇有《双锁柜》《鸾凤配》等；短篇有《取长沙》《截江》《打关西》等。反映现实生活的曲目有《焦裕禄风雪探茅屋》《巧摆地雷阵》等。

• 宋氏通背拳 •

宋氏通背拳被《中国体育报》、《少林太极》杂志誉为“中国最具实战威力的传统名拳”“超实战拳法”。是省级非物质文化遗产项目。其第三代传人宋铁龙，自2004年以来参加全国多项拳击比赛所取得的骄人成绩，完全证实了以上的论断。他获得金牌10多枚，荣膺全国“华夏武状元”“散打王”的称号，国家体育总局奖其象征最高荣誉的“金腰带”一条。正是由于他的出色表现，使“宋氏通背拳”名扬国内外。

宋氏通背拳有36路72单操108手。2004年，国家体育总局武术运动管理中心在全国探寻武术继承人时得以发现。因原系家族传承，早年学者不过一二人，处于濒危在所难免。

宋氏通背拳的发源地是偃师市李村镇的下庄村。村民宋天祥在其父亲宋慧卿已有的“无形拳”的基础上，经过刻苦磨练与细心钻研，在吸收其他拳法精华的基础上创立了“宋氏通背拳”。他以一身绝技早年闯荡江湖，在陕、甘一带曾征服过无数江洋大盗、土匪恶霸，以其外号“铁掌宋天祥”声名远播。1949年后，宋天祥因民间习武之风锐减而回乡定居。其子宋福堂青少年时期虽跟父学艺，但因后来身体伤残，不得不半途而废。至1960年，宋天祥眼见7岁的孙子宋铁龙是块习武的料，不忍心让自己创立的拳法失传，便秘教宋铁龙开始习武。

铁龙不负爷爷重望，经过10年苦学苦练，终于练就一身过硬本领。因时代条件所限，一直隐而不露，至2004年受国家体育总局所邀切磋武功，才日渐为人所知。

宋氏通背拳加之宋氏通背意功，自有一番奥妙所在，学者若能依法进行训练，日后无论是参加比赛，还是健康、娱乐，都有很高的价值。

• 陈家制鼓技艺 •

据史料记载，我国的制鼓技艺伴随着我们的祖先最早的狩猎、战争、祭祀等活动，诞生于远古时期的黄河流域。洛阳位于黄河流域的中心地带，有着得天独厚的地理优势。洛阳陈家制鼓技艺与文化，对研究我国鼓文化的起源及发展演变有着非常重要的价值。

洛阳陈家制鼓技艺历史悠久。据不完整的陈氏家谱记载，陈家制鼓的历史起码可追溯到明代，其制鼓传人已至第19代，经过历代传人的研究探索，形成了纯手工制作、用料讲究、工序精细、技术独特，制鼓品种多、鼓音纯正、美观耐用等特点，是我国北派制鼓技艺的典型代表。特别是陈家制作的特大型鼓，在全国制鼓业中首屈一指，其鼓型高大威武、壮观，鼓音高亢、激越，具有极高的艺术价值，深受人民的喜爱，是逢年过节活动中最常见和最受欢迎的乐器之一。

新中国成立后，洛阳陈家制作的大鼓经常出现在市、省及国家举办的重大庆典活动中，其高亢、激越的鼓音已成为中华民族奋发向上的精神象征。1997年，洛阳陈家制鼓技艺第18代传人——陈氏兄弟为庆祝香港回归，特制直径3.03米的“中华第一鼓”，参加了6月30日在天安门广场举行的庆祝香港回归活动。1998年该鼓被上海吉尼斯总部认定为“吉尼斯之最”。

2007年陈氏兄弟又应广东顺德日报所求，制作出直径3.28米的“中华大福鼓”。2007年2月7日，陈氏兄弟受中华鼓乐奥运庆典组委会所邀，制作出直径为2.008米的“中华奥运鼓”，并参加“鼓动北京”奥运会倒计时500天鼓乐庆典晚会等一系列大型文化活动。2009年，陈家制鼓技艺被评为省级非物质文化遗产项目。

洛阳陈家独具特色的制鼓技艺，引起市、省及国家媒体的极大关注，并得到了广泛宣传报道，从而使洛阳陈家制鼓技艺享誉海内外。

刘井薛氏石刻

刘井薛氏石刻堪称我国民间手工技艺园地中的一朵奇葩。刘井村位于偃师市诸葛镇，村西四公里处便是世界文化遗产龙门石窟，村南一公里处是万安山。赖其得天独厚的自然资源，村民自古多有从事石雕的技能。

在众多的石刻之家中，薛氏一族一枝独秀。据史料记载，薛氏先祖有八代从事石雕，至薛肯堂（1894—1942）、薛永山父子，薛氏石雕艺术达到高峰。薛肯堂所刻张钫将军父亲张子温的墓志（章太炎造文、于右任书丹、吴昌硕篆盖）人称“三绝碑”，现存于新安县千唐志斋。

知名作品有华山《毛女洞碑记》、魏碑《伪北魏比丘尼慧静墓志》《瑶光寺尼慈云墓志》等。相传洛阳书法家李振九书写碑文，只让薛肯堂雕刻，堪称双璧。而于右任经过洛阳，还专门要和薛肯堂见面。薛肯堂去世后，李振九为他撰写了碑文。

1964年，薛永山参与设计洛阳邙山烈士陵园，并刻横碑70通及石狮、石人等。1975年，参与洛阳龙门大桥有关石刻构件的雕凿，其中便有陈毅副总理所写的“龙门”二字。1980年，完成父亲遗愿，修复龙门石窟《二十品造像碑记》。1982年，参与修复龙门石窟奉先寺造像，他雕刻的石狮、石佛、石画、石马、石龟等作品，具有隋唐雕塑的神韵，雄浑大气，亦有汉魏之风。

关公信俗

关公信俗是千百年来在民间形成的信仰关公的各种习俗之统称，是一种民间信仰文化。关公信俗在近两千年的历史文化进程中逐步形成并一脉传承，其中最重要的支撑便是人们对关公文化和关公精神的认同与传播，关公信俗可以看作关公文化的一部分，是中华民族的宝贵遗产，2008年6月关公信俗被国务院列入第二批国家级非物质文化遗产名录。

洛阳关林是传说中埋葬关羽首级的地

关林朝圣大典场景　高均海摄影

方，在保护关公信俗方面，洛阳的文化部门很早就开始做出了很多努力，从1994年起，关林就开始举办中国洛阳关林国际朝圣大典，台湾地区、香港地区的同胞以及海外华人纷纷来关林礼拜武圣，关林成为海外炎黄子孙与大陆同胞亲情沟通的交会点。

· 平乐郭氏正骨医术 ·

平乐郭氏正骨医术是一种汉族传统医学，国家级非物质文化遗产。源于河南省洛阳市平乐村。

自郭祥泰于清嘉庆元年（1796）在平乐村创立平乐郭氏正骨医术以来，其后的几代传人都秉承祖训，致力于中医骨伤医学的发展、创新，使得源远流长的平乐正骨，由治病救人的民间朴素医技上升为造福人类的骨伤科学。郭氏传人医术精湛，声名远播，他们中有的曾应召进京，为慈禧太后的亲眷治疗骨伤，并接受朝廷的诰封；有的当年为民国高级军事将领治病；有的曾为李先念等党和国家领导人看病，并受到毛泽东主席接见。

平乐正骨的历史，刻着儒家、道家思想的印记，并在一定程度上契合着中医、中药的发展脉络，是值得我们认真研究、倾力保护的非物质文化遗产。

• 新安县消食丸 •

“新安县小丸药”惯称消食丸，又叫理气化滞丸，是河南省新安县城关镇后峪村陈氏家族的祖传秘方，创制于清嘉庆五年（1808）。据《新安县志》对“消食丸”记载，它是治疗消化不良、小儿食积的特效中药，由于配方合理、疗效显著、价格低廉、适应性强，深受群众欢迎，一直是豫西一带家庭常备的良药。

清嘉庆年间，出身于医药世家的陈青云，继承祖业，积家族三代行医经验，于清嘉庆五年研制出以消食化滞为主要功效的“理气化滞散”，后为便于掌握用量，服用方便，改制成小水丸，称“小丸药”。

清咸丰十年（1860），其子陈禄存继承父业，行医乡里，自制“理气化滞丸”，不做营销，专为求医者免费赠送。

“祥和堂”药厂是由陈氏“理气化滞丸”第三代传人陈德慧（1884—1961）创建于光绪三十三年（1907），独家生产“新安县消食丸”。

由于疗效好，治愈率高，新安县消食丸深为城乡人民所喜爱，在群众中流传着“食有积，上后峪”“新安县小丸药，大人小孩都能喝”的谚语。

好逸恶劳

红杏出墙

金水河的故事

洛阳女儿名莫愁

杯弓蛇影

一日三秋

糟糠之妻不下堂

自惭形秽

如坐针毡

乐羊子妻

探骊得珠

城市名片

——千年帝都耀神州

每个城市都有自己的名片，就像每个人的名片，如出一辙，却不尽相同。洛阳作为“根在河洛”“千年帝都”“重工业基地”“副中心城市”，她的名片也是十分亮丽的！你可以在这里感知“河图洛书”“仓颉造字”等人文之根的悠远；你可以在这里的“夏都”“商都”“周王城”遗址上遥想五千年“中国”的盛况；你可以在这里聆听“礼仪之邦”“道学”“儒学”“佛学”“玄学”“理学”等河洛文化的流淌；也可以在这里目睹“共和国长子”所代表的现代工业的崛起；更可以在这里展望“副中心城市”新兴产业的勃兴。

河洛文化

河洛文化，顾名思义，是指存在于黄河中游洛河流域，以伊洛盆地（亦称为洛阳盆地或洛阳平原）为中心的区域性古代文化。由于该地区在我国历史上十三朝古都的历史地位，所以自夏代开始，河洛文化长期是我国古代历史上久负盛名的京都文化、王畿文化，是我国5000年华夏文明的源泉与主脉，是历来被称为“根在河洛”的根文化。

河洛地区是指黄河和洛水相交汇处的这一广大地区。关于它的具体范围，我们的界定是以洛阳为中心，西到潼关、华阴，东到郑州、开封，南到汝州、禹州，北到济源、晋南。这种界定和朱绍侯先生的提法是一致的。朱绍侯先生曾在《河洛文化与河洛人、客家人》一文中就河洛地区的范围指出：“即指以洛阳为中心，西至潼关、华阴，东至荥阳、郑州，南至汝颍，北跨黄河而至晋南、济源一带地区。”

关于河洛地区的范围，迄今学术界的看法并不完全一致。但河洛地区的核心部位，是洛阳所在的伊洛盆地，则几乎是所有研究者的共识。

伊洛盆地，由洛河、伊河（洛河支流）下游冲积而成，总面积约700平方公里，主要在今日洛阳市，也涉及孟州、登封、巩义一部分。古代所称“中国”“中土”“土中”，都指这一带，也是中原地区的核心所在。

学术界普遍认为：在广袤的中华大地上，人类社会实现“突变”，率先进入文明时代，出现“国家”，是以洛阳为中心的河洛地区。

河洛文化就是孕育、形成、发展、繁荣、传承于河洛地区的一种地域文化。河洛文化源远流长，博大精深，我们把它的内涵概括为以下十四个方面。

一是史前考古学文化。裴李岗文化是新石器时代早期的一种文化。早在1959年，就在洛阳市偃师马涧沟发现了属于裴李岗文化遗存的石磨盘一套。接下来的仰韶文化，以首先发现于河洛区域内的渑池县仰韶村而得名，河洛地区是它的中心区域。河洛地区又是河南龙山文化的中心地区。由裴李岗文化而仰韶文化，而河南龙山文化，而夏文化，一脉相承，连绵不绝。

二是三皇五帝文化。三皇（取燧人氏、伏羲氏、神农氏一说）、五帝（取黄帝、颛顼、帝喾、尧、舜一说）都和河洛地区有直接或间接联系。其中尤以伏羲、神农、黄帝、帝喾、帝尧等关系更为密切。如伏羲长期在河洛地区活动，受河图以画八卦，伏羲之女溺死洛水，化为洛神；今新安县青要山“实惟（黄）帝之密都”；帝喾族生活于洛阳平原，帝喾有四妃，生四子，分别为后稷（周先祖）、契（商先祖）、帝尧、帝挚。

三是河图洛书。河图、洛书是黄河和洛河的产物。伏羲依河图画作八卦，就是后来《周易》一书的来源；大禹对洛书进行了阐释，就是《尚书》中的《洪范》了。在后来的长时期里，人们对河图、洛书做了种种推测、探索、解释，它无疑反映了河洛地区在中华文明史上独特而重大的作用。

四是制度文化。奴隶制是人类历史上首次出现的人剥削人的制度，在当时，这种制度曾经促使社会生产力和社会文化大发展，较之原始公社制大为进步，是一种很先进的制度。在中国，人类社会这一伟大的社会制度变革，是在河洛地区最先实现，而后遍及全国的。

封建制度是人类历史上第二个剥削制度，它较奴隶制是一种更为先进的社会制度。从春秋到战国，虽然有“春秋五霸”“战国七雄”等强大的地方势力，但在洛阳的周天子毕竟还是“天下共主”，所以在封建制代替奴隶制这一错综复杂、斗争激烈的过程中，必然会和洛阳、河洛地区有这样那样多层面、多途径的联系。

再如国家制度、都城制度。由于最早的国家诞生于河洛地区，河洛地区又是最早的奴隶制国家的都城所在地，所以国家制度、都城制度的形成和完善，都和河洛地区有非同寻常的重大关系。

五是五大学说学派。儒家学说奠基于洛阳。有关古籍说：“周公摄政，一年救乱，二年克殷，三年践奄，四年建侯卫，五年营成周，六年制礼作乐，七年致政成王，北面就群臣之位。”“制礼作乐”这一对中国社会、中国思想文化、中国历史产生了深远影响的伟大工程，是周公在洛阳完成的。

周公在雒邑“制礼作乐”，开创了儒家学说的初基。因为周公封于鲁、周公后人治理鲁，故鲁国成为保存西周典籍及文物制度最多、最丰富的国家，成为周公思想、儒家思想根基深厚之国，所谓“周礼尽在鲁也”。后孔子生于鲁国，向往周礼，故又有“孔子入周问礼”之事。就是说，孔子不但长期受周文化熏陶，还不远千里到周王室学习。在此基础上，孔子倾毕生精力，丰富、发展周公奠基的儒家学说，整理编订《诗》《书》《礼》《易》《乐》等古代典籍，兴办教育，诲人不倦，成为一位伟大的思想家和教育家。历代儒家尊周公为“元圣”，河洛大地实儒学渊源之乡。

道家学说渊源于洛阳。老子是公认的道家鼻祖，长期生活在洛阳，任职东周王朝的守藏室之史，负责管理周王室图书典籍等。他所创建的学说，被称作道家学说或道家学派。《道德经》五千言，又名《老子》，传为老子所著。

佛家学说首传于洛阳。我国历史上第一次“西天取经”，人们通常称“永平求法”，即发生在东汉明帝永平年间的一次赴印度拜取佛法的活动。“永平求法”不但取回了佛经、佛像，迎来了中国佛教的两位开山鼻祖——印度高僧摄摩腾、竺法兰，而且还因此创建了中国第一古刹洛阳白马寺。白马寺是中国早期佛经翻译、佛教传播和进行各种佛事活动的中心，而洛阳作为东汉、三国魏、西晋、北魏的国都，为佛教在中国传播、弘扬提供了极大的便利。

玄学诞生、兴盛在洛阳。至魏晋时期，一些人用唯心主义解释天道自然，以老庄思想糅合儒学经义，以出身门第、虚无玄远的清谈相标榜，成为当时风气。代表人物有何晏、王弼、嵇康、阮籍、王衍、向秀、郭象等。

理学创始于洛阳。北宋时，西京洛阳人程颢、程颐兄弟等，把“理”或“天理”作为哲学的最高范畴，认为“理”是宇宙、天地、万物的根本，是人类社会的最高准则。他们创立的哲学思想体系称为“理学”，也称“洛学”。

儒家学说、道家学说、佛学、玄学、理学这五大学说学派，对形成和决定中华民族、中国人民的思想、观念和品格，对中国人的社会生活、文化生活都产生了关键性的影响，从某种意义上甚至可以说，它决定了中国历史的走向。

六是史官文化及史学。与河洛地区极其丰富多彩的历史相适应，这里诞生了我国的史官文化，也涌现出了众多著名的历史学家，产生了许多史学经典著作。范文澜说：“周朝重史不重巫……儒家所传经书，其原始部分大都是两周史官旧藏的典册。”（《中国通史》）陈昌远说：“由史官记其事，所以西周史官及其史学的兴起也当在洛邑，在中国史学上占有重要地位。”（《先秦河洛历史地理与河洛文化历史地位考察》）《尚书》中的许多篇章诞生于洛阳，司马迁在洛阳受命写《史记》，班氏兄妹在洛阳著《汉书》，陈寿在洛阳撰《三国志》，司马光在洛阳完成《资治通鉴》等，便是其中最光辉的代表。

七是文学艺术。河洛地区是中国文学的发祥地，河洛文学艺术是河洛文化中绚丽多彩的组成部分。《尚书》开中国散文作品之先，《诗经》是第一部诗歌总集。《尚书》中的不少篇目，《诗经》中的不少诗作，代表着河洛文学的最初成就。西汉时洛阳人虞初著《周说》，被誉为小说的开山之作。汉代辞赋，建安文学，汉魏文章，唐诗宋词，成就了河洛文学的辉煌。河洛地区是我国民族艺术的重要发祥地，河洛艺术姹紫嫣红，多彩多姿，诸如音乐、舞蹈、书法、绘画、雕塑、曲艺等，都在中国传统艺术史上留下了最为光彩夺目的一笔。

洛阳纸贵

八是科学技术。从非常久远的年代开始，聪明智慧的河洛人就有了许多发明创造，如旧石器时代的石器，新石器时代的陶器等。二里头夏都斟鄩出土的青铜器是迄今为止发现的最早的一批青铜器，夏代的杜康则在洛阳发明了酿酒。夏商之后，河洛地区涌现出众多的科学家、发明家，他们的成就和广大劳动人民的创造，谱写了中国科技史的光辉篇章。如东汉太史令张衡创制浑天仪、地动仪，东汉宦官蔡伦发明“蔡侯纸”，王景主持治理黄河；魏晋时的发明家、任给事中的马均创制龙骨水车、水转百戏，刘徽注《九章算术》，太医令王叔和著《脉经》，西晋司空裴秀创制《制图六体》；隋代开凿大运河；唐代一行在河洛地区测子午线，唐三彩的烧制；宋代栽植培育洛阳牡丹；元代郭守敬在河南府登封县修建观星台等。

九是教育。文化教育密不可分，河洛教育是传播、弘扬河洛文化的重要途径和手段，尊师重教是河洛人自古以来的优良传统和社会风尚。偃师二里头夏都斟鄩，有研究者认为已有最早的“庙堂式大学”；东汉洛阳太学，是世界上有迹可循的最早的国立大学和研究生院；东汉鸿都门学，是世界上最早的高等专科艺术学校；西晋在太学之外，首设国子学；隋代炀帝设国子监，成为国家教育管理机构，又于洛阳首创科举取士之制；唐代时，武则天在洛阳首创殿试，设武举；开元十二年（724），在洛阳建丽正书院；宋时西京洛阳有嵩阳书院等，可以说都具有开一代之风的作用。

木石人心

十是名人文化。河洛地区曾涌现过灿若群星的文化名人，他们的业绩和贡献，是中国，也是世界文化宝库中的珍贵遗产。

十一是民俗文化。河洛地区曾长期作为我国政治、经济、文化的中心，这里的节日庆典、婚丧嫁娶、衣食住行、游戏娱乐，都会产生表率作用，深远地影响其他地区。同时这里也会吸取、容纳各地的风俗时尚。

十二是姓氏文化。黄河中下游是我国姓氏的主要起源地。有研究者统计，在当今120个大姓中，全部或部分源于河洛文化圈内（今河南省境）的有97个，占80%以上。而97个姓中的大部又源于河洛地区。

十三是园林花卉及牡丹文化。“天下名园重洛阳”。商周时期，河洛地区已经萌生了园林的雏形，吕不韦所建洛阳南宫，被认为是中国最早的园林；秦汉以降，东汉洛阳的西园、毕圭苑、濯龙园，魏晋的华林园、金谷园，北魏的华林园，隋唐时期的西苑、上阳宫、绿野堂、平泉庄，宋代的富郑公园、赵韩王园、仁丰园、独乐园、湖园等，都堪称中国园林史上的经典之作，对于研究中国园林史、园林文化和园林艺术有重大价值。

金谷园的故事

曲水流觞

历史上，河洛地区的花师、花工和广大劳动人民，曾经培育出了不少名贵花卉，牡丹就是其中最主要的代表。洛阳是中国牡丹园圃栽植的发祥地，是中国乃至世界范围内最早的牡丹栽植中心。据记载，洛阳牡丹人工栽植始于隋，繁荣于唐，甲天下于宋。宋代著名文学家欧阳修，曾撰有《洛阳牡丹记》一文，他在文中对全国各地的牡丹做了对比，然后得出了“是洛阳者为天下之第一”的结论。他还有诗句曰“洛阳地脉花最宜，牡丹尤为天下奇”。于是，“洛阳牡丹甲天下”从此流传海内外，故牡丹也称京花、洛花、洛阳花等。

十四是文物古迹。河洛地区是文物古迹十分密集的地区。单就洛阳市讲，现有世界遗产3项6处，全国重点文物保护单位43处45项，省级文物保护单位122处，不可移动文物点共计8875处。这些都是极为宝贵的文化遗产。

需要说明的是，对河洛文化这样分项，未必十分科学，有重复，也会有遗漏。另外，这里着重介绍了精神、思想层面的内容，近些年来，也有一些研究者开始关注物质层面的内容。

河洛文化在华夏文化、汉文化、中华民族传统文化中占有什么样的地位呢？它和其他地域文化是一种什么样的关系呢？

广大研究者都对河洛文化做出了崇高评价，从不同的角度，不同的层面，用不同的提法论述了河洛文化的历史作用和历史地位。

李先登、杨英认为："河洛文化在中国古代文明起源中是主要源头，因此，中国古代文明'根在河洛'"；又认为，"河洛文化在古代中国各地区各族的文化之中具有先进性，长期处于领先地位，不仅具有吸引力、融合力和凝聚力，而且对四方文化具有很强的影响力和辐射力"。

刘庆柱指出："夏文化直接渊源于河洛地区的河南龙山文化"，"从对夏王朝以后的中国古代历史发展而言，河洛地区的河南龙山文化、夏文化是孕育华夏文明、中华民族文化、汉文化的核心文化"，"华夏文化是汉文化、中华民族文化的母体文化"。

许顺湛指出：黄河流域是华夏文明的摇篮，黄河文明是华夏文明不可替代的主体，在文明发展史上起到了主宰沉浮的作用。"黄河文明的中心在中原地区，黄河文明的核心在河洛文化圈内"，河洛文化最大的特点表现在三个方面："第一，国都文化连绵不断"，"第二，树大根深的根文化是河洛文化又一特点，有许多文明源头都在这一地区"，"第三，大统一的思想根深蒂固，形成了传统的民族基因"，"具有以上三个特点的河洛文化是黄河文明的支柱，是黄河文明的主体，没有河洛文化就没有黄河文明"。

席瑜认为："河洛文化可称为中原文化，也可视同中华文化，由于河洛文化确实就是中华文化之源头，中华文化是以河洛文化为核心"，"河洛文化不仅孕育了台湾文化，更培育了台湾同胞的成长"。

卢博文认为："河洛文化为中国文化之根源，在台湾尤其保存完整，如今日台湾唯一的'歌仔戏'，即为当年河洛戏。'歌仔戏'每周定期在电视台播出，场景标题即为《河洛大舞台》。”

杨祥麟认为：“河洛文化是中国最古老之历史文化”，“古河洛文化乃客家文化之根”，“河洛文化不仅是中国最原始、最具生命力之文化，对世界现代文化仍有巨大影响”。

陈昌远称：“河洛文化具有自己的特点，它与齐鲁文化、燕赵文化、三晋文化、巴蜀文化、楚文化均不相同”，它“最后形成统一的文化体系并形成中心，表现出自己明显的正统性和稳定性”。

显然，以上这些评述都是符合河洛文化的历史真实和公允的。

让我们“放眼世界”。世界史上有著名的四大文明古国，它们是中国、埃及、巴比伦、印度。黄河、尼罗河、两河流域、印度河和恒河，是世界上著名的文明发祥地。在距今五六千年前后，也即世界范围内人类历史由“野蛮”跨入“文明”的时期，这四大文明古国，就是当时全球范围内的几大文明中心。河洛地区是当时中国最先进的地区，华夏文明的中心，因此河洛地区也就是世界文明的中心和发祥地之一，或直接称为“东方古代文明的中心和发祥地”，这也是符合世界历史史实的。而且直到15世纪，中国文化一直居于世界文化前列。

特别应该指出的是：迄今为止，世界上所有的文明古国如埃及、巴比伦、印度，甚至希腊、罗马，原来的民族、原来的文化，大都被征服了、灭绝了、消失了，只有中华文明、中国文化，从古到今，一脉相承，连绵不断，流传至今。即使从裴李岗文化算起，迄今也已延续了大约一万年之久。这是世界文明、文化史上仅见的现象。

在考察这一历史文化现象时，我们注意到自古以来洛阳（以及河洛地区）为“天下之中”这一观念，注意到洛阳长期作为全国政治、经济、文化、交通中心这一历史史实，同时也注意到河洛文化无比强大的凝聚力和生命力。因此从世界范围来说，河洛文化是中华民族的根文化、母体文化，是中国传统文化的源头与核心的定位，也完全是符合中国以及世界文明、文化史实际和客观公允的。

最后，我们用史学专家徐金星的一句话为结语：

“诞生、成长、发展、繁荣于河洛大地的河洛文化，不同于任何一种地域文化，如山东的齐鲁文化、河北的燕赵文化、山西的晋文化、陕西的秦文化、川渝的巴蜀文化、两湖的荆楚文化、江浙的吴越文化，等等；它是中央文化、国家文化、国都文化、统治文化，长期占据着主导和统帅地位，为中国古文化的源头和核心，它构成中国传统文化最重要的组成部分。”

• 洛阳牡丹 •

花王和花后

写起牡丹，就如躺在春日的花间，进了另一番世界。

牡丹是我国著名花卉，可谓国粹。其花朵硕大，色相端庄，品种繁多，雍容华贵，被称为“万花一品”“冠绝群芳”的“花王”。牡丹又名百两金、木芍药、富贵花、洛阳花等。牡丹作为天下花王是没有争议的。

从唐代起，牡丹花王的地位就确立了。武则天在洛阳改唐为周，这个惊世骇俗的女皇帝特别厚爱牡丹，怕庶民百姓薄待了牡丹，亲自下令只能在皇宫禁苑和王侯贵宦的府邸种植。为一种花下此命令，怕是自古至今只此一回吧。一时间皇家宫苑、贵族府邸广植牡丹，而园中名花稀草唯有牡丹贵若国尊，朝野宠爱。武则天死后，此令被废，牡丹如随春风至，才得以遍开寻常百姓家。到开元盛世，洛阳牡丹盛况空前。唐代诗人刘禹锡有诗云：“庭前芍药妖无格，池上芙蕖净少情。唯有牡丹真国色，花开时节

牡丹的故事

洛阳红

洛阳牡丹　高均海摄影

动京城。”人们对一花之爱之宠，无与伦比。

唐太和年间，唐文宗李昂在内殿赏花，问画家程修己：“今京邑传唱牡丹诗，谁称首？”程修己回答说：“中书舍人李正封诗云‘国色朝酣酒，天香夜染衣’。”李昂听罢赞不绝口，便称牡丹为“国色天香”。牡丹又多了这样一个雅号。

国是人所有的最大者，天是神所能的最高者，而牡丹花已经被形容为国之色、天之香了！

到宋代，人们对牡丹之爱更是到了极致。司马光在诗中写道：“洛阳春日最繁华，红绿阴中十万家。谁道群花如锦乡，人将锦绣学群花。”

一晃千余载，人世间朝代更替帝王迭换已经难数多少回，而花间还是一脉纯洁，“春来谁作韶华主，总领群芳是牡丹”。

说个并非传说的真实故事，尽可当现代神话。1994年的11月16日，牡丹作为候选国花宣布的第二天，洛阳城里出现了百年难遇的奇观，牡丹这个春日的百花之主竟迎雪怒放了！不是一朵两朵，满城皆有花开声。“老天爷呀，这花咋开了呢?!”第一个发现花开的人惊讶不已，也惊喜不已！“老天爷呀，这花咋开了呢?!”第二个见到的人亦如第一个人。“老天爷呀，这花咋开了呢?!”所有见到的人亦如此。洛阳城里的牡丹花竞相绽放了，洛阳城上空的每一朵云上都挂满了这句洛阳话，像是那曾经的皇城宫阙檐角挂满的铃铛在风中“叮当”作响——“老天爷呀，这花咋开了呢?!”

牡丹就这么神秘，花王就这么神秘，花间的王也似人，是王就有王气，是王就有神奇！

牡丹是花王，不单因为是姹紫嫣红、繁花似锦、雍容华贵、艳压群芳，更因为她是有文化的花。

在花间，有文化的牡丹一如人堆里的孔子、老子和曹雪芹！不但衍生出一个华贵的家族，还演绎着一派灿烂的盛世繁荣！

牡丹，一花一谱系，一花一名字，一花一故事。

牡丹从花形上可以分出三类十二形；从花色上分为八大系；从香型上分为浓、烈、清；从叶子上分为宽、窄、厚、薄、斜、直、尖、卷；从枝干上分为直、开、分、丛；从芽上分为尖、圆、勾、色；从

姚黄牡丹　林治坤摄影

白牡丹的故事

果实上分硕、瘦、多、少；从根上分为粗、细、蓬、毛、色。

牡丹花历代留下有文字可考的名字就有800多个，而今培育出的新品更是层出不穷。用数字命名的如：一捻红、二乔、三变赛玉、四璇、五彩云等；按颜色命名的如：脂红、豆绿、沙白、泼墨紫、御衣黄等；以人物命名的如：洛神、西施、飞燕红妆、昭君出塞、贵妃醉酒等；以珠宝命名的如：蓝田玉、红宝石、珊瑚台、璎珞宝珠等；寓意吉祥富贵的有：状元红、玉楼春、观音面、锦上添花、粉盘托桂等；因地而名的有：洛阳红、彭州紫、云南粉、四川白、襄阳大红、神农花脸等；以姓氏取之的有：姚黄、魏紫、刘师阁、赵粉、李园红等；拟动物命名的如：白鹤卧云、鹦鹉戏梅、醉鸳鸯、银狮子、鹿胎花、杜鹃红等；以景致附会的如：昆山夜光、瑶池贯月、凌花晓翠、清山卧雪等。

牡丹的花王文化从隋唐至今就一直绵延不绝。牡丹文化是盛世文化，实际上是在说她是一种雅致的文化。波澜壮阔的时候她沉静地离群索居，尘土飞扬的时候她寂寞独处，只有在万千气象、祥和和谐的时候才可见她雍容华贵的气质。牡丹文化在洛阳所承载的内涵远比一个昙花一现的小朝代的气息浓烈，因为她从一个雅致的侧面反映出社会的繁荣。

宋人李格非说：“天下之治乱，候于洛阳之盛衰而知；洛阳之盛衰，候于园圃之废兴而得。”古人的深刻是把牡丹文化当成了一面能照天下的大镜子！看国兴则知花荣，看花荣才昭示着国兴。

当代洛阳牡丹花会是洛阳在改革开放的形势下，为发展经济、文化等各项事业，依托其悠久的牡丹栽培历史、绵远的赏花习俗而举办的现代旅游节会。1983年首次举办，2010年11月，经国务院正式批准升格为国家级节会，更名为“中国洛阳牡丹文化节”。中国洛阳牡丹文化节已转变成一个融赏花观灯、旅游观光、经贸合作与交流为一体的大型综合性经济文化活

第三十五届牡丹文化节开幕式 曾宪平摄影

国色天香

央视网

《天地洛阳》第七集《国色天香》

动，成为洛阳发展经济的平台和展示城市形象的窗口、洛阳走向世界的桥梁和世界了解洛阳的名片。

中国洛阳牡丹文化节已经举办35届了，30多年来，洛阳牡丹花会在规模、层次、内容和形式上不断提高，表现出了旺盛的生命力，并且对洛阳的各项社会事业发展起了不可估量的作用。

牡丹因为生在了洛阳，因为千年帝都的帝王文化，才被赋予了文化内涵，才有了花的成就。生在洛阳的牡丹是文化，因为她浸泅在千年帝都的历史中，是夹在中国史册中一片鲜艳的书签儿，她阅历着千年帝都曾经的盛世繁华。

• 重工业基地 •

我们新中国人都会唱一首歌，这首歌的名字叫《东方红》；洛阳生产了一种行销大江南北的拖拉机，这种拖拉机的名字也叫“东方红”，几乎成了洛阳的别称！

新中国建立后的1953年，所实施的第一个五年计划，洛阳被确定为全国重点建设的八个工业城市之一。成批的学生、工人、干部从祖国的四面八方会聚洛阳，组成了一幅“八方风雨会中州，千军万马战洛阳”的壮丽画卷。在国家重点工程中，继第一拖拉机制造厂、矿山机器厂、洛阳轴承厂落户后，配套的洛阳水泥厂和热电厂也随之投入建设。整个“一五”期间，相继在洛阳建设的还有铜加工厂、棉纺织厂、耐火材料厂、玻璃厂和河南柴油机厂。这十个工厂，构成了洛阳早期社会主义工业建设的主体框架，号称“十大厂矿”。

20 世纪 50 年代的洛阳矿山机器厂办公楼

“十大厂矿”投产后，这些“共和国长子”填补了我国拖拉机、重型矿山机械、轴承、有色金属材料、高速柴油机等产品的多项空白，在整个国民经济生活中发挥了重要作用。在洛阳，生产出了我国第一台履带拖拉机、第一台大型提升机、第一台压路机……洛阳成为名副其实的新中国工业摇篮。在当时，洛阳制造可谓红遍了大江南北、长城内外。

一个国家强不强大，要看它的工业；一个国家工业能不能有底气，要看它的装备制造业！作为“工业之母”的装备制造业，集中代表了一个国家的综合实力，洛阳成为这种实力的一个支撑。在随后的20年中，国家在洛阳落地建设的项目有军工类、电子类、石化类等。国家还在洛阳建立了一批实力雄厚的科研院所，高技术人才密集度达到了每百个居民中就有10名科技人员和1名工程师，城市的科技含量超过了北京、上海。

如果谈城市综合实力，20世纪六七十年代，洛阳上缴给国家的利税总额，超过整个广东省。

洛阳第一拖拉机厂车间　曾宪平摄影

洛轴车间　曾宪平摄影

不过，20世纪90年代中期之后，大批老工业基地受到了国有企业改革的巨大冲击，除几个洛字头的特大型国有企业，其余市属国有企业纷纷关停。1997年，全国亏损的6599家国有大中型企业中，洛阳就占了38家，洛阳的工业体系受到打击。此后，洛阳经济走过一段弯路，最后，又回归到工业立市的道路上来。

21世纪的前10年，洛阳的发展可谓突飞猛进，特别是中期的2004年和2005年，发展速度达到28%，2004年达32%，国内罕见。至2009年，洛阳总产值2075亿元，闯过2000亿大关，跃升中国城市前50名。

近年来，洛阳的传统重工业、新兴制造业、高新技术产业齐头并进。完成改制的洛阳拖拉机制造厂、洛阳轴承厂等传统大型国有企业老树发新芽。

——洛阳一拖重组进入国机集团，产品风靡中亚和非洲。“东方红”在哈萨克斯坦等国建立了组装厂，与白俄罗斯明斯克拖拉机厂开展全面合作，成为中白工业园首批入园企业之一。

——洛轴突飞猛进，甚至“神六”飞船的轴承部件，大部分采用洛轴；由轴研科技领衔开发，在洛阳下线的首套高铁轴承样品指标赶上甚至超越了国际同类产品，实现了国产高铁轴承技术零的突破，为中国高速发展的高铁产业安装上了一颗奔腾的“芯”。

——中信重工特大型装备产品处于国

中信重工车间　曾宪平摄影

中石化洛阳分公司　曾宪平摄影

际先进水平。依托以全球最大、最先进的18 500吨油压机为核心的高端装备制造体系，使中信重工一举攀上世界矿山机械制造领域的巅峰。

——中船重工七二五所不但在军品生产中傲立，其研发的桥梁支座产品，也“挺起”了港珠澳大桥这一举世瞩目的“超级工程”。

——中国洛玻集团研发的0.25毫米浮法玻璃，摘取了超薄玻璃领域“皇冠上的明珠”。

——中国中车洛阳机车有限公司一举拿下内地高铁探伤车领域“第一台采用国际标准打造”及“第一台出口”两项第一。

——中国石化洛阳分公司承担的哈萨克斯坦阿特劳炼油厂芳烃项目，使阿特劳炼油厂汽油产品质量达到了欧Ⅳ标准，成为哈萨克斯坦历史上第一个现代化炼油厂。《焦点访谈》栏目则以《上合：开启合作新篇章》为题介绍了阿特劳炼油厂建设的重大意义，将该工程称为“又一张中国企业新名片”。

洛阳机器人及智能装备研发　曾宪平摄影

——中航锂电成为国内唯一通过国家863计划电动车动力电池实验室检测的企业，已形成年产15亿瓦时锂离子动力电池生产能力。

——洛阳中硅多晶硅年生产能力超过3000吨，产量在全国排名第二。

——洛阳机器人及智能装备研发生产企业达110多家，占河南省的一半多，成为国内最具活力的工业机器人生产基地之一。

中信重工是国内最大的特种机器人及智能装备研发制造基地；中航工业光电所研制的变电站智能巡检机器人国内领先；一拖汇德公司研发成功的桁架机器人，可广泛应用于汽车、农机制造等诸多领域。

民营企业也大显身手，凯盾洛阳智能科技有限公司研制成功海洋大气观测机器人；洛阳德平科技公司是世界上第三个能够生产油气管道焊接机器人的企业；洛阳方智测控股份有限公司将“纠错”智能机器人做到了极致；圣瑞智能机器人有限公司研制的服务机器人、保洁机器人等成为机器人及智能装备产业领域的创新力量。洛阳鸿元轴承公司的机器人专用轴承占据国内80%市场份额，打破了国外同类产品长期垄断的局面。

洛阳市连续三年举办国际机器人展览会，吸引了川崎机器人、德国WL公司、中科院自动化研究所等数十家国内外知名机器人及智能装备企业、科研院所相继在洛阳“安家落户”。

老工业基地探索军民融合发展新路径，也取得了新成就。

洛阳军工科研生产单位、民口军品配套单位多，军民融合产业基础较好，形成了专业化配套协作生产体系，积累了一批重大技术创新成果，推进军民融合深度发展优势明显。全市拥有军工科研生产单位

载人潜水器载人球壳　曾宪平摄影

8家，规模较大的民口军品配套单位35家，占河南省国防科技工业系统的1/3。拥有河南省唯一一家国家级军民结合产业基地，产品覆盖航空航天、船舶舰艇等诸多领域。

海上——创造世界载人深潜新纪录的“蛟龙”号，其关键构件及重要设备由中船重工第七二五研究所打造；该所还研制了我国首个4500米载人潜水器载人球壳，标志着我国深海探测领域载人潜水器关键设备国产化迈出了重要一步。

陆地——航空工业空空导弹研究院致力于空空导弹、发射装置、地面设备及光电侦察设备的研究、设计和批量生产，具有研制国际先进水平空空导弹的能力。

空中——在新型歼击机上，中航光电为其航电系统配套了多款高可靠、高传输密度连接器。在中国自主研制的首款大型运输机上，中航光电产品首次成功实现了电子设备集成互联，技术水平国内领先。

太空——黎明化工研究院研制生产的丁羟胶等推进剂产品，用于神舟十一号飞船逃逸火箭的动力燃料。

2017年7月30日，庆祝中国人民解放军建军90周年阅兵在朱日和联合训练基地隆重举行。首次亮相的许多新型军事装备上，都可以看到“洛阳创新”的印记。

在军民融合产业发展方面，洛阳市形成了以中国空空导弹研究院、中航工业洛阳电光设备研究所、中船重工第七二五研究所、中航光电等军工企业和科研单位为核心，以民营中小企业为补充的专业化军民融合配套协作生产体系。

洛阳是我国重要的科技研发基地，集

国家大学科技园　曾宪平摄影

中了国家级科研院所14个，省、市属科技机构77个，拥有国家批准的企业技术中心7家，省级企业技术中心15家，国家级工程（技术研究）中心2家，省级工程技术中心8家。拥有4家国家级高新技术企业、300家省级高新技术企业、638种高新技术产品。院士6人，国家“千人计划”7人，“中原学者”9人。每万名职工中科技人员达到1488名，科研人才密度高于全国平均水平。

近年来，洛阳多项科技成果荣获国家科技进步奖，其中洛玻集团公司的“超薄浮法玻璃成套技术与关键设备研究与开发”项目被评为一等奖，是河南省获得的唯一一等奖；中铁隧道集团的“软硬不均地层及复杂环境隧道复合盾构的研制与掘进技术”，洛阳石化工程公司的“生产满足欧III标准汽油组分并增产丙烯技术的研发与工业应用”以及空空导弹研究院、总参工程兵科研三所等单位的4项科技成果分别获得国家科技进步二等奖，获奖数量居河南省首位。

打造产业雁阵，把梦想写在更高远的天空。

打造“一基地两园区”，即以高新区为洛阳市机器人及智能装备产业示范基地，以涧西区的洛阳国家大学科技园和伊滨区的智能装备产业园为机器人及智能装备产业专业园区，培育机器人开发生产重点企业，形成龙头企业引领、中型企业支撑、中小企业快速提升跟进、产业雁阵的发展格局，实现了机器人、智能设备和信息技术三者无缝隙融合，引领中国“机器人革命”的浪潮。

招大商融大智，激活老雁阵，构筑新雁阵，让洛阳的特色更特、优势更优、新兴更新、高地更高。迄今为止，在洛阳市投资的境内外500强企业达到71家，其中世界500强企业25家。美国惠普集团的惠普-洛阳国际软件人才及产业基地、正威国际集团的正威有色科技城、华强集团的华夏历史文明传承主题园、中国航空工业集团公司的中航光电流体及高速传输技术产业化、中国移动通信集团有限公司的互联网在线运营中心、华大基因洛阳农业创新中心、江苏协鑫集团牡丹种植及深加工、深圳光启高等理工研究院与洛阳合作项目等一大批带动产业发展的大项目、好项目相继在洛阳排兵布阵。洛阳形成了以中信重工、一拖集团、LYC轴承、洛阳北玻等大型骨干企业为核心，1000余家中小企业为支撑，涵盖矿山机械、有色金属加工装备、农机及工程机械、玻璃加工装备、轴承基础件等五大重点领域的先进装备制造业世界级的特大雁阵。

以中铝洛铜、中船重工第七二五研究所、万基控股、伊川电力、龙鼎铝业、麦达斯公司等一批重点企业为龙头，形成了“煤→电→氧化铝→电解铝→铝加工”“海绵钛冶炼→铸造钛合金→钛合金制品加工制造”“钨钼矿开采→冶炼→精深加工”为完整产业链条的国家级有色金属大雁阵。

以中石化洛阳分公司、河南煤化集团洛阳永龙能化有限公司、黎明化工研究院宏达公司等一批在国际国内市场具有较强竞争力的大型企业或企业集团领衔的石油化工行业大雁阵。

依托中航光电、中航六一三所等骨干企业，形成了从工业硅到三氯氢硅、多晶硅、单晶硅、硅片、太阳能电池片、组件等完整的产业链条，被科技部确定为国家硅材料及光伏高新技术产业化基地的战略性新兴雁阵……

风翻白浪花千片，雁点青天字一行。仰望中国产业集聚的天空，洛阳雁阵正冲破国内资源环境约束加强、国际经济复苏不稳定依旧的双重压力下的“浓雾”，顺着“中高速、优结构、新动力、多挑战”的“新常态”航线，向着把洛阳建成中原经济区重要增长极、文化示范区、最佳宜居地、开放创新城的名副其实的中原经济区副中心城市的目标，“让世界重回洛阳”的蔚蓝而辽阔的天空，展翅齐飞、激昂奋进。

• 国际文化旅游名城 •

国际文化旅游名城，是指在国际上具备较高知名度，具有深厚的历史文化遗存、丰富的旅游资源，种类多样、特色鲜明、吸引力强、可游度高的旅游产品体系，完善的、符合国际通行旅游标准的旅游公共设施和服务体系，游客比例中入境游客占相当比重，是对国内外游客有较强吸引力的国际型旅游城市和重要旅游目的地。

洛阳是1982年国务院首批公布的历史文化名城，在中华五千年文明的历史长河中占有十分重要的地位。以洛阳为中

周山森林公园　林治坤摄影

画虎类犬

黄耳传书

饮鸩止渴

心的河洛地区，不但最早进入文明时代，而且在以后的长时期里，是我国政治、经济、文化、交通的中心。从中国第一个王朝——夏王朝开始，先后有商、西周、东周、东汉、曹魏、西晋、北魏、隋、唐、后梁、后唐、后晋十三个王朝建都洛阳，累计建都时间长达1500余年，洛阳以建都早、建都朝代多、建都时间长而在中国历史发展和城市建设史上占有十分重要的地位。悠久的历史，灿烂的古代文明，给洛阳留下了丰厚的文化遗存，龙门石窟、中国大运河遗址、丝绸之路遗址是世界文化遗产。

洛阳是丝绸之路和大运河的节点，两条意境别具的文化走廊在此交汇，古都洛阳为东西方文化的交流和传播做出了杰出贡献。

建设国际文化旅游名城，洛阳优势不言而喻，设立了文化传承创新体系“全域融合发展文化旅游业，建设国际文化旅游名城”重大专项。紧紧围绕“建设国际文化旅游名城”的总体目标，深入挖掘洛阳特色文化旅游资源，以国际化理念为遵循，按照“聚焦关键、挖掘潜力、放大优势，提升理念、提升定位、提升建设、提升融合、提升品牌”的总体要求，强化与国际旅游组织的合作交流，加快洛阳旅游国际化步伐，提升洛阳国际知名度、美誉度，把洛阳建成特色彰显、华夏气派、国际水准的国际文化旅游名城。

重点任务锁定为实施旅游品牌国际化行动，厚植国际文化旅游名城核心竞争力；实施旅游基础设施国际化行动，提升国际文化旅游名城支撑能力；实施旅游营

车水马龙

余勇可贾

掷果潘岳

繁花似锦国际文化旅游名城洛阳　曾宪平摄影

销国际化行动，增强国际文化旅游名城影响力；实施旅游服务国际化行动，完善国际文化旅游名城服务体系；实施文化融合发展行动，打造中原经济区重要文化产业基地。

文化与旅游相融合，是洛阳建设国际文化旅游名城的必由之路。围绕“建设国际文化旅游名城”这一总体目标，积极创新发展思路，着力推动文化旅游产业转型升级，着力优化旅游发展大环境，促进文化旅游产业大发展、大提升。

在旅游品牌打造方面，持续提升历史文化游、山水游、生态游等旅游产品，推动打造以老君山等为代表的山岳观光旅游品牌，以白云山等为代表的生态休闲度假旅游品牌，以龙门石窟等为代表的帝都文化旅游品牌，以白马寺等为代表的佛教文化旅游品牌，以栾川、嵩县等为代表的全域旅游品牌，打造一批世界知名、国内一流的旅游品牌。

在旅游基础设施建设方面，将按照国际旅游目的地标准，持续推进旅游标准化建设，不断完善各城市区、各县（市）的旅游集散中心、旅游咨询网点、旅游交通标志、旅游停车场、自驾车营地、旅游公厕、无障碍设施等城市旅游基础设施，提升城市旅游公共服务水平。

在旅游营销方面，将制订并实施洛阳国际文化旅游名城形象宣传计划，创新城市形象宣传形式，积极开展城市形象推介活动。综合运用各类旅游宣传平台、新兴媒体和社交网络，强化与媒体的战略合作，深度开发海外客源市场，积极引客入洛。

深入挖掘洛阳特色文化资源，把历史活化为故事、把资源转化为优势，推动文化、文物与旅游、科技、体育、创意等深度融合。积极构建全域旅游大格局，引导旅游与文化、体育、农业、生态等产业跨界融合，实现由“景点旅游”向“全域旅游”的转变，努力把洛阳建设成一座享誉中外的国际文化旅游名城。

• 中原城市群副中心城市 •

2017年9月1日，河南省委、省政府出台的《关于支持洛阳市加快中原城市群副中心城市建设的若干意见》，明确提出要加快洛阳中原城市群副中心城市建设，打造带动全省经济发展新的增长极，给洛阳带来了提升综合实力的重大机遇。这是洛阳发展史上具有里程碑意义的大事、好事，正式开启了洛阳建设副中心、打造增长极的新篇章。

而洛阳市先后入选郑洛新国家自主创新示范区、中国（河南）自由贸易试验区、郑洛新“中国制造2025”试点示范城市群等一批国家级试点，也为建设副中心城市打下了扎实基础。

省第十次党代会明确了洛阳发展新的战略定位：巩固提升洛阳中原城市群副中心城市地位，建设全国重要的现代装备制造业基地和国际文化旅游名城，推动豫西

中原城市群副中心城市　曾宪平　摄影

洛阳新面貌　曾宪平摄影

北各市与洛阳联动发展，形成带动全省经济发展新的增长极。

省政府工作报告在部署2017年重点工作时，又一次明确提出“出台支持洛阳发展的政策措施，提升中原城市群副中心城市地位，打造带动全省发展新的增长极”，这是对省第十次党代会赋予洛阳新战略定位的深化和细化，是省委、省政府加大对洛阳支持力度的持续和延续，真切体现了省委、省政府对洛阳的高度重视和深切厚望，必将进一步强化洛阳作为中原城市群副中心城市的担当，为洛阳发展带来新的重大机遇。

中原城市群，从生根发芽到枝繁叶茂，历经12年时间。如今，它已经像一颗钻石，在经历不断的打磨和雕刻后，在全国大的发展战略布局中，越来越璀璨夺目。洛阳，作为中原城市群的一员大将，需要有怎样的作为呢？

对洛阳来讲，“副中心”不仅仅是名称和地位，更意味着辐射带动的责任担当。未来从产业布局上来说，郑州将偏重航空经济、物流、商贸。洛阳工业基础雄厚，在科技研发方面具有天然优势。

洛阳、郑州“双子星”联手，有利于构建开放型中原城市群，推动区域协同发展，提升郑州、洛阳等“一带一路”主要节点城市的辐射带动作用，可以利用“双核心”建设先进制造业、现代服务业基地和现代综合交通体系。进而推动河南与东部沿海城市群、西部沿线城市群、京津冀和长江中游城市群协同互动，打造产业转移、要素集疏、文化交流平台，形成连接东中西、沟通境内外、支撑新亚欧大陆桥经济走廊发展最具活力的核心地带。

洛阳人民将立足新定位、实现新担当、展示新作为，加快建设全国重要的先进制造业和现代服务业基地，着力增强转型发展新动能；加快建设国家创新型城市，着力构筑创新发展新高地；加快建设全国性重要交通枢纽，着力厚植区域发展新优势；加快建设国际文化旅游名城，着力打造融合发展新名片；加快建设“一带一路”主要节点城市，着力拓展开放发展新空间；加快建设幸福宜居现代化城市，着力走好城镇化发展新路子，让洛阳人民生活得更加舒心安心。计划到2020年，全市整体实力大幅提升，经济总量占全省的比重进一步提高，支撑全省经济发展新增长极的作用日益彰显。创新型城市建设走在全省前列，基本建成全国重要的现代装备制造业基地和区域服务中心；综合交通运输体系更加完善，全国性重要交通枢纽地位进一步提升；华夏历史文明传承创新示范区建设取得显著成效，国际文化旅游名城影响力大幅提升；高水平的开放格局基本形成，生态环境质量明显改善，基本建成经济充满活力、创新能力迸发、人文魅力彰显的现代化全国区域性中心城市。

发展定位已经明确，冲锋号角已经吹响。勤劳智慧的洛阳人民将更加紧密地团结在以习近平同志为核心的党中央周围，统筹推进“五位一体”总体布局和“四个全面”战略布局，全面落实省委、省政府各项工作部署，牢记重托、勇担使命，加快中原城市群副中心城市建设，打造带动全省经济发展新的增长极，谱写好“决胜全面小康、让中原更加出彩”的洛阳篇章。

后　记

洛阳人最为自豪的就是住在了十三朝古都里。

周公说：这里是天下的中心。他也许是根据夏、商在此建都，自己也要在此建都，意识到这个天下之中的地方十分方便统治天下。所以，这里有了我国历史上的夏、商、周三代，形成了改朝换代但继续保持国家连续性的风格。一个民族在这里叫作华夏，一个国家从这里称为中国，您说洛阳人的感觉该是如何？不骄傲也得骄傲！

去年接到“记忆中原丛书”的写作任务，市委宣传部领导积极组织写作，并数次组织专家把脉，为洛阳卷“千年帝都”定位、论证，六易其稿。洛阳作为现在中国的一个中等城市，虽然已经不再是国家的中心，但不得不说洛阳人对城市、对历史的尊重，那是许多城市所难以比拟的！

有句俗话说：1000年历史看北京，3000年历史看西安，5000年历史看洛阳！中华民族的文明史有5000年，洛阳就是这5000年的初始点。我们每开一次研讨会，都是审视着5000年的洛阳，也就是审视着5000年的中国！这是一座城市的城市史，却也是数千年的国家史。我们只能在浩瀚的史册中提取出那么一点点最闪光的亮点，就只能是那么一点点，因为这本书里是装不下那么多的。你可以从遴选出来的那么一点点中，看历史、政治、经济、文化、外交，我们相信，扑面而来的感觉，也足以构筑起这座城市的深邃沉静、恢宏大气！

洛阳是一个被国家史衬托的城市，我们可以列举一下她的荣光：

中国第一个朝代建立在洛阳；

中国的“礼仪之邦”确立在洛阳；

“华夏”民族的名字成就在洛阳；

“中国”的名字是因为洛阳；

“儒学”奠基于洛阳；

“道学”发端于洛阳；

“佛教”始传于洛阳；

“玄学”肇始于洛阳；

“理学”渊源于洛阳；

…… ……

司马光说：“若问古今兴废事，请君只看洛阳城。”作为这样的一个城市，作为现在还生活在她这里的人，参与写作的领导和专家学者都有一个共同的要求：写她是该带着情感和信念的！实际上，我们是坐在“河洛文化”的土地上来追根溯源的，这里有民族的可寻之根，这里有国家的可溯之源，这里是华夏文明的根文化生长地！只要我们谈起这些，对国家、民族的情感和信念都会油然而生！我相信，对于这座城市，所有洛阳人的情感是充沛的，这种情感不是儿女之情的卿卿我我，不是血脉之情的藕断丝连，而是家国情怀的荡气回肠！洛阳的历史让洛阳人具备了这样的大气和天性！

洛阳作为一座独特的城市，她的独特就是从民族史和国家历史的源头跋涉过来。现在的年轻人喜欢穿越和悬疑，而这座城市无疑是充满了穿越和悬疑的。你可以在这里体验五都连珠如气贯长虹般的朝代更迭，她穿越了数千年历史的时空；你可以在这里审视那煌煌5000年的历史，追问那些淹没在家、国、天下事的无数个悬疑！当然，你得对这座城市表现出应有的尊重，下意识里应该知道自己是在叩问华夏民族、叩问中国、叩问黄皮肤的根文化！

不论你是港台人或华侨游子，还是日本人、韩国人以及新加坡等东南亚诸国人，你们也许对洛阳陌生，但这座城市对你们并不陌生，历史老人的目光在洛阳平静地观望着自己的脉络！